KB055520

한반도
평화와 통일

한반도
평화와 통일

박 창 근 지음

인터북스

머리말

 필자는 2003년 이전에 쓴 '논문'을 모아 『세계화와 한국의 대응(全球化與韓國的應對)』(서울 : 백산자료원, 2003년)이란 '논문집'을 만들어 출판한 적이 있고, 그 후 2010년 이전에 쓴 '논문'을 모아 『중국의 개혁개방과 신동북아질서』(서울 : 인터북스, 2010년)란 '논문집'을 만들어 출판한 적이 있다.

 이번에는 2010년 이후에 쓴 '논문'을 모아 『한반도 평화와 통일』이란 이름으로 '논문집'을 만들어 본다. 나이가 많아짐에 따라 글쓰기가 잘 안 되는 것도 있지만 주로는 조선족 주말학교 운영 등으로 글 쓸 시간이 별로 없는 것이 원인이 되어 여기에 수록하는 글은 7편밖에 안 된다.

 향후에는 글쓰기가 더욱 힘들어지리라 생각되어 이 몇 편만을 한데 엮어 본다. 처음에는 공식 출판할 생각을 하지 않았으나 자체로 프린트해 만든 논문집(2014년 9월 15일 인쇄)에 관심 갖는 독자들이 좀 있는 것 같아서 이제 공식 출판을 시도해 보게 되었다.

 자체로 프린트해 만든 논문집 부록에는 시스템학에 대한 글을 한 편 실었었다. 그것은 이미 『중국의 개혁개방과 신동북아질서』에 수록된 적인 있었기 때문에 여기서는 '화동 조선족 주말학교 : 회고와 전망'이란 글로 대체한다.

필자는 중국 조선족의 향후 발전에 가장 중요한 사업이 차세대 및 차차세대를 위한 우리말 교육이라고 생각한다. 때문에 재직 시기에 하던 시스템학 연구와 한국학 연구 영역에 하고 싶은 과제들이 많지만 제쳐놓고 조선족 주말학교 운영에 많은 시간과 정력을 할애하고 있다. 위의 글을 통해 화동 조선족 주말학교의 대체적인 상황을 알 수 있을 것이다. 중국 조선족 후대들의 민족어 교육은 한반도 통일에 있어서도 중요한 사업이라고 생각된다.

한반도에 관심 있는 독자들이 재미있게 읽어보기 바란다. '사고(思考)'를 즐기는 사람이라면 그럴 수 있으리라 생각하면서 바라는 바이다.

2015년 3월 10일
박창근 씀

목차

1

'시스템·지구사회·동북아시아· 한반도·북핵'에 대한 사고

요약문 시스템운동 초기부터 사회시스템에 대한 시스
템이론적 접근이 여러 모로 전개되어 왔다. 국
제정치분야는 그 중에서도 가장 활발한 분야
중의 하나였다. 이 글에서는 필자가 자기의 시
스템학 체계를 구축한 후 그 활용을 시도하여
국제관계분야에서 얻은 부분적인 연구결과를
지구사회의 정치질서, 동북아질서, 한반도 남
북관계와 북핵문제 순으로 정리하여 소개한다.

핵심어 시스템, 지구사회, 동북아시아, 한반도

※ 이 글은 제3회 중국조선족과학기술자협회(상해)학술교류회에서 교류한 논문이다. 中国朝鲜族
科技工作者协会(上海)第三次学术交流会论文集。上海, 2010-04-11, p.86-107.

머리말

국제관계연구자들은 나름대로의 '안경'을 끼고 국제문제에 접근한다. 그들이 끼는 '안경' 중에는 다른 학과에서 빌려온 것들이 적지 않다. 이는 현존하는 여러 가지 국제관계이론들이 별로 만족스럽지 못하다는 것을 의미하는 것이라고도 할 수 있다. 또한 국제관계연구의 어려움을 보여주는 것이라고도 할 수 있다. 여기서 필자는 시스템학 이론과 방법을 이용하여 우리가 살고 있는 세계와 지역의 변화과정, 안보와 평화 문제에 접근하여 보고자 한다. 이 글에서 소개하는 내용은 주로 필자의 기존 연구결과라는 것을 미리 밝혀둔다.

1 ▎ 시스템 사고 1)

이론상에서 시스템이란 임의로 선정한 모종 성질에 대하여 특정한 관계를 갖는 요소들의 집합체, 또는 임의로 선정한 모종 관계에 대하여 특정한 성질을 갖는 요소들의 집합체로 정의할 수 있다. 시스템 개념이 자연계와 인간사회, 물질세계와 정신세계의 기술(記述)에서 보편적으로 유효하다는 것이 시스템연구자들의 믿음이다.

모든 시스템에서 우리는 '질서'를 발견하게 된다. 모든 구체적 시스템은 특정한 공간질서, 시간질서, 또는 공간-시간질서를 보유하고 있다. 각종 구체적 시스템으로 구성된 현실 세계의 공간적 질서는 그것들의 장구한 진화 과정에서 나타난 시간적 질서의 결과라고 할 수

---

1) 朴昌根. 系統学基础. 初版. 成都 : 四川教育出版社, 1994; 修订版. 上海 : 辞书出版社, 2005.

있다. 현실 세계는 공간적 질서와 시간적 질서의 통일체이다.

이러한 질서는 요소들의 분포관계와 활동관계에서 표현되어 구조와 기능이라고 불리운다. 시스템 내부 각 요소들 간의 모든 분포 관계의 총체는 시스템 구조라 하고, 시스템 내부 각 요소들 간의 모든 활동 관계의 총체는 시스템 기능이라고 한다. 따라서 연구대상에 대한 시스템학적 접근은 흔히 통시적 접근과 더불어 구조적 접근, 기능적 접근, 또는 구조-기능적 접근에 의하여 실행되는 것이다.

특히 시스템학 연구의 가장 핵심적인 내용이라고 할 수 있는 시스템진화 연구에서도 마찬가지다. 시스템 진화의 일반 추세는 시스템 레벨 간 진화와 시스템 레벨 내 진화로 나뉘는데 전자는 상이한 시스템 레벨 간의 전환이고 후자는 한 시스템 레벨 내에서 상이한 시스템 구조 간의 전환이다.

자연계나 인간사회에 존재하는 수많은 복잡한 시스템(복잡계)의 진화 과정을 고찰하기 위하여 폐쇄-개방, 선형-비선형, 평형-비평형 이 3쌍의 요인을 도입하여 시스템공간을 구분할 경우 4개의 구역에서 안정한 질서구조가 형성된다는 것을 발견할 수 있다. 폐쇄-평형-선형 구역에서는 평형구조, 개방-선형-비평형 구역에서는 준평형 구조, 개방-비선형-비평형 구역에서는 활성구조, 폐쇄-비선형-비평형 구역에서는 혼돈 구조가 형성된다는 것이다(그림 1.1 참조). 또한 평형구조 → 준평형구조 → 활성구조 → 혼돈구조가 차례로, 또한 주기적으로 나타난다는 것을 발견할 수 있다. 따라서 시스템의 레벨 내 진화와 레벨 간 진화는 그림 1.2와 그림 1.3으로 표시할 수 있다.

여기서 반드시 지적해야 할 것은 비교적 엄밀하다고 할 수 있는 이러한 과학개념들을 이용해 사회시스템을 고찰할 때, 사회시스템의 복잡성으로 인해 일반시스템 연구에서 사용하는 이러한 개념들을 사회시스템 연구에서 엄밀히 재정의, 또는 구체화하여 사용한다는 것은

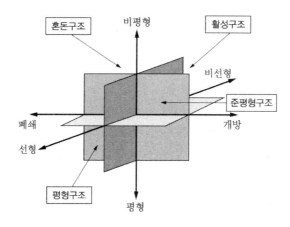

그림 1.1 4개 시스템공간에서 형성되는 4종의 질서구조

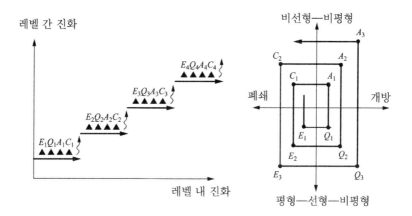

그림 1.2 레벨 내 진화와 레벨 간 진화　　**그림 1.3** 시스템진화의 주기성

(A : 활성구조, C : 혼돈구조, E : 평형구조, Q : 준평형구조)

매우 어려운 경우도 적지 않다는 것이다. 그럼에도 필자가 시스템학 개념과 원리를 이용하여 사회시스템 연구를 하게 된 것은 시스템학이 개발한 개념과 원리가 자연계나 인간사회에 보편적으로 유효하다는 신념에 의해서 뿐만 아니라 적어도 시스템학적 접근법은 사회시스템에서 유효하다는 것이 수많은 사회시스템 연구에서 입증되어 있기 때문이다.

2 지구사회 2)

자연과학적 의미에서 지구는 형성될 때부터 하나의 시스템으로 존재하여 왔다고 할 수 있다. 그러나 사회과학적 의미에서는 지구상의 인간사회 전체가 언제나 하나의 시스템으로 존속하여 왔다고 할 수 있는 것은 아니다. 지구상의 인류가 동일한 조상에서 유래하였다 하더라도 사회과학적 의미에서 지구상의 인간사회 전체는 늘 하나의 시스템으로 존속하여 온 것은 아니었고, 상대적으로 고립된 지역에 상대적으로 고립된 사회 시스템들이 서로 별로 관련 없이 독립적으로 존속하여 왔던 것이다.

역사상의 로마제국이나 중화제국, 몽골제국 등도 지구상의 모든 인간사회를 하나의 시스템으로 통합하기에는 역부족이었다. 비단길(실크로드, Silk Road)을 통한 동서양의 교류가 활발히 진행되던 시대에도 당시의 동양사회와 서양사회가 하나의 사회시스템을 형성하였다고 할 수는 없었다.

장기간 서로 분리되어 있던 지구상의 인간사회가 하나의 시스템으

---

2) 朴昌根. 系統學基礎(修訂版). 上海 : 上海辭书出版社, 2005, p.488-490.

로 전환되기 시작한 것은 유럽에서 발발한 산업혁명을 계기로 근대화
가 전 지구적으로 파급되면서부터라고 할 수 있다. 서구 자본주의 국
가들에 의한 아메리카 대륙의 발견과 개발, 구미 자본주의 국가들의
아시아 진출 및 서구 문명의 아시아에서의 전파 등으로 지구상의 인
간사회는 하나의 통합 시스템으로서의 '지구사회'를 형성하기 시작하
였던 것이다.3)

　근세의 세계정치시스템의 변화를 다룬 모델스키(G. Modelski)의
세계정치 장기파동 모델은 1490년대 이래의 세계가 약 100년을 하나
의 주기로 모두 5주기를 경과해 왔다는 것을 보여준다.4) 즉 16세기는
포르투갈 주기, 17세기는 네덜란드 주기, 18세기는 제1차 영국 주기,
19세기는 제2차 영국 주기, 20세기는 미국 주기였다는 것이다.

　각 주기는 차례로 세계중심국 시기, 비정통화 시기, 다극화 시기,
세계대전 시기로 나뉘는데 세계중심국의 출현은 늘 '세계대전'에 의
해 현실화되었던 것이다. 16세기의 포르투갈은 포함(砲艦)에 의해 세
계를 제패하였고, 스페인이 포르투갈의 패권에 도전하였을 때 신흥세
력인 네덜란드는 무력으로 스페인을 격파하고 새로운 패권국으로 등
장하였다. 제1차 영국 주기는 영국-네덜란드 전쟁에서의 영국의 승
리와 루이 14세 전쟁에서의 유리한 결과에 의한 것이었고, 반(反)나폴
레옹 전쟁의 승리는 제2차 영국 주기를 현실화시켰다. 그리고 20세기

---

3) 마르크스와 엥겔스는 그 시대의 부르주아지가 "비상히 혁명적인 역할을 하였다"고
　평가하였다. 참조 : 马克思恩格斯选集第一卷. 北京 : 人民出版社, 1966, p.241.
4) 세계정치 장기파동에 대해서는 아래의 문헌들을 참조하기 바란다.
　Immanuel Wallerstein. *The Modern World System*(New York : Academic Press,
　1974); Three Instances of Hegemony of the World Economy, *International
　Journal of Comparative Sociology*, No. 24, 1983, pp.100-108; George Modelski.
　The Long Cycle of Global Politics and the Nation State. *Comparative Studies
　in Society and History*, April 1978, pp.214-235; Robert Gilpin. *War and Change
　in World Politics*(Cambridge University Press, 1981).

2차례의 세계대전은 미국을 패권국으로 등장시켰고 소련의 도전에 미국은 '냉전'으로 대처하여 승리하였던 것이다. 이제 미국은 새로운 도전국으로 부상한 중국과의 경쟁에 직면하였다고 할 수 있다.

지난 500년간 세계중심국의 부상은 늘 전쟁을 통하여 현실화되었기 때문에 벌써부터 미국과 중국 간 군사대결의 불가피성이 운운되기도 하지만 그것이 하나의 법칙은 아니므로 평화적인 부상이 불가능하다고 할 수는 없다. 소련의 붕괴가 평화적으로 진행된 것을 본다면 그 가능성을 배제할 수 없다는 것을 알 수 있다.

표 1.1 세계정치의 주기적 파동

구조 주기 단계 관련 사항	혼돈구조 '지구충돌'단계			평형구조 '세계대국'단계			준평형구조 '비정통화'단계			활성구조 '다극화'단계		
	주요 충돌	연 도	햇 수	세계 대국	연 도	햇 수	신흥 국가	연 도	햇 수	도전국	연 도	햇 수
포르투갈 주기	이탈리아 및 인도양전쟁	1494 ~ 1516	22	포르투갈	1516 ~ 1539	23		1540 ~ 1560	20	스페인	1560 ~ 1580	20
네덜란드 주기	스페인- 네덜란드 전쟁	1580 ~ 1609	29	네덜란드	1609 ~ 1639	30		1640 ~ 1660	20	프랑스	1660 ~ 1688	28
제1차 영국주기	루이 14세 전쟁	1688 ~ 1713	25	영국	1714 ~ 1739	25		1740 ~ 1763	23	프랑스	1764 ~ 1792	28
제2차 영국주기	프랑스혁명- 나폴레옹 전쟁	1792 ~ 1815	23	영국	1815 ~ 1849	34		1850 ~ 1873	23	독일	1874 ~ 1914	40
미국주기	제1,2차 세계대전	1914 ~ 1945	31	미국	1945 ~ 1973	28		1973 ~ 2000	27	소련	2000 ~ 2030	30

주 : G. Modelski가 제공한 자료에 근거하여 제작한 것임. 乔治·莫德尔斯基 : 二十一世纪初的世界政治格局,《世界经济译丛》1986年第10期. 21세기 초반의 도전국이 소련이라고 한 그의 예측은 이미 의미가 없게 되었다.

여기서 필자를 가장 흥분시킨 것은 모델스키 모형에서의 4개 단계는 시스템진화 과정을 묘사할 때 필자가 사용한 4개 단계의 특수형태로 간주할 수 있다는 것이다(표 1.1 참조). 그리고 여기서 반드시 지적해야 할 것은 모델스키 모델은 제1차 영국주기까지의 기술에서는 서구 중심적이었다는 것과 지구사회 전체의 정치모델로서의 의미는 제2차 영국주기에 이르러서야 갖게 되었다는 것이다.[5]

3 동북아시아[6]

지구사회의 형성과는 별도로 동북아시아는 오래전부터 하나의 지역사회시스템을 형성하여 하나의 시스템으로서 존속 진화하여 왔다. 구경 언제부터 동북아시아가 하나의 시스템을 형성하고 있었는가 하는 데에 대해서는 논쟁의 여지가 있지만 아주 먼 옛날부터라고 할 수 있다. 지구상의 다른 지역과의 교류가 없은 것은 아니지만 그 정도의 교류는 그들 지역을 동북아질서에 편입시키거나 동북아시아를 그들 지역의 질서에 편입시키기에는 역부족이었다.

현대적 관점에서 출발하여 중국 국가[7]의 역할을 중심으로 동북아

---

5) 세계정치모델에 대한 연구는 지구화에 대한 연구에 의하여 보완되어야 할 것이다. 필자의 연구에 대해서는 아래의 문헌을 참조하기 바란다. 박창근. 解讀漢江奇跡. [한국]보령 : 도서출판 씨앤씨, 2009, p.359-370;454-462; 박창근. 세계화와 한국의 대응. 서울 : 백산자료원, 2003.

6) 박창근. 신동북아질서와 한반도 남북관계. 东北亚和平、合作与发展(第一次学术交流)论文集. 上海 : [中国]同济大学亚太研究中心、[韩国]国际脑教育综合大学院大学校亚细亚和平研究所, 2008-08-15. p.15-47.

7) 오늘날 우리가 '중국'이라고 부르는 땅덩어리 위에는 역사상 수많은 왕조들이 명멸을 거듭하여 왔다. 하지만 '중화민국'이 수립되기 전에는 '중국'이라고 불린 왕

질서의 연혁을 고찰하면 크게 4단계로 나눌 수 있다(표 1.2 참조).

표 1.2 동북아질서의 역사적 전개

단계	시대	지속기간	특징	시스템구조 유형
제1단계	전통시대	1840년 이전	조공책봉관계	활성구조
제2단계	전쟁과 혼란 시대	1840~1945년	서세동점, 중화제국의 멸망	혼돈구조
제3단계	냉전시대	1946~1990년	북3각과 남3각의 대치	평형구조
제4단계	탈냉전 시대	1991~현재	한반도 : 탈냉전시대의 냉전지대	준평형구조

제1단계는 중국 국가가 주도적 지위를 차지하였던 전통시대이고, 제2단계는 서양 강대국들의 동북아 진출에 의하여 중국이 주도적 지위를 상실한 시대이며, 제3단계는 미·일이 동북아시아 주도권을 장악한 시대이고, 제4단계는 중국과 미·일간의 주도권 쟁탈이 치열히 전개되고 있는 시대이다.[8]

제1단계인 전통시대의 동북아질서는 종주국과 번속국 간의 조공책봉관계를 특징으로 하는 질서였다. 중국 국가(들)는 통합된 시기에는 물론, 분열된 시기에도 통상 주변 약소국들과의 관계에서 책봉 주체로서의 종주국이었고, 조공 주체로서의 약소국들과의 관계는 독립국 대 독립국의 관계였지만 완전한 평등관계는 아니었고, 조공책봉관계가 유지되는 시기에 중국 국가(들)와 이들 약소국들 간에는 평화관계가

조는 없었다. 그리고 동일한 시기에 다수의 왕조가 병존하여 있은 적도 많았다.

8) 필자가 동북아질서의 연혁을 이렇게 고찰하기 시작한 것은 2007년 10월 한국 선문대학교 법학연구소 주최로 열린 국제학술세미나에서였다. 박창근. 세계화 시대의 중한관계. 2007년 국제학술 세미나 논문집 : 국제관계·국제금융시장의 변화와 한중 금융관련 법제의 전망. 천안 : 선문대학교 법학연구소, 2007-10-5. p.1-16.

유지되었지만 조공책봉관계가 파괴된 시기에는 침략과 반침략, 지배와 반지배, 간섭과 반간섭의 적대적인 관계 또는 비우호적인 관계가 주도적이었다. 한반도 국가9)와 중국 국가와의 관계도 대체적으로 이러하였다. 중국 국가(들)와 주변의 모든 약소국들이 언제나 조공책봉관계를 맺고 있은 것은 아니지만 전통시대의 오랜 세월을 거쳐 조공책봉관계는 동북아질서의 특징을 보여주는 특수한 지역사회질서였다.

제2단계인 전쟁과 혼란시대의 100여년 간 동북아시아에서는 전쟁이 그칠 줄 몰랐다. 1840년 영국과의 아편전쟁에서 패배한 청나라가 동북아시아에서의 주도권을 상실하기 시작하면서 전통시대의 동북아질서는 붕괴되기 시작하였고, 1911년 신해혁명에 의해 청나라가 멸망하면서 중화제국은 막을 내렸고, 전통적 동북아질서는 철저히 붕괴되고 말았다. 동북아시아에서의 침략과 반침략 전쟁은 제2차 세계대전이 종식된 1945년까지 지속되었다.

제3단계인 냉전시대의 동북아질서를 보면, 유럽에서는 냉전시대가 말 그대로 '냉전'으로 시작되었지만 동북아시아는 오히려 '열전'으로 냉전시대를 맞았다. 중국 대륙에서 발생한 국민당군과 공산당군의 '열전'에 이어 한반도는 냉전시대에 가장 치열한 '열전'이었다고 할 수 있는 '6·25 전쟁'으로 초토화되고 말았다. 그 후에는 유럽에서 북대서양조약기구와 바르샤바조약기구 간의 대치관계가 지속되었던 것처럼 동북아시아에서는 소련·중국·북한으로 구성된 북3각과 미국·일본·남한으로 구성된 남3각간의 첨예한 대치관계가 지속되었다.(그

9) 오늘날 우리가 '한반도' 또는 '조선반도'라고 부르는 땅덩어리 위에서도 역사상 별로 많지는 않았지만 여러 개의 왕조들이 명멸을 거듭하여 왔다. 통일 국가로서의 '대한제국'이 수립되기 전에도 한반도에는 '한국'이라고 불린 정권이 수립된 적도 있었지만 한반도 전체를 아우른 적은 없었다. 여기서는 한반도에 수립되었던 역사상의 모든 나라를 '한반도 국가'라고 부른다.

림 1.4, 그림 1.5 참조)[10]

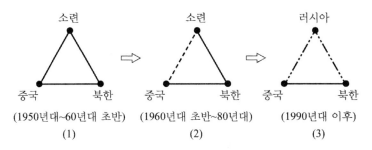

소련　　　　　소련　　　　　러시아

중국　　북한　　중국　　북한　　중국　　북한

(1950년대~60년대 초반)　(1960년대 초반~80년대)　(1990년대 이후)
　　　(1)　　　　　　　　(2)　　　　　　　　(3)

그림 1.4 북3각의 변천

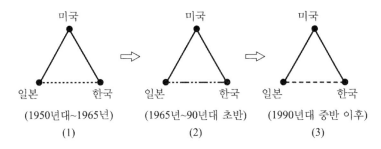

미국　　　　　미국　　　　　미국

일본　　한국　　일본　　한국　　일본　　한국

(1950년대~1965년)　(1965년~90년대 초반)　(1990년대 중반 이후)
　　　(1)　　　　　　　　(2)　　　　　　　　(3)

그림 1.5 남3각의 변천

　제4단계인 탈냉전시대의 동북아질서는 1990년 11월 냉전시대가 막을 내린 후의 동북아질서를 가리키는데, 이 시대의 특징을 보면 냉전시대의 일부 요인들은 사라졌지만 다른 일부 요인들은 존속하고 있으며, 또한 냉전시대에 없던 일부 요인들이 새로이 생겼다는 것을 알 수 있다.

　• 1992년 1월에 발생한 소련의 붕괴는 냉전 종식 후 발생한 가장 충격적인 역사 사건으로서 러시아의 동북아시아에 대한 영향력 약화를 초래하게 되었다.

---

10) 박창근. 급변하는 동북아, 표류하는 한국. (한국)대륙전략연구소 : 대륙전략, 제5호, 2007-04. p.15-25.

- 유일한 초강대국이 된 미국은 북핵문제 등을 이용하여 동북아시아에 대한 개입을 강화하고 일·한과의 동맹을 통해 동북아시아에서의 주도권을 강화하려 하고 있다.
- 1978년 말부터 시작된 중국 개혁개방의 성공으로 중국의 경제력과 국제지위가 급속히 상승, 동북아 주도권을 둘러싼 중국과 미·일 간의 경쟁이 심화되고 있다.
- 중·북 관계를 포함한 동북아 역내 국가 및 관련 국가 간의 국제관계가 대폭 조정·재조정되면서 동북아질서는 전례 없이 복잡한 양상을 보이고 있다.11)
- 북3각의 해체와 남3각의 존속이라는 특수한 상황 속에서 한반도는 '탈냉전시대의 냉전지대'로 남아 있다.
- 북핵문제가 중요한 이슈로 제기되면서 한반도 남북관계는 대립과 화해를 수차례 번복하여 휴전체제는 평화체제로 전환되지 못하고 있다.
- 2002년 7월 북한은 '경제관리개선조치'를 발표하여 개혁개방 의지를 보이면서 일부 실질적인 조치를 취하여 성과도 있었지만 체제안정에 대한 심각한 우려로 북한의 개혁개방은 제대로 추진되지 못하고 있는 실정이다.
- 동북아시아에서 고조화되는 민족주의는 중·한·일 3국의 발전에 어느 정도의 기여를 하는 면이 있지만, 동시에 3국간의 우호관계를 파괴하고 3국 국민들 간의 상호교류와 협력을 저해하는 소극적인 요인으로 작용하고 있다.
- 중국과 미·일 간의 동북아 주도권 경쟁은 중국과 일본 간의 경쟁이 동아시아, 동아시아-서태평양 지역, 또는 아시아 전역에

11) 박창근. 북한의 미사일 발사와 중·북관계의 변화. 연세대학교 사회과학연구소 : 사회과학논집, 제37집 2호, 2006년 가을, p.85-102

확대되는 모습을 보이면서 복잡화되고 있다.

이들 여러 요인들 중 탈냉전시대의 동북아 정치구도 개편과정에서 가장 중요한 이슈는 중·일간의 동북아 주도권 경쟁이다. 일본은 역사문제, 영토문제 등으로 인하여 기타 동북아 국가들과의 관계에서 거의 고립되다시피 되어 있지만 강대한 경제력과 미국의 지지를 이용하여 경쟁에서 결코 퇴출하지 않는다. 동북아 지역에서 결과를 보지 못한 중국과 일본의 주도권 경쟁은 동남아시아, 동아시아, 그리고 아시아 전역에 확산되고 있다. 결국 동남아시아국가연합(ASEAN)이 중요한 정치 기구로 등장하여 '아세안+중국', '아세안+일본', '아세안+한국', '아세안+중·일·한' 등이 출범한 것이다. 그 후 '아세안+인도', '아세안+러시아'가 출범했고, 2005년 12월에는 아세안을 중심으로 중국, 인도, 일본, 한국, 호주, 뉴질랜드, 러시아 등이 참가한 회의가 열리기도 하였다. 이는 아시아가 아세안을 중심으로 통합을 이루는 방향을 설정한 것처럼 보이지만 실질적으로는 동북아시아, 또는 동아시아에서의 중·일간의 주도권 경쟁을 자기에게 유익한 방향으로 유도하려는 중국과 일본의 노력이 외연 확대를 통해 진행되고 있으며, 중국이나 일본의 독주를 억제하려는 기타 국가들의 노력이 동시에 전개되고 있음을 보여주는 것이다. 날로 가시화되는 인도의 경제성장과 동진, 그리고 호주의 아시아 진출은 동아시아에서의 중·일간의 주도권 경쟁이 다자간의 경쟁으로 전환될 가능성도 창출하고 있다. 2009년 9월 16일 일본의 하토야마 유키오(鳩山由紀夫) 민주당 대표가 제93대 일본 내각총리대신으로 선출되고 새로운 내각이 출범하여 '동아시아공동체' 구상이 탄력을 받으면서 미일관계의 소원화와 중일간의 획기적인 협력이 이루어지지 않겠는가 하는 추측도 있지만 '동아시아공동체'의 형성은 결코 순탄하지 않을 것이다.

4 한반도 남북관계 [12]

　한반도 남북관계의 변화를 다룬 글들은 매우 많다. 그런데 거의 모든 글들은 역사 사실들을 시간 순서에 따라 나열하는 데에 그쳐 있다. 이는 그만큼 이 문제를 이론적으로 다루기 어렵다는 것을 보여준다. 여기서는 시스템 개념과 원리를 이용하여 한반도 남북관계 변화과정에 대한 이론적 접근을 시도해 보기로 한다.

　J.Gharajedaghi는 행동주체들(A와 B, 개인, 단체 또는 국가 등)이 지향하는 목적(end)의 조화가능 여부와 사용하는 수단(means)의 조화가능 여부에 의하여 그들의 상호작용 방식은 충돌, 경쟁, 협업, 합작으로 나뉜다고 하였다.(그림 1.6 참조)[13]

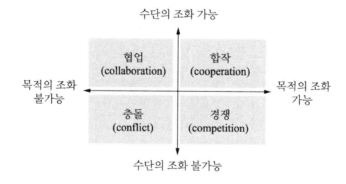

그림 1.6 목적과 수단의 상호관계에서 본 4가지 행동방식

12) 박창근. 신동북아질서와 한반도 남북관계. 东北亚和平、合作与发展(第一次学术交流)论文集. 上海 : [中]同济大学亚太研究中心、[韩]国际脑教育综合大学院大学校亚细亚和平研究所, 2008-08-15. p.15-47

13) Gharajedaghi J. Social dynamics (dichotomy or dialectic). In : *General Systems*, Yearbook of the Society for General Systems Research, Vol. 27, 1982.

  A와 B가 상이한 목적을 지향하면서 상이한 수단으로 상호작용할 경우 양자 간의 관계는 충돌로 표현되고, A와 B가 상이한 목적을 지향하면서도 동일한 수단으로 상호작용할 경우 양자 간의 관계는 협업으로 표현되며, A와 B가 동일한 목적을 지향하면서도 상이한 수단으로 상호작용할 경우 양자 간의 관계는 경쟁으로 표현되고, A와 B가 동일한 목적을 지향하면서 동일한 수단으로 상호작용할 경우 양자 간의 관계는 합작으로 표현된다.

  이러한 개념으로 1948년 이후의 한반도 남북관계를 고찰하면 이 기간의 남북관계는 표 1.3에서 표시한 여러 방식으로 전개되어 왔다는 것을 알 수 있다.

표 1.3 1948-2007년 한반도 남북관계의 전개

주기 및 단계		지속 기간	남한 대통령	북한 최고통치자	남북관계 특징	시스템구조 유형
제1주기	제1단계	1948-1970년	이승만, 박정희	김일성	충돌과 대치	혼돈구조
	제2단계	1970-1987년	박정희, 전두환	김일성	경쟁	평형구조
	제3단계	1988-1997년	노태우, 김영삼	김일성, 김정일	협업	준평형구조
	제4단계	1998-2007년	김대중, 노무현	김정일	합작	활성구조
제2주기	제1단계	2008-	이명박	김정일	충돌과 대치	혼돈구조
	제2단계	-	-	-	-	-
	제3단계	-	-	-	-	-
	제4단계	-	-	-	-	-

제1단계의 특징은 이승만·박정희(전기)/김일성 시대의 남북 충돌과 적대적 대치관계였다. 남이 추구한 것은 자유민주주의체제에 의한 통일이었고 북이 추구한 것은 사회주의체제에 의한 통일이었다. 통일 방식에서도 남과 북은 실질적으로는 상대방을 '먹어버리려'하였다. 남북 쌍방은 대화가 전혀 없는 상황에서 6·25전쟁을 치렀고, 그 후에도 적대적으로 대치하게 되었다.

제2단계의 특징은 박정희(후기)·전두환/김일성 시대의 경쟁관계였다. 남은 대북정책의 1차적 목표를 평화공존으로 설정하고 남의 자유민주주의체제와 북의 사회주의체제의 경쟁을 제안하게 되었다. 북한도 당시의 세계적인 흐름에 순응하는 자세를 보이지 않을 수 없었다. 당시의 남과 북은 모두 남북관계를 경쟁관계로 인식하면서 서로 경쟁에서의 승자가 되려고 하였다. 남북 교류와 협력에 의한 공동 발전이 아니라 서로 자기의 체제 우월성을 과시하려고 경쟁을 하였던 것이다. 당시 남북 간의 경쟁은 외교상에서 '수교전쟁'으로 표현되기도 하였다.

제3단계의 특징은 노태우·김영삼/김일성·김정일 시대의 협업관계였다. 남북 체제경쟁에서 완승한 남한은 남한체제의 북한으로의 확산을 추구하였고, 생사존망의 위기에 직면한 북한은 체제의 존속을 우선 순위에 놓게 되었다. 그래서 추구하는 목표는 상이하였지만 남과 북은 모두 남북 화해와 불가침 및 교류·협력을 중요시하게 되었다.

제4단계의 특징은 김대중·노무현/김정일 시대의 합작관계였다. 남과 북은 우선 '남측의 연합제안과 북측의 낮은 단계의 연방제안이 서로 공통성이 있다'(2000년 6·15남북공동선언)고 인정함으로서 동일한 목표를 지향해 나갈 수 있었다. 그리고 북이 경제난 탈출을 위하여 남과의 경제협력을 중요시하기 시작하였다면 남은 남북통일에 대비하여 북한 경제의 회생을 기대하기도 하였다. 그래서 남과 북은 다방면의 합작을 추진할 수 있게 되었다.

노태우·김영삼/김일성·김정일 시대의 남북협업은 북한의 핵무기개발 의혹 등 원인으로 실질적인 성과를 거두지 못하였지만 김대중·노무현/김정일 시대의 남북합작은 경제합작 등 여러 면에서 일정한 성과를 거두었다. 그러나 북한은 남한과 경제합작을 추진하는 동시에 꾸준히 핵무기개발을 추진하여 2005년 2월에는 핵무기를 만들었다고 공식 발표하였고, 2006년 7월 5일에는 탄도미사일을 발사하였으며, 동년 10월 9일에는 제1차 지하핵실험을, 2009년 5월 25일에는 제2차 핵실험을 강행하였다. 이는 북한이 지난 10여 년간, 자기가 서명한 '한반도의 비핵화에 관한 공동선언'을 위반하였고, 북핵문제에 관한 '4자회담', '6자회담' 등을 진행하면서도 암암리에 핵무기개발을 추진하여 왔다는 것을 국제사회에 보여주었다. 때문에 김대중·노무현 정부의 '햇볕'은 결국 김정일의 핵무기개발을 막지 못하였고, 김대중·노무현 정부는 '햇볕정책'이 결국 북한 핵무기개발에 악용되었다는 비난에서 자유로울 수 없게 되었다. 이는 김대중·노무현 정부가 북한 체제의 근본이 '선군정치'에 있고, 이른바 '강성대국' 건설도 결국은 '선군정치'를 바탕으로 한다는 데에 대한 이해가 부족하였음을 보여주기도 하였다고 할 수 있다. 하지만 북한 핵무기개발의 책임이 모두 김대중·노무현 정부의 '햇볕정책'에 있다고 하는 것은 적절하지 않다. 남한 정부가 '햇볕정책'을 실행하지 않고 강경정책을 실행하였더라면 북한이 핵개발을 추진하지 않았거나 못했을 것이라는 판단은 북한 핵개발이 1970년대부터 추진되어 왔다는 역사사실[14]에 부합되지

14) 심은정. '영변 냉각탑 폭파' 北核 역사와 전망,
http://www.munhwa.com/news/view.html?no=200806280 1030723316001

않으며, 논리적으로도 설득력을 갖지 못한다.

그리고 북한과의 합작을 추진하는 과정에서 정책 투명성이 결여하였다는 것, 남남갈등이 증폭되었다는 것, 경제협력에서 상호주의 원칙과 시장원리가 제대로 작용하지 못하였다는 것 등도 '햇볕정책' 추진과정에 존재한 문제들이었다고 할 수 있다. 특히 남남갈등을 대가로 남북화해와 합작을 추진한다는 것은 무엇을 위한 남북화해와 합작인가 하는 의문을 자아내기도 하였다. 2007년 12월 대선에서 알 수 있었다시피 노무현 정부와 열린우리당은 엄청난 대가를 지불하고 말았던 것이다.

이명박 정부(2008~2013년)가 2008년 2월에 출범한 후 남북관계는 경색상태에 빠져있고 이명박 정부에 대한 북한의 비난은 그치지 않는다. 2009년 1월 30일 북한 조국평화통일위원회가 남북간 "정치군사적 대결 상태 해소와 관련한 모든 합의사항들"에 대한 무효화를 일방적으로 선언하고, 남북기본합의서와 부속합의서에 있는 "서해 해상군사경계선에 관한 조항들"을 폐기한다고 하였다[15]. 4월 5일 장거리 로켓의 발사, 5월 25일 제2차 핵실험에 이어, 7월 11일 북한의 강원도 온정리 금강산 특구 내 해수욕장 인근에서 한국측 관광객 박왕자씨가 북측의 군사보호시설구역에 들어가 북한군의 총격으로 사망한 사건이 발생하였고, 11월 10일 남북해군 간의 서해교전(대청해전)이 발생하였으며, 12월 21일 북한 해군사령부 대변인이 서해상 군사분계선 북측 수역을 '평시 해상사격구역'으로 지정한 것 등은 남북관계가 합작단계를 거쳐 '충돌과 대치' 단계에 처해 있다는 것을 보여준다. 10월 4~6일 온가보 중국 총리의 북한 방문, 12월 8~10일 보스

---

15) 장용훈. 北 "남북기본합의서 NLL조항 폐기"(종합). www.yonhapnews.co.kr,
    2009-01-30 07:51

워스 미국 대충령 특사의 북한 방문 등 국제사회의 노력에도 불구하고 북한의 핵폐기는 그 전망이 투명하지 못하며 남북관계가 여전히 긴장하다는 것이 한반도 남북관계의 현주소이다.

5 북한 체제 - 핵무장 관계변화 시나리오 16)

오늘날 한반도의 안정과 평화, 그리고 남북관계 개선을 저해하는 가장 중요한 요인은 북한의 핵무기이다. 북한 체제 - 핵무장의 관계변화는 체제안정 여부와 핵무장 여부에 의하여 4가지 시나리오가 발생할 수 있다(그림 1.7 참조).

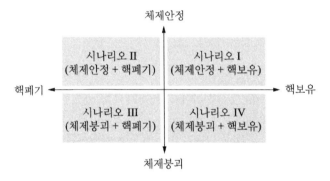

그림 1.7 북한 체제-핵무장 관계변화의 4가지 시나리오

시나리오 I : 이는 북한이 체제안정을 유지하면서 핵무기를 보유하는 경우다. 북한의 핵보유가 성공할 경우 한국, 동아시아의 정세와 세계의 핵질서에 엄청난 변화를 초래하게 될 것이다.

---

16) 박창근. 북한 핵무장에 대한 중한 양국의 대응. 제7회 대륙전략연구소 안보학술세미나에서의 기조발언. 서울 : 대륙전략연구소, 2009-11-5.

(1) 북한의 핵무기는 한반도와 동북아시아 지역 및 세계의 평화에 대한 위협수단으로 작용할 수 있다. 특히 한국의 안전에 대한 직접적인 위협이 될 수 있다.

(2) 북한의 핵보유는 핵확산의 중요한 계기가 될 수 있다. 북한은 핵기술, 재료, 부품 등을 외화벌이에 사용할 것이다. 북한의 직접적인 핵위협에 대응하기 위한 한국의 핵개발과 북한의 핵위협을 자국 핵개발 이유로 이용하게 되는 일본의 핵개발이 추진될 수 있고, 이스라엘의 핵보유와 이란의 핵개발도 탄력을 받게 될 것이고, 나아가서는 이 기회를 이용한 베트남, 인도네시아 등 국가들의 핵개발이 추진될 가능성도 배제할 수 없다.

(3) 북한의 핵보유는 주변 대국들의 한반도에 대한 개입을 강화하게 될 것이다. 북한이 핵보유를 고집할 경우 국제사회의 대북제재는 강화될 수밖에 없을 것이다.

(4) 북한의 핵보유는 북한 경제를 더욱 어렵게 할 것이다. 결국 북한은 경제 파탄에 이어 체제 파탄을 맞이하게 될 것이다.

시나리오 II : 이는 북한이 체제안정을 유지하면서 핵무기를 폐기하는 경우다. 북한이 완전히 핵무기를 폐기하고 핵계획을 포기할 경우 북한과 한반도 정세는 크게 개선될 것이다.

(1) 북한의 핵폐기로 북한에 대한 국제사회의 제재가 많이 풀리고, 북한이 원한다면 핵폐기 이후 북한은 국제적인 고립상태에서 탈피하여 정상국가가 될 수 있을 것이다.

(2) 북한의 핵폐기로 북미관계가 개선되고 한반도 휴전체제가 종전체제로 전환하고 한반도평화체제가 정립될 수 있을 것이다. 또한 이는 곧바로 동북아평화체제, 동북아 집단안보체제의 수립에 기여하게 될 것이다.

(3) 북한의 핵폐기로 남북관계가 근본적으로 개선되고 남북통일을 위한 노력이 본격적으로 재개될 수도 있을 것이다.

(4) 핵폐기 이후 북한이 원한다면 개혁개방을 통하여 경제성장을 추진할 수 있을 것이다. 특히 남북관계의 근본 개선은 남북 경제협력에 탄력을 부여하고 북한 경제의 고속 성장에 활력을 주입하게 되어 북한 경제는 고속 성장의 궤도에 오를 수 있을 것이다.

시나리오 Ⅱ의 북한은 체제안정을 유지하면서 정치, 경제, 문화 등 모든 영역에서 발전을 이룩할 수 있을 것이다. '핵보유국'으로 자처하는 북한이 핵을 폐기할 경우 내부로부터의 이완에 직면할 것이라는 우려도 있지만, 지난 30여 년간 중국 개혁개방 과정에서 보다시피 경제성장을 주축으로 국민들을 새로이 단합시키는 것도 완전히 가능할 것이다.

시나리오 Ⅲ : 이는 북한이 핵무기를 폐기하고도 체제가 붕괴되는 경우다. 북한의 핵보유가 체제안정의 보증이 아닌 것처럼 북한의 핵폐기도 체제안정의 보증이 아니다. 북한 체제는 내적 원인에 의해서도 붕괴될 수 있다. 북한체제의 붕괴는 대규모 국민반항에 의한 것일 수도 있고, 집권세력의 분열에 의한 것일 수도 있다. 여하튼 북한체제의 붕괴는 한반도 정세를 크게 변화시키게 될 것이다.

(1) 주변 각국은 북한체제 붕괴 이후의 사태가 자국에 유리하게 변하도록 모든 노력을 아끼지 않을 것이다. 혼란에 빠진 북한 정세가 평화적으로 수습될 경우, 결과적으로는 한국 주도로 남북통일이 조기 실현될 수 있게 될 것이다.

(2) 북한 체제의 붕괴는 대규모 난민의 북한 이탈로 이어질 것이다. 중국, 러시아, 한국은 상응한 난민 대책을 마련하여야 할

것이다.

(3) 북한 지배세력의 분열이 북한군의 분열로 이어지면서 북한 내
전이 발발할 가능성도 배제할 수 없다. 한국군과 미군, 그리고
중국군이 개입할 경우 상당히 복잡한 상황이 발생할 가능성도
있게 된다. 유엔 안보리와 유엔 평화유지군의 개입이 이루어질
경우, 내전은 조만간에 종결되겠지만 내전 과정에서 북한 국민
들은 막대한 피해를 입게 될 것이다.

(4) 한미 연합군이나 유엔군의 개입에 의해 북한 지역이 안정과 질
서를 되찾을 경우, 결과적으로는 한국에 의한 한반도 통일이
이루어질 것이다. 그런데 이 경우, 중국이 가장 우려하는 상황,
즉 미군의 대북 진출에 의하여 두만강 – 압록강을 사이 두고 중
미 양국이 대치하는 상황이 나타날 수도 있을 것이다.

시나리오 IV : 이는 북한이 핵무기를 보유하고 있으면서도 체제가
붕괴되는 경우다. 핵무기를 보유한 소련이 붕괴되었던 것처럼 북한도
핵무기를 보유한 상태에서 체제붕괴를 맞을 가능성이 있다. 주변국가
나 국제사회에 대해서는 이것은 가장 우려되는 상황일 것이다.

(1) 국가 차원에서의 핵무기 통제가 불가능한 상황에서 북한 핵무
기는 특정 세력에 의해 확산될 가능성이 있게 될 뿐만 아니라
특정 세력에 의해 남용될 가능성도 있게 된다. 관련 정보의 공
유와 대책이 필요하리라고 할 수 있다.

(2) 만약 북한 핵무기가 아직 그 어느 한 세력에게 독점되지 않았거나
다수 세력에게 분할 장악되지 않았을 경우, 즉 북한의 핵무기가
방치된 상태에 놓여 있을 경우 국제사회는 유엔 안보리를 통하여
북한 핵무기에 대한 통제권을 조기 독점할 수 있을 것이다.

(3) 북한의 핵무기가 어느 한 세력에게 독점적으로 장악될 경우 그

들과의 접촉에 의하여 핵무기의 남용이나 확산을 차단하기 위한 협상을 하는 것이 우선시 될 것이지만, 그 세력이 핵무기를 남용할 가능성이 나타날 경우, 그들에 대한 선제타격이 단행될 수도 있을 것이다.

(4) 북한의 핵무기가 2개 또는 그 이상의 세력에게 분할 장악될 경우, 주변국이나 국제사회는 그들과의 접촉을 통하여 남용 가능성을 차단하는 동시에 그들의 장악한 핵무기에 대한 국제적 감독을 실시하여 핵무기의 대외 사용이나 이전, 그들 상호간의 사용이나 이전 모두를 차단하기 위하여 노력할 것이다.

6 북핵 문제에서 중한 양국의 협력 전망

한 개인은 이기적일 수도 있고 이타적일 수도 있지만 모든 국가는 이기적이다. 때문에 중한 양국이 북핵 문제에서 협력하려면 공동의 이익이 있어야 가능하다. 북핵 문제에서 중한 양국이 협력할 수 있겠는가 하는 것도 위에서 토론한 4개 시나리오에 대한 중한 양국의 선택순위를 통해 검토할 수 있다.

현시점에서 중한 양국의 시나리오별 선택순위는 이론상에서는 표 1.4로 표시할 수 있다. 즉 중국의 선택 순위는 시나리오II → 시나리오I or 시나리오III → 시나리오III or 시나리오I → 시나리오IV이고 한국의 선택 순위는 시나리오II → 시나리오III → 시나리오I or 시나리오IV → 시나리오IV or 시나리오I 이다.

시나리오II는 중한 쌍방 모두가 가장 선호하는 것이므로 협력이 쉽게 이루어질 수 있다. 사실상 중한 양국은 시나리오II의 실현을 위해 다각적으로 협력하고 있는 실정이다. 그러나 북한이 핵보유를 고집한다면 시나리오Ⅱ는 현실화되지 못하게 된다.

표 1.4 시나리오별 중한 양국의 선택 순위

	내용	중국의 선택 순위	한국의 선택 순위
시나리오Ⅰ	북한 체제안정, 핵보유	2/3	3/4
시나리오Ⅱ	북한 체제안정, 핵폐기	1	1
시나리오Ⅲ	북한 체제붕괴, 핵폐기	3/2	2
시나리오Ⅳ	북한 체제붕괴, 핵보유	4	4/3

시나리오Ⅱ의 실현을 위한 중한 양국의 노력이 실패할 경우 중한 양국은 시나리오Ⅰ과 시나리오Ⅲ의 실현을 위한 협력 가능성을 모색해 볼 수 있다. 한국이 시나리오Ⅲ을 제2위 선택으로 하는 상황에서 시나리오Ⅲ의 실현을 위한 중한 양국의 협력이 이루어지려면 중국이 제2위 선택인 시나리오Ⅰ or 시나리오Ⅲ 중에서 시나리오Ⅲ을 선택해야만 가능하다. 중국이 시나리오Ⅰ을 선택하지 않고 시나리오Ⅲ을 선택하려면 시나리오Ⅲ을 선택한 결과가 시나리오Ⅰ를 선택한 결과보다 중국의 안정, 안전과 발전에 더욱 유리하다고 판단될 경우에만 가능하다.

중국은 이러한 선택을 하기 위하여 아래의 여러 요인들이 자국에 불리하지 않게 작용하기를 기대하게 된다.

(1) 중국이 시나리오Ⅲ을 선택함에서 가장 우려하는 것은 한국에 의한 한반도 통일로 전통적인 의미에서의 중국과 미·한 간의 정치·군사·외교적인 '완충지대'로서의 북한이 한국에 편입되어 중국은 압록강·두만강을 사이 두고 미·일·한으로 구성된

남3각과 직접 마주하게 된다는 것이다. 따라서 북한 체제 붕괴 시 북한지역 국면 수습을 위하여 유엔 안보리의 결의에 의한 유엔 평화유지군의 북한지역 진출, 혹은 남북 통일과정에서 한국군의 단독 북한지역 진출, 즉 미군의 북한지역 불진출, 혹은 북한 체제 붕괴에 따른 혼란 국면 수습을 위해 한시적으로 북한지역에 진출하였던 미군의 남한지역으로의 조기 철수, 혹은 적당한 시기에 미군의 한반도로부터의 철수 등이 대안으로 검토되어야 할 것이다.

(2) 한반도 전체를 통일한 한국은 비록 한미군사동맹관계를 계속 유지하겠지만 중국에 대해서 여전히 우호적일 것이라는 보증과 믿음성을 중국 측에 보여주고, 또한 중국이 그에 대하여 인정할 수 있어야 할 것이다. 그렇지 않을 경우 중국은 한국군의 북한지역 단독 진출에도 거부하여 상응한 대응을 할 것이다.

(3) 북한 체제붕괴 과정에서 발생할 대규모 난민이 중국에 부담이 되지 않도록 한국과 국제사회가 책임져야 할 것이다. 난민의 선택 자유가 보장되어야 하며 한국 이주를 희망하는 난민은 한국에서 전부 접수하여야 할 것이다. 반(反)한국 정치 난민에 대한 처리에서 한국은 중국 및 국제사회와의 협의에 의하여 그들의 선택 자유도 존중하여야 할 것이다.

(4) 재북한 중국 화교들의 안전과 정상적인 생활, 중국과 북한 정부 간의 관련 조약이나 협의, 또는 중북 기업간의 계약 등에 의하여 북한 지역에 진출해 있는 모든 중국인과 중국기업의 기존 권리와 이익이 보장되어야 할 것이다.

이러한 문제들에서 중국과 한국이 합의를 볼 경우, 그리고 중한 합의 결과에 관련 국가들이 거부하지 않을 경우 시나리오 Ⅲ의 실행에서 중국과 한국은 공조할 수 있을 것이다.

시나리오Ⅲ은 중국에게 매우 어려운 선택인 것은 사실이다. 하지만 한반도 자주 평화통일을 지지하는 중국 정부의 입장을 보면, 한반도가 언제 어떤 방식으로든지 통일될 것인데 통일 한국에서 주도적 지위을 차지하는 측이 현재의 남한일 것이라는 것을 고려한다면 시나리오Ⅲ을 선택하여 한국과 함께 북한 핵폐기를 추진하는 것이 중국의 전략적 이익에 부합될 것이라는 데에 동의할 수도 있다고 볼 수 있다.

만약 북한의 반대로 시나리오Ⅱ의 실행이 실패한 상황에서 중국이 북한의 체제 안정을 우선순위에 놓으면서 북한의 핵보유를 감수할 수 있다고 주장한다면, 특히 주변의 거의 모든 국가들이 핵보유국이 되는 것도 감수할 수 있다고 판단한다면 차선책으로 중국은 시나리오Ⅰ를 선택할 것이다. 그러면 중국과 한국의 동조는 어려워질 것이다. 왜냐하면 한국은 북한의 핵보유를 절대로 허용할 수 없기 때문이다.

그러나 북한의 핵보유가 기정사실화될 경우, 한국은 북한 핵무기에 대한 국제적 통제, 비확산, 비이전 등을 위하여 중국 및 국제사회와 협력하지 않을 수 없을 것이다. 다시 말하면 한국에게는 시나리오Ⅰ이 결코 자주적인 선택이 될 수는 없지만, 즉 한국은 그 어떠한 경우에도 북한의 핵보유를 허용할 수 없지만, 만약 북한이 핵을 포기하지 않는 상황에서 체제안정을 유지하게 되고 그에 대하여 중국이 무가내하로 인정해 줄 경우 한국도 자국에 대한 북핵의 피해를 최소화하는 방향으로 노력하지 않을 수 없을 것이다.

위의 토론에서는 북한 체제-핵무장 관계변화의 4종 시나리오에 대한 중한 양국의 선택만 고려되었는데 진일보한 연구에서는 다른 주변국들의 선택도 고려되어야 할 것이다. 특히 미국의 선택은 북핵 문제를 포함한 한반도와 동북아시아 정세의 변화에 매우 중요한 변수로 작용하게 될 것이다.

7 북한의 핵폐기 가능 여부 [17)

국제사회의 북한 핵폐기에 대한 관심은 북한체제의 존속 여부와 상관없이 강력하다고 할 수 있다. 특히 한국은 더욱 그러하다. 왜냐하면 북한 핵무기가 직접 위협할 수 있는 상대는 실제상 한국뿐이기 때문이다. 한국은 북한 핵폐기를 모든 대북정책의 우선 순위에 놓지 않을 수 없다. 여기서 토론하고자 하는 문제가 북한이 어떤 경우에 핵폐기를 실시할 수 있을까 하는 것이므로 사실상 이는 어떤 경우에 북한체제가 존속하면서 핵폐기 실시가 가능할 것인가 하는 문제이기도 하다.

우선 지적하고 싶은 것은 북한체제가 존속하면서 핵폐기를 실시하려면 북한 지도부가 자의적이든 타의적이든 핵폐기를 수용할 경우에만 가능하다는 것이다. 국제사회가 그 어떠한 조치를 취하든지 북한 지도부가 핵폐기를 거절한다면 국제사회의 북한 핵폐기 노력은 성공하지 못하게 된다. 여기서는 다음의 4가지 경우가 의미를 갖는다고 할 수 있다.

1) 북한의 국제규범 인정

북한 지도부가 국제사회의 설득에 의해 국제규범과 게임규칙을 지켜야 하겠다고 인식하여 핵폐기 결단을 내리는 경우다. 즉 북한 지도부가 '핵확산금지조약'(NPT)이 기존 핵보유국들의 기득권을 보호하고 약소국들의 주권이나 이익을 침해하는 '불합리한' 점이 있다고는 하여도 핵전쟁을 방지하고 전 인류의 생존과 세계평화를 위하여 국제

---

17) 박창근. 북한체제의 변화 전망과 중한 양국의 대응. 동북아 평화, 협력 및 발전(제2차 학술교류) 논문집. 제주도 : [韓国]国際脳教育綜合大学院大学校亜细亜和平研究所, [中国]同済大学亜太研究中心, 2009-08-15. p.1-11

사회가 고안해 낸, 현실적으로 불가피한 국제규범이라는 것을 인정하고 핵폐기 결단을 내린다는 것이다. 세계상의 대다수 국가가 이 조약에 가입해 있다는 것은 이 조약이 약소국들의 생존 이익에도 부합된다는 것을 의미한다고 봐야 할 것이다. 특히 한반도 국가는 '세계적인 대국'은 될 수 있어도 '지역적인 대국'은 될 수 없다는 현실을 무시하지 말아야 한다는 것[18])을 북한 지도부는 인식하여야 할 것이다. 북한 체제의 특성상 어렵사리 개발한 핵무기를 폐기할 가능성은 희박하지만 북한 핵폐기를 위한 모든 설득노력은 포기되지 말아야 할 것이다.

2) 국제사회의 대북 빅딜

북한 지도부가 국제사회의 대북 빅딜정책을 받아들여 핵폐기를 실행하는 경우다. 대북 빅딜의 내용에는 차이가 있지만 1994년 제네바 '미북 기본합의', 2005년 6자회담 결과물인 9·19공동성명, 2009년 미국측이 제기한 일괄타결(Comprehensive Package) 방안, 한국 이명박 대통령이 제기한 그랜드 바겐(Grand Bargain) 방안 등에서 제기한 북핵 폐기를 위한 방안들은 모두 북한의 핵폐기에 상응한 대가를 준다는 것, 또는 이러한 대가로 북한 핵폐기를 유도한다는 것이다.[19])

북한이 정치외교상의 체제인정(미북수교 등)과 군사안보상의 체제보장(평화협정 체결)을 요구하는 것은 사실이다. 그러나 이미 사상 강국, 정치 강국, 군사 강국을 건설했다고 자평하는 북한도 체제안정은 미국 등 타국에 의뢰할 수 없다는 것을 잘 알고 있을 것이므로 실질

---

18) 박창근. 남북관계의 향후 전개방향과 중국의 역할. 제5회 세계한민족포럼논문집. 워싱턴 : 국제한민족재단, 2004-09. p.26-29 : 298-305.

19) 정세균. '핵무기 없는 세계' 건설은 북핵문제 해결로부터. 2009-12-05. http://assembly.joins.com/content.asp?board_idx=6294&tb_name=d_unite.

상 북한이 가장 기대하는 빅딜의 내용은 경제지원인 것이다.

빅딜에 의한 북한 핵폐기가 성공하지 못할 가능성은 크지만 빅딜이 다른 방식에 의한 북핵 폐기를 추진하는 데에 이용될 가능성은 크다고 할 수 있다. 즉 다른 원인에 의하여 핵폐기를 하지 않을 수 없을 경우 북한은 빅딜에 의하여 이익을 챙기려 할 것이다.

빅딜의 실행에서 미국과 한국 등이 가장 우려하는 것은 북한이 지난 10여 년간처럼 보상만 챙기고 약속은 이행하지 않으면 어찌하겠는가 하는 것이고, 북한이 가장 우려하는 것은 핵폐기를 하여도 미국 등이 대가를 지불하지 않으면 어찌하겠는가 하는 것이라는 견해는 일리가 있지만 문제의 핵심은 여전히 북한이 과연 핵폐기 의향을 갖고 있는가 하는 것이다.

3) 국제사회의 효과적인 대북 제재

국제사회의 효과적인 제재에 의하여 핵무기를 폐기하지 않고서는 더는 살아 갈 수 없다는 것을 북한이 인식하여 핵무기 폐기를 결정하는 경우다. 북한의 미사일이나 핵무기는 군사적인 수단이기도 하지만 외화벌이에 이용되거나 이용될 가능성이 있다. 그러나 유엔 안보리의 결의에 따른 국제사회의 효과적인 제재는 핵무기나 미사일에 의한 외화벌이가 불가능하다는 것을 북한 지도부에게 알려 주게 된다. 따라서 핵개발이나 미사일은 경제이익을 챙기는 수단으로부터 경제손실을 초래하는 부담으로 전환하게 된다. 국제사회의 대북제재가 이 정도로 되면 북한은 핵무기를 폐기하지 않을 수 없을 것이다. 물론 이러한 결과가 나타나려면 모든 국가들의 공동 행동이 필요되는데, 그중 가장 중요한 것은 중국의 동참이다. 중국은 물론 북한산 미사일이나 핵무기의 수입국이 되지는 않겠지만 중국의 경제지원에 의하여 북한

체제가 연명해 나갈 가능성은 있기 때문이다. 때문에 중국의 대북 제재 동참은 북한이 최종적으로 핵폐기를 수용하는 계기가 될 것이다.

4) 북한 핵무장의 무효화

북한 핵무기의 군사적 가치가 소실되거나 마이너스가 될 경우 북한은 핵무기를 폐기하지 않을 수 없게 될 것이다. 북한의 핵무기가 직접적인 위협수단으로서의 역할을 할 수 있는 상대는 한국뿐이다. 만약 북한이 자기들이 보유하고 있는 핵무기가 한국에 대해서도 위협수단으로서의 가치가 있을 수 없다는 것을 이해한다면 핵보유를 더 이상 고집할 수 없게 된다. 이를 위해서는 그 어떠한 상황에서도 한국은 미국의 강력한 핵우산에 의해 보호된다는 것, 북한의 핵무기 사용은 한·미연합군의 선제타격에 의해 불발될 가능성이 크다는 것, 혹시 북한이 핵무기로 한국의 특정 지역에 대한 선제타격을 가하게 된다 하더라도 한·미연합군의 반격에 의하여 북한은 멸망하게 된다는 것 등을 북한이 알도록 하는 것이 필요된다. 재래식 무기에 의한 전력에서도 한국이 북한보다 압도적인 우세에 있게 된다면 북한은 사실상 모든 공격적인 군사도발을 할 수 없게 될 것이다. 제멋대로 '서울 불바다' 발언을 할 수 없을 것이고 '불장난'도 할 수 없을 것이다. 가장 우려되는 시나리오의 하나는 북한 지도부가 '자살적 전쟁'을 한국에 강요하는 것인데 한국과 미국은 적절히 대응하지 않을 수 없을 것이다. 이러한 전쟁행동에 중국도 결코 북한에 동조하지 않을 것이다.

위의 4가지 방식은 개별적으로도 효과적일 수 있는 북한 핵폐기 방식이지만 이 4가지 노력이 동시에 실행된다면 더욱 효과적일 수 있다. 물론 사태 변화에 따라 각 방식의 강도는 조절될 수 있다고 본다. 이 모든 노력이 실패할 경우, 즉 국제사회의 모든 노력에도 불구하고 북한이 계속 핵보유를 고집할 경우 북한은 국제사회의 조직적인 협력 대응에 의하여 체제붕괴를 맞게 될 것이다.

8   북한체제의 변화 전망과 중한 양국의 대응[20]

마지막으로 북한체제의 향후 변화 전망에 대하여 살펴보고자 한다. 그림 1.8에서 볼 수 있다시피 여기에도 여러 가지 시나리오가 있다는 것을 알 수 있다. 그림 1.8에서 제시한 시나리오들은 향후 일정 기간 중 북한 체제가 존속하는 경우와 붕괴되는 경우로 나눌 수 있다. 중국, 한국 등을 포함한 국제사회는 우선 한반도의 평화와 안정을 바란다. 핵을 폐기한 북한이 체제안정을 유지하면서 개혁개방을 통하여 경제성장을 이룩하고 국민생활을 향상시켜 국제사회의 정상적인 일원이 되기를 기대하는 것이다. 하지만 북한체제가 붕괴될 가능성은 늘 존재한다. 특히 국내외의 어려운 정세에 김정일 국방위원장의 '건강이상설'과 후계자 문제까지 거론되면서 관련 국가들은 북한체제 붕괴에 따른 대안을 고려하지 않을 수 없게 되었다. 북한체제가 붕괴될 경우, 그 원인과 방식에 의하여 여러 가지 상황이 발생할 가능성이 있다. 여기서는 아래의 몇 가지 시나리오에 대한 중한 양국과 국제사회의 대응방안을 고려해 보기로 한다.

---

20) 박창근. 한반도 상황변화에 따른 중국의 대응. 제6회 대륙전략연구소 안보학술세미나에서의 기조발언. 서울 : 대륙전략연구소, 2008-11-25.; 박창근. 북한체제의 변화 전망과 중한 양국의 대응. 동북아 평화, 협력 및 발전(제2차 학술교류) 논문집. 제주도 : [韓國]国際脳教育綜合大学院大学 校亚细亚和平研究所, [中國]同済大学 亚太研究中心, 2009-08-15. p.1-11

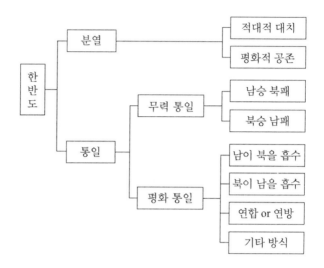

그림 1.8 한반도 변화 추세
(박창근. 세계화와 한국의 대응. 서울 : 백산자료원, 2003. p.486)

1) 정치적 혼란과 무정부 상태의 장기화

북한은 체제붕괴에 의하여 장기간 정치적 혼란과 무정부 상태에 빠질 가능성이 있다. 이러할 경우 국제사회의 바람직한 대책으로는 유엔에 의한 질서유지, '4+1'(미, 중, 일, 러 + 한국) 또는 '5+1'(미, 중, 일, 러, EU + 한국)의 정치적 개입에 의한 질서 회복일 것이다. 유엔 평화유지군, '4+1'이나 '5+1' 연합군에 의한 북한 질서회복 노력도 시도될 수 있다. 물론 한·일 2민족의 관계를 고려한다면, 일본의 직접적인 개입이 제외되는 것이 사태해결에 더 유리할 수도 있다.

중국은 국제사회의 이러한 노력에 동참할 것이다. 또한 주도적 역할을 하기 위하여 노력하기도 할 것이다. 다른 모든 관련 국가들과 마찬가지로 중국도 사태수습 결과가 자국에 유리하도록 노력할 것이다. 국제사회의 이러한 노력에 의한 사태의 발전은 종국적으로는 한국에 가장 유리할 것이다.

만약 한국이나 미국, 또는 한·미가 단독으로 북한 질서유지에 나서서 중국을 배제할 경우 중국은 협조하지 않거나 반발할 수도 있다. 그리고 만약 한국, 미국, 또는 한·미의 개입이 정치적 접근에 그칠 경우 중국도 군사적 개입은 하지 않겠지만, 만약 한국, 미국, 또는 한·미가 군사적 개입을 단행한다면 중국도 경우에 따라서는 군사적 개입을 고려하게 될 것이다.

2) 북한 내전의 발생

북한체제의 붕괴가 북한군의 분열에 의한 것이거나 북한군의 분열로 나타난다면 북한군에는 친중파, 친한파, 친미파, 친러파, 또는 친한·미파 등이 생길 수 있다. 이들 간에 무력충돌이 발생하여 북한에 전면적인 내전이 발생할 가능성도 충분히 존재한다. 나아가서 각 파벌은 자기들의 이익을 위하여 관련 국가에 군사력 지원을 호소하게 될 것이다.

이러할 경우에도 각 관련 국가들의 단독적 개입이 아니라 관련 국가들의 합의를 통하여 연합군을 파견하거나 유엔 안보리의 합의를 거쳐 평화유지군을 파견하는 것이 가장 바람직하겠지만 합의가 이루어지지 않고 각 관련 국가들이 단독으로 군사를 파견하여 자기들을 지지하는 파벌을 지원할 경우 북한 지역은 전쟁의 소용돌이에 빠지게 될 것이다.

결과적으로는 친중·러 세력과 친미·한 세력으로 2분화될 가능성이 크다. 냉전시대의 북3각과 남3각의 대립이 재연되는 것이다. 적당한 통제기제가 발동되지 않는다면 대규모 국제전쟁으로 전환할 가능성이 생기는 것이다. 1950년대 6·25전쟁의 재판일 가능성이 크다고

할 수 있다. 하지만 6·25전쟁보다 더욱 참혹한 전쟁이 될 가능성도
배제할 수 없다.

3) 단일 친중 정부의 수립

북한체제 붕괴 이후 북한 정치세력들이 이합집산을 거쳐 단일 친중
정부를 수립할 가능성도 존재한다. 단일 친중 정부의 수립에는 2가지
가능성이 있게 된다. 하나는 단순 친중 정부가 수립되는 것이고, 다른
하나는 친중 반한·반미 정부가 수립되는 것이다. 전자는 친중 정부이
지만 한국과 미국을 반대하지 않는 정부를 가리키는 것이고, 후자는
친중 정부이면서 한국과 미국을 반대하는 정부를 가리킨다.

한·미 양국은 이 두 경우에 상이한 방식으로 접근하게 될 것이다.
한·미 양국은 단순 친중 정부에 대하여서는 인정할 가능성이 있지만
친중 반한·반미 정부의 수립에 대하여서는 결코 인정하지 않을 것이
고, 경우에 따라서는 무력개입을 포함한 적극적인 전복 시도를 할 수
도 있다. 물론 중국은 자국의 유리한 지위를 쉽게 포기하려 하지 않을
것이다.

한·미 양국의 군사적 개입 가능성에 대비하여, 또는 그 가능성을
빌미로 한·미 양국에 의한 무력간섭이 아직 발생하지 않은 상황에서
도 북한 친중 정부가 중국에 군사지원을 요청할 수 있다. 실질적으로
는 북한 국내의 정치적 수요에 의한 파병 요청일 수도 있다. 중국은
이러한 요청에 응하여 파병할 수도 있다. 중국과의 무력충돌을 우려
하여 한·미 양국이 중국군의 북한 진출을 묵인할 경우에는 전쟁이 일
어나지 않겠지만 그렇지 않을 경우에는 중·북과 한·미간의 대규모
전쟁이 일어날 가능성도 배제할 수 없을 것이다. 때문에 중국군의 북
한 진출을 사전에 차단하는 것이 한·미 양국의 제1선택이 될 것이다.

4) 단일 친한 정부의 수립

북한체제 붕괴 이후 북한 정치세력들이 이합집산을 거쳐 친한 정부를 수립할 가능성도 존재한다. 여기에도 2가지 가능성이 존재하는데 그중 하나는 단순 친한·친미 정부가 수립되는 것이고 다른 하나는 친한·친미 반중 정부가 수립되는 것이다. 전자는 친한·친미 정부이면서 중국을 반대하지 않는 정부를 가리키는 것이고, 후자는 친한·친미 정부이면서 중국을 반대하는 정부를 가리킨다.

단순 친한·친미 정부에 대하여 중국은 인정할 수 있고 또한 그와의 우호관계 수립을 위하여 노력할 것이지만 친한·친미 반중 정부에 대하여 중국은 인정하지 않을 것이다. 그러나 이 정부의 반중 도발이 없는 한, 중국이 무력을 통한 개입을 시도할 가능성은 없다고 할 수 있다.

북한 지역에 친한 정부가 수립되는 것은 한반도 통일이 실현되는 중요한 계기가 될 것이다. 특히 친한 정부가 북한 내부 질서를 정돈하고 외부로부터의 잠재적인 위협을 사전에 차단하기 위하여 한국에 군사원조를 요청할 경우, 한국이 그에 응하여 북한에 파병하여도 중국을 포함한 다른 주변 국가와의 갈등이 발생하지 않을 수 있다. 이는 한국에게 가장 바람직한 경우일 것이다. 이 경우의 한반도 통일은 단순한 '흡수통일'보다는 남한을 주도로 하는 '남북연합정부' 형식이 우선시될 가능성도 있다고 생각된다.

북한 기존 체제가 붕괴되어서부터 신규 체제가 정립되기 전까지의 시기가 가장 중요한 시기일 것이다. 이 시기에는 필연적으로 사회적 혼란이 동반하게 되는데 관련 국가들은 이 비상시기에 북한 정세가 자국에 유리한 방향으로 전환되게 하기 위하여 각종 노력을 아끼지 않을 것이다. 사전에 원만한 준비를 한 국가가 유리한 결과를 얻을 수 있을 것이다.

맺음말

위의 소개를 통하여 필자가 어떠한 사고방식으로 국제관계문제, 특히 한반도문제에 접근하는가를 알 수 있었으리라고 생각한다. 마지막으로 복잡다단한 사회시스템을 연구함에 있어서 망각하지 말아야 할 2가지 원리를 지적하고자 한다.

하나는 복잡계 연구에서 자주 제기되는 '나비효과(Butterfly effect)'이다. 이는 '초기 조건에 대한 민감한 의존성'을 설명하는 것으로서 초기값의 미세한 차이가 완전히 상이한 결과를 초래할 수 있다는 것을 의미하는데 흔히 '베이징에서 나비 한마리가 날개를 퍼덕임으로써 뉴욕에 폭풍우가 몰아칠 수 있다'는 표현을 쓰기도 한다. 이 원리에 따르면 자연현상에 대하여서도 정확한 예측이 불가능한 경우가 많다. 그러므로 복잡한 사회시스템 연구에서 먼 미래에 대한 예측은 불가능하다고 할 수 있다. 한반도 변화결과에 대한 정확한 예측도 가능하지 않은 것이다. 그러나 한 시스템의 내외 관련 요인 및 상호관계를 통합적으로 연구할 경우 그 시스템의 전개 방향에 대한 제시는 가능한 것이다. 학문적 연구는 바로 이러한 일을 해야 할 것이다. 수시로 정책적 선택을 해야 하는 정책결정자들은 오류를 최소화하기 위하여서 학문 연구의 결과를 잘 소화해야 할 것이다. 그리고 이 글에서는 주로 중국과 한국이라는 두 요인을 고려하였는데, 더 심도 있는 연구에서는 미국, 러시아, 일본 등 요인들도 고려하지 않으면 안 되는 것이다.

다른 하나는 사회문제에 대한 확률론적 접근에서 망각하지 말아야 할 원리이다. 적지 않은 학자들은 확률론을 이용하여 사회시스템에서 나타나게 되는 여러 가지 시나리오의 확률을 계산하고 고확률 시나리오와 저확률 시나리오를 구분한다. 가령 연구결과가 정확하더라도 이러한 결과를 이용하여 정책을 설정할 때 오류가 발생할 수 있다. 확률에 대한 그릇된 이해로 인한 것이다. 확률의 크기는 사건 발생 가능성의 크기를 나타낼 뿐, 사건 발생의 시간상의 선후 순서와는 무관하기 때문에 최저확률 사건이 최초에 발생할 수도 있고, 최고확률 사건이 영원히 발생하지 않을 수도 있다. 이 점을 이해하지 못하면 엄중한 전략적 오류가 발생하게 되는 것이다. 예를 들면 북한의 김일성은 6·25남침시 미국이 참전하지 않으리라고 오판하였고, 미국의 맥아더는 인천 상륙시 중국군이 참전하지 않으리라고 오판하였다. 정세변화에 엄중한 결과를 초래할 가능성이 있는 사건이라면 그 발생 확률이 아무리 작다 하여도 참답게 고려하지 않으면 안 된다는 것을 고려하지 못하였던 것이다.

(2010-01-10)

2

한반도 통일에 대한
중국 정부 입장의 이해

요약문 중국 정부는 한반도의 자주적 평화통일을 지지한다는 입
장을 거듭 천명하여 왔다. 한반도 정세가 급변할 가능성
이 나날이 증대되는 오늘날, 중국 정부의 한반도 통일에
대한 입장을 제대로 이해하는 것은 중국의 국가이익을
수호하는 데에 매우 중요할 뿐만 아니라 한반도 통일과정
의 전개에도 중대한 영향을 미칠 가능성이 있다. 이 글에
서는 중국 정부의 관련 문헌, 중국 지도자들의 관련 발언
등을 자세히 열거하여 중국 정부의 한반도 자주평화통일
지지 입장은 확고부동하다는 것을 확인하고, 중국 정부의
입장에 대한 해석을 통하여 그에 대한 정확한 이해를 시
도하여 본다. 그리고 중국 정부가 왜 한반도 통일을 지지
하는가를 밝히기 위하여 중국 정부의 한민족의 통일 염원
에 대한 존중, 중국 특히 중국 동북지역의 안정과 발전
수요, 중일관계의 전개 방향, 중미관계의 전개 방향, 한반
도 통일 후의 중한 정치·경제 협력 전망 등 여러 측면에
서 그 이유를 살펴본다.

핵심어 한반도의 자주평화통일, 중국 정부의 입장, 중국과 통일
한국의 관계

※ 이 글은 2010년 8월 15일 중국 상해에서 중국 동제대학 아태연구센터와 한국 국제뇌교육종합대
학원대학교 아시아평화연구소의 공동 주최로 열린 제3회 '동북아 평화, 협력과 발전' 학술교류회
에서 발표한 것이다. 회의 논문집 <东北亚和平、合作与发展(第三次学术交流)>, p.21-37.

머리말

중국과 한반도 국가의 역사적·현실적 관련, 한반도 국가의 세계적·지역적 중요성, 중국의 지역적·세계적 전략 등 요인들이 복합적으로 고려되어 향후 일정 기간 중 중국 정부의 대한반도 정책은 한반도의 안정과 평화, 비핵화와 자주적 평화 통일을 추구하는 것이라고 할 수 있다.

한반도의 안정과 평화 및 비핵화에 대한 중국 정부의 입장에 대해서는 별로 이론이 없지만 한반도 통일에 대한 중국 정부의 입장에 대해서는 논쟁이 그치지 않고 있다. '중국이 한반도 통일을 지지하는가 아니면 반대하는가?'하는 문제가 자주 거론되고 있는 것처럼 '중국이 한반도 통일을 지지해야 하는가 아니면 반대해야 하는가?'하는 문제도 자주 거론되고 있다.

이 글에서는 중국 정부 또는 중한 정부의 공식 문헌과 중국 지도자들의 발언에 근거하여 한반도 통일에 대한 중국 정부의 입장을 확인하고, 한반도 남북관계의 변화추이에 대한 분석을 통해 중국 정부가 실제로 취할 수 있는 정책 조치를 살펴보며, 그리고 이와 관련된 일련의 문제들을 토론해 보고자 한다.

1 한반도 통일에 대한 중국 정부의 입장 관련 자료

한반도 통일에 대해서는 다양한 견해들이 존재한다. 중국내에서도 그렇고, 한국 내에서도 그러하며, 세계적으로도 그러하다. 지지하는 견해도 있지만[1] 반대하는 견해도 만만치 않다.[2] 여기서는 주로 중국

정부의 입장을 살펴보고자 한다. 그리고 중국 정부도 상이한 시기에
상이한 입장을 취할 수 있다는 점을 고려하여 여기서는 1992년 중한
수교 이후의 중국 정부 입장을 살펴보고자 한다.

결론부터 말한다면 '한반도의 자주적 평화통일을 지지한다'는 중국
정부의 입장은 시종일관 변함이 없다. 중국 정부의 한반도 통일에 대
한 공식 입장은 중국 정부가 한국 정부와 공동으로 발표한 공식 문헌,
중국 지도자들의 발언 등에서 잘 나타나고 있다.3)

1) 1992년 '중한수교연합공보'

1992년 8월 24일에 발표된 '중한수교연합공보' 제5항은 '중화인민
공화국 정부는 한반도 평화통일을 조기에 실현하려는 한민족의 염원
을 존중하고, 한민족이 스스로 한반도의 평화통일을 실현하는 것을
지지한다.'고 밝혔다.4)

---

1) 陈峰君. 朝鲜半岛和平统一 : 中国乐见其成. 东北亚研究, 2001, (1):22,
   http://all.zcom.com/mag2/shehuikexue/zhengfa/33775/200101
2) 인터넷에 실린 네티즌들의 글을 보면 이를 쉽게 알 수 있다.
3) 중한간의 공동 성명이나 공보일 경우, 중국어와 한국어로 동시에 발표되었을 것이
   라고 생각되지만 한국어로 된 자료들을 얻을 수 없어, 본문에 수록된 자료들은 대
   부분 중국어로 된 것을 필자가 한국어로 번역한 것이다. 발표 당시의 한국어 원문
   과 다를 수 있다는 것을 양해하기 바란다.
4) [중국어 원문] 中华人民共和国政府尊重朝鲜民族早日实现朝鲜半岛和平统一的愿
   望, 并支持由朝鲜民族自己来实现朝鲜半岛的和平统一。 한국어 원문에서는 '한
   민족', '한반도' 등 용어를 사용하였을 것이지만 중국어 원문에서는 '朝鲜民族',
   '朝鲜半岛' 등 용어를 사용하였다.

2) 1998년 4월 30일 호금도의 발언

한국 방문을 마치면서 소집한 기자회견에서 '호금도 중공중앙 정치국 상무위원 겸 국가 부주석은 다음과 같이 말하였다. 반도문제의 주요 당사자는 남북 양측이다. 남북 양측이 대화와 협상을 통하여 이해를 증진하고 신임을 늘리며 관계를 개선하여 자주적 평화 통일의 최종 실현을 위한 조건을 창조하기 바란다.'5)

3) 1998년 '중한연합공보'

강택민 중화인민공화국 주석과 1998년 11월 11∼15일 중국을 방문한 김대중 대한민국 대통령의 회담을 거쳐 중한 양국 정부는 '중한 연합공보'를 발표하였는데 제5항은 '중국 측은 한반도 평화와 안정을 수호하기 위하여 계속 주력할 것을 재천명하며, 최근 남북 민간경제 교류에서 취득한 적극적인 진전을 환영하고, 한반도 남북 양측이 대화와 협상을 통하여 반도의 자주적 평화통일을 실현하는 것을 지지하며, 한반도 비핵화 공동선언의 목표가 조속히 실현되기를 희망한다.' 고 밝혔다.6)

---

5) 胡锦涛在韩国答记者问,
   http://www.people.com.cn/item/ldhd/hujint/1998/chufang/1998hanguo/cf0012. html;
   人民日报, 1998-05-01, 제3판. [중국어 원문] 中共中央政治局常委、国家副主席胡锦
   涛说, 半岛问题的主要当事者是南北双方。希望南北双方通过对话和协商, 增进理
   解, 扩大信任, 改善关系, 为最终实现自主和平统一创造条件。

6) 中韩联合公报,
   http://news.xinhuanet.com/world/2006-12/19/content_5508256.htm;
   [중국어 원문] 中方重申将继续致力于维护朝鲜半岛的和平与稳定, 欢迎最近南北
   民间经济交流取得的积极进展, 支持朝鲜半岛南北双方通过对话协商实现半岛的
   自主、和平统一, 希望朝鲜半岛无核化共同宣言的目标早日实现。

4) 2000년 강택민과 김대중의 뉴욕 회견

2000년 9월 6일 강택민 중국 국가주석은 김대중 한국 대통령과의 회담에서 중한 관계와 한반도 정세에 대한 의견을 나누었다. '강택민은 다음과 같이 말하였다. 반도 남북 양측의 친속들이 다년간 이별하였다가 드디어 다시 만나게 된데 대하여 매우 기쁘게 생각한다. 향후 무릇 반도의 긴장 정세 완화에 유리하고 반도의 평화통일에 유리한 일은 우리는 모두 지지할 것이다.'7)

5) 2001년 강택민과 김윤혁의 회견

강택민 주석은 '중조우호합작호조조약' 체결 40주년 기념활동 참석차 중국을 방문한 김윤혁 조선최고인민회의 상임위원회 비서장을 단장으로 하는 조선우호대표단 성원들과 회견하였다. '한반도 정세에 대하여 강택민은 다음과 같이 말하였다. 중국은 조선의 친밀한 우방과 이웃으로서 한반도 정세의 발전에 매우 관심한다. 작년의 남북 정상회담은 한반도 및 전세계가 주목하는 하나의 큰 사건으로서 반도 정세의 완화를 유력하게 추진하였고 남북관계를 개선하였다. 중국은 북남 양측의 대화와 협상을 통한 관계개선을 계속 확고히 지지하고, 반도가 최종적으로 자주적 평화통일을 실현하는 것을 확고히 지지할 것이다.'8)

---

7) 江泽民主席会见韩国总统金大中,
   http://un.fmprc.gov.cn/chn/pds/ziliao/zt/ywzt/2391/2402/t11317.htm,
   2000-11-07; [중국어 원문] 江泽民说，对半岛南北双方亲属离别多年后终于重逢感到十分高兴。今后，凡是有利于缓和半岛紧张局势，有利于半岛和平统一的事，我们都会予以支持。

8) 江泽民 : 中国坚定支持朝鲜半岛和平统一,
   http://news.enorth.com.cn/system/2001/07/11/000090546.shtml;

6) 2001년 강택민과 김정일의 회담

북한을 방문한 강택민 중공중앙 총서기 겸 국가주석은 9월 3일 김정일 조선노동당 총서기 겸 국방위원장과의 회담에서 '중국은 일관하게 반도의 평화와 안정을 수호 촉진하는 데에 주력하면서 북남 양측이 북남대화를 추진하고 상호관계를 개선하고 반도 정세를 완화하기 위하여 실행한 적극적인 노력을 지지하며, 북남 양측이 자주적으로 평화통일을 실현하는 것을 지지하며, 조선이 미국, 일본, 유럽연합 등 여러 국가들과 관계를 개선하고 최종적으로 관계정상화를 실현하는 것을 지지한다.'고 말하였다.9)

7) 2003년 호금도와 노무현의 회담

7월 7일, 중국을 방문한 노무현 한국 대통령과의 회담에서 호금도 중국 국가 주석은 '반도에 대한 중국의 정책은 일관적이다. 우리는 반도 남북 양측의 화해와 협력을 지지하며, 반도가 최종적으로 자주적 평화통일을 실현하는 것을 지지한다. 중국 측은 이전과 같이 이를 위해 건설적인 역할을 할 것이다.'고 말하였다.10)

[중국어 원문] 关于朝鲜半岛形势，江泽民说，中国作为朝鲜的亲密朋友和近邻，十分关心朝鲜半岛形势的发展。去年的北南首脑会晤是朝鲜半岛乃至全世界瞩目的一件大事，有力地推动了半岛形势的缓和，改善了北南之间的关系。中国将继续坚定地支持北南双方通过对话协商改善关系，坚定地支持半岛最终实现自主和平统一。

9) 江泽民总书记与金正日总书记会谈,
http://www.mfa.gov.cn/chn/pds/ziliao/zt/ywzt/2355/2361/t11109.htm; [중국어 원문] 中国一贯致力于维护和促进半岛的和平与稳定，支持北南双方为推进北南对话、改善相互关系、缓和半岛局势做出的积极努力，支持北南双方自主实现和平统一，支持朝鲜与美国、日本、欧盟等各国改善关系并最终实现关系正常化。

10) 胡锦涛与卢武铉会谈 阐述中国对朝核问题的立场,

8) 2005년 '중한연합공보'

이명박 한국 대통령과 부산 APEC(아시아태평양경제협력체) 정상
회의 참석차 국빈 방문을 한 호금도 중국 국가주석은 회담을 통하여
11월 17일 '중한연합공보'를 발표하였다. 이 공보는 '중국 측은 한반
도 남북 화해와 협력 과정에서 취득한 적극적인 진전을 환영하며, 남
북 양측의 관계개선과 평화통일의 최종 실현을 계속 확고부동하게 지
지한다는 것을 재천명한다.'고 밝혔다.11)

9) 2005년 한국 국회에서 한 호금도의 연설

호금도 주석은 11월 17일 한국 국회에서의 연설에서 '우리는 남북
양측이 반도문제의 직접 당사자이며 반도문제가 최종적으로 양측의
대화와 협상에 의해 해결돼야 한다고 일관되게 생각한다. 우리는 이
전과 변함없이 양측의 대화를 통한 관계 개선과 신뢰 구축, 그리고 자
주적 평화 통일의 최종적 실현을 지지할 것이다.'고 밝혔다.12)

---

http://www.caea.gov.cn/n16/n1100/n1298/32343.html, 2003-07-08.; [중국어 원문]
胡锦涛还表示, 中国对半岛的政策是一贯的, 我们支持半岛南北双方和解与合作,
支持半岛最终实现自主和平统一, 中方将一如既往地为此发挥建设性作用。 이 회
담을 통해 중한 양국은 '중한연합성명'을 발표하여 '전면적 협력 동반자 관계'의
수립을 선고하였다. 하지만 이 성명에는 한반도 통일에 대한 내용은 없었다.
참고 : 中韩联合声明建立两国全面合作伙伴关系,
http://www.chinanews.com.cn/n/2003-07-09/26/322205.html

11) 中韩联合公报(2005-11-17),
http://www.law-lib.com/law/law_view.asp?id=220928;
[중국어 원문] 中方欢迎朝鲜半岛南北和解合作进程取得的积极进展, 重申将继
续坚定不移地支持南北双方改善关系, 最终实现和平统一。

12) 후진타오 중국 국가주석 "한반도 자주적 평화통일지지",
http://www.kdaily.com/news/newsView.php?id=20051118005010&spage=31;
[중국어 원문] 我们一贯认为, 半岛南北双方是半岛事务的直接当事人, 半岛问题

10) 2007년 한반도 통일 지지에 대한 유엔총회 결의에 대한 중국의 태도

2007년 11월 1일 유엔 총회는 노무현 한국 대통령과 김정일 북한 국방위원장이 10월 4일에 서명한 '2007년 남북정상선언'을 적극 환영 지지한다는 '한반도에서의 평화, 안전, 통일'에 대한 결의를 만장일치로 채택하였다.13) 이에 대하여 '중국 측은 반도 남북 양측이 대화를 강화하고 평화통일을 실현할 데 대하여 지지하는 결의안을 유엔이 통과한 것을 지지하며, 관련 국가가 조선의 인권 상황을 무리하게 비난하고 조선 내정을 간섭하는 결의안을 제출한데 대하여 반대한다.'고 표시하였다.14)

11) 2008년 5월 '중한연합성명'

2008년 5월 중국을 방문한 이명박 한국 대통령과 호금도 중국 국가주석의 회담을 통하여 중한 양국은 '전략적 협력동반자관계 수립' 등 내용이 담긴 '중한연합성명'을 발표하였다. 이 성명에는 '중국 측은 한반도 남북 양측의 대화와 협상을 통한 관계 개선과 평화통일의 최종 실현을 계속 확고부동하게 지지한다는 것을 재천명한다.'고 적혀있다.15)

最终应该由南北双方对话协商解决。我们将一如既往地支持南北双方通过对话改善关系，建立信任，最终实现自主和平统一。
http://www.cctv.com/news/china/20051117/102744.shtml,

13) 남북한 통일지지 유엔총회 결의 만장일치 채택,
http://www.chosun.com/site/data/html_dir/2007/11/01/2007110100232.html

14) 中国驻朝使馆公布2007年中朝关系十件大事,
http://news.eastday.com/c/20080102/u1a3324390.html; [중국어 원문] 中方支持联合国通过关于支持半岛南北双方加强对话和实现和平统一的决议案, 反对有关国家提出无理指责朝鲜人权状况、干涉朝鲜内政的议案。

12) 2008년 8월 '중한연합공보'

한국을 방문한 호금도 중국 국가주석과 이명박 한국 대통령의 회담을 통하여 중한 양국 정부는 8월 25일 '중한연합공보'를 발표하였다. 이 공보에서 '중국 측은 남북 양측이 화해 협력하고 남북관계를 개선하여 궁극적으로 평화통일을 실현하는 것을 계속 지지한다고 재천명한다.'고 밝혔다.16)

13) 2009년 온가보의 북한 방문, 시진핑의 한국 방문과 2010년 김정일의 중국 방문

온가보 중국 국무원 총리는 2009년 10월 4∼6일 북한을 방문하여 김정일 국방위원장과 회견 회담하였고, 시진핑(習近平) 중국 국가부주석은 2009년 12월 16일부터 3박 4일간 한국을 방문하여 한국의 이명박 대통령, 정운찬 국무총리, 김형오 국회의장 등과 회견 회담하였다. 한편, 김정일 북한 국방위원장은 2010년 5월 3일부터 7일까지 중국을 방문하여 중국의 호금도 주석, 온가보 총리, 오방국 전국인대상무위원장 등과 회견 회담하였다. 이러한 만남들에서 한반도 통일 문제가 거론되었다는 보도는 보이지 않는다. 그러나 중국 정부의 한반도 통일에 대한 입장에 그 어떤 변화가 발생하였다는 근거는 없다. 오히려 중국 정부가 한반도 문제를 얼마나 관심하는가는 충분히 보여주었

---

15) 中韩联合声明(2008년 5월 28일),
http://politics.people.com.cn/GB/1026/7312665.html. [중국어 원문] 中方重申, 将继续坚定不移地支持朝鲜半岛南北双方通过对话协商改善关系, 最终实现和平统一。

16) 한중공동성명, http://www.mofat.go.kr/main/index.jsp; [중국어 원문] 中方重申继续支持南北双方推进和解与合作进程, 改善关系, 最终实现和平统一。(中韩联合公报, http://news.xinhuanet.com/world/2008/08/25/content_9709789.htm)

다고 할 수 있다.

위의 자료들 외에도 중국 정부의 한반도 통일에 대한 입장을 표현할 수 있는 더욱 많은 자료들이 있으리라고 생각된다. 하지만 위의 자료들만으로도 중국 정부의 입장을 충분히 판단할 수 있겠다고 판단되어 일단 관련 자료의 소개는 이 정도로 하려 한다.

2 '한반도 통일에 대한 중국 정부의 입장'의 이해

한반도 통일에 대한 중국 정부의 입장을 제대로 이해하기 위해서는 위의 자료들에 대한 심도 있는 분석이 필요될 뿐만 아니라 한반도 변화 추이에 대한 파악이 필요된다.

이에 여기서는 먼저 한반도가 향후 일정 기간 중 어떤 방향으로 변화할 가능성이 있는가를 살펴보기로 한다. 만약 북한의 변화에 관련되는 각종 변수, 남한의 변화에 관련되는 각종 변수, 그리고 남북관계 변화에 관련되는 각종 변수를 통합적으로 고려할 경우, 향후 일정 기간 중 한반도 변화 추이는 그림 2.1에서 표시한 다양한 가능성을 보여준다는 것을 알 수 있다.[17]

중국 정부의 한반도 통일에 대한 입장은 이러한 가능성들에 대한 특정한 선택이라고 할 수 있다. 이제 중국 정부의 입장을 자세히 설명해 보기로 하자.

---

17) 박창근. 朝鮮半島統一前景略議. 세계화와 한국의 대응. 서울 : 백산자료원, 2003.
    p.477-490

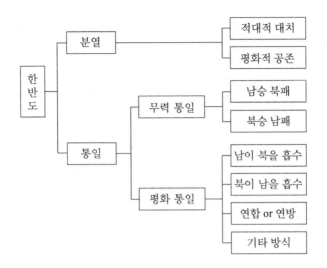

그림 2.1 한반도 변화 추이
(박창근. 세계화와 한국의 대응. 서울 : 백산자료원, 2003. 486)

1) 중국 정부는 한반도 통일을 지지한다.

한반도의 통일이냐 분열이냐 하는 문제에서 중국 정부가 한반도 통일을 지지한다는 것은 매우 명확하다. 위의 자료들에서도 확인할 수 있다시피, 이는 중한간의 공동성명이나 연합공보에서 수차례 강조되었을 뿐만 아니라 중국 지도자들의 발언에서도 수차례 강조된 것이다. 한반도가 남북으로 분열되어 있는 상황에서 중국 정부나 중국 지도자들이 한반도 통일을 거듭 강조한 것은 중국 정부가 한반도 분열을 바라지 않으며, 한반도 분열상태가 지속되는 것을 바라지 않는다는 것을 의미한다. 중국 정부가 바라지 않는 '분열' 상태에는 남북 간의 '적대적 대치' 뿐만 아니라 '평화적 공존'도 포함되어 있는 것이다. 중국 정부는 남북 간의 '평화적 공존'을 한반도 평화통일 실현의 전제조건으로서는 지지하지만 한반도 분열이 영구화되는 것은 바라지 않는다. 중국 정부가 한반도 분열을 바란다거나 한반도 통일을 바라지 않는다는 근거는 전혀 없다. 중국 정부와 중국 지도자들의 한반도 평화통일에 대한 공식 입장을 실현 가능성이 희박한 전망에 대한 단순한 외교적 제스처, 또는 남북의 신임을 얻기 위한 꼼수로 간주하여서는 안 되는 것이다.

그러나 중국 정부가 모든 방식의 한반도 통일을 지지한다고 할 수는 없다. 중국 정부가 지지하는 한반도 통일은 '무조건적 통일'이 아니라 '조건부' 통일이다. 위의 자료들을 보면 중국 정부가 지지하는 것은 '평화 통일', '자주 통일', 그리고 '대화와 협상을 통한 통일'이라는 것을 알 수 있다.

2) 중국 정부가 지지하는 것은 '평화 통일'이다.

한반도 통일 과정에서의 무력 사용 여부에 의해 한반도 통일은 크게 '평화 통일'과 '무력 통일'로 나눌 수 있다. 그중 중국 정부가 지지하는 것은 '무력 통일', '전쟁에 의한 통일'이 아니다. 즉 무력에 의한 '북승 남패'나 '남승 북패'의 결과로서의 한반도 통일은 중국 정부가 바라는 것이 아니다. 또한 무력에 의한 <'북＋x'승 '남＋y'패>나 <'남＋y'승 '북＋x'패>의 결과로서의 한반도 통일도 중국 정부가 바라는 것이 아니다. 중국 정부가 지지하는 것은 일관하게 한반도의 '평화 통일'이다.

그런데 그림 2.1에서 볼 수 있다시피 '평화 통일'에도 여러 가지 방식이 있다. 북에 의한 남의 흡수 통일, 남에 의한 북의 흡수 통일, 남북 연방, 남북 연합, 유럽연합식 통일, 그리고 남북 양측이 공동으로 인정하는 모종 국제기구 감시하의 남북 총선거에 의한 통일(예를 들면, 유엔 감시하의 남북 자유 총선거에 의한 통일) 등은 모두 '평화

통일'이라고 할 수 있다. 이러한 통일 방식들 모두가 중국 정부의 지
지를 받을 수 있는가 하는 것은 아직 명확하지 않다.

3) 중국 정부가 지지하는 것은 '자주 통일'이다.

한반도 통일은 그 주도세력이 한민족과 한반도 남북 양측인가, 아
니면 그 어떤 외부 세력인가에 의하여 크게 '자주 통일'과 '외세에 의
한 통일'로 나눌 수 있다. 중국 정부는 한반도 남북 양측이 한반도 통
일의 '직접 당사자'이고 한민족이 한반도 통일의 주체이기 때문에 '한
민족이 스스로 한반도의 평화통일을 실현하는 것', '북남 양측이 자주
적으로 평화통일을 실현하는 것'을 지지한다고 밝혔다. 다시 말하면
중국이 지지하는 것은 외세에 의한 한반도 통일이 아니라 한민족과
한반도 남북 양측에 의한 '자주 통일'이다.

그림 2.1에 표시한 각종 평화통일 방식들을 보면, 이들 방식들에
의해 전개되는 평화통일 과정과 결과가 '자주 통일'인가 아니면 '외세
에 의한 통일'인가 하는 것은 실제 상황에 의하여 판단해야 하지만
이들 통일 방식 모두가 '자주 통일'일 수는 있다고 할 수 있다. 일례
로 '흡수 통일'도 '자주 통일'일 수 있다. 예를 들면, 통상 '흡수 통일'
이라고 평가되는 1990년 10월 3일 독일 통일이 '자주 통일'이 아니었
다고 할 이유는 별로 없다. 사실상 동서 독일의 통일은 자주적이고 평
화적인 '흡수 통일'이었다.

'자주 통일'이라고 하여 통일 과정에서 외부 국가들의 '참여'가 모
두 배제되어야 한다고 이해할 수는 없다. 사실상 일부 외부 국가들이
한반도 통일 과정에 '참여'하는 것은 불가피적이다. 한반도 평화통일
을 실현하려면 우선 한반도 평화체제가 확립되어야 하고, 한반도 평
화체제를 수립하려면 우선 현재의 휴전체제를 평화체제로 전환시켜

야 하는데, 이를 위해서는 휴전협정 체약국인 중국과 미국의 '참여'가
불가피적이다.

4) 중국 정부가 지지하는 것은 '대화와 협상을 통한 통일'이다.

중국 정부나 지도자들은 '최종적으로' 한반도가 통일되는 것을 지
지한다고 재삼 천명하였다. 이는 한반도 평화통일의 실현은 '과정'이
필요된다는 것을 의미한다고 할 수 있다. 중국 정부는 한반도 평화통
일을 이룩하려면 '한반도 남북 양측이 대화와 협상을 통하여' 이해를
증진하고 신뢰를 구축하고 관계를 개선하여야만 가능하다고 여기는
것이다. 때문에 중국 정부는 '한반도 남북 양측이 대화와 협상을 통하
여 반도의 자주적 평화 통일을 실현하는 것을 지지'한다고 주장하기
도 하였다.

만약 중국 정부가 그림 2.1에서 볼 수 있는 여러 가지 평화통일 방
식을 모두 지지한다고 한다면, 중국 정부는 북에 의한 남의 흡수 통
일, 남에 의한 북의 흡수 통일, 남북 연방, 남북 연합, 유럽연합식 통
일, 또는 남북 양측이 공동으로 인정하는 모종 국제기구 감시하의 남
북 총선거에 의한 통일(예를 들면, 유엔 감시하의 남북 자유 총선거에
의한 통일) 등이 남북 양측의 '대화와 협상'을 통하여 실현되는 것을
지지한다고 이해할 수 있다.

3 중국 정부가 한반도 통일을 지지하는 이유

한 개인은 타인과의 관계에서 이기적일 수도 있고 이타적일 수도
있지만 모든 국가는 타국과의 관계에서 이기적이다. 때문에 한반도의

통일을 지지하는 중국 정부의 입장도 우선 중국의 이익에서 출발한 것이라고 해야 한다. 모든 국가들이 모두 자국 이익 우선으로 타국과의 관계를 처리하기 때문에 관련 국가들은 상호이익, 윈-윈이 가능한 방향으로 자국의 대외정책을 조정하지 않을 수 없게 된다. '투입-산출 효율'이 국제관계에서도 중요한 역할을 하게 되는 것이다.

한편, 상인들이 상거래를 할 때 자기의 이익만 고려할 수 없는 데에는 사회적 도의에 대한 고려가 하나의 원인으로 작용할 수도 있다. 이와 비슷하게 한 국가가 타국과의 관계를 처리할 때에도 인간사회의 보편적 가치나 도의를 어느 정도 고려하는 현상을 보게 된다. 물론 국가의 이익을 최고 이익으로 간주하는 오늘날 현실에서 이러한 보편적 가치나 도의를 우선순위에 놓고 국제관계에 접근하는 국가는 존재하지 않지만 그것들을 어느 정도 고려하는 국가가 존재하는 것은 사실이다.

위의 두 시각에서 한반도 통일에 대한 중국 정부의 입장이 어떻게 형성되었는가를 살펴보기로 하자.

1) 중국 정부의 한민족의 통일 염원에 대한 존중

중국 정부는 '중한수교연합공보'에서 '한반도 평화통일을 조기에 실현하려는 한민족의 염원을 존중'하여 한반도 평화통일을 지지한다고 하였다. 이는 한반도 통일에 대한 중국 정부의 지지가 단순히 중국의 국가 이익에서 출발한 것이 아니라는 것, 즉 중국 정부가 한민족의 한반도 통일을 지지하는 데에는 분열을 경험하고 있는 한민족의 '고통'에 대한 도의적 고려가 포함되어 있다는 것을 보여주는 대목이라고 할 수 있다. 이는 역사상 장기간 분열시기를 경험하였고 현재도 국가의 분열을 경험하고 있는 중화민족의 '고통'에 대한 중국 정부의 이해와 무관하지 않다고 할 수 있다.

　중국인들은 동서독일의 통일을 역사적 필연성으로 간주하면서 지지한 적이 있은 것처럼 중화민족에 의한 중국의 통일도 역사적 필연성으로 간주하고 있으며, 또한 한민족에 의한 한반도 통일도 역사적 필연성으로 간주하고 있다. 사실상 한민족은 세계역사상 보기 드물게 장기간 통일국가를 유지하여 온 민족으로서, 676년 신라에 의한 한반도 통일 이후 900~935년 단기간의 분열시기 외에는 1910년 '한일합방' 전까지 줄곧 통일국가를 유지하여 왔다. 때문에 한민족에 의한 한반도 통일이 역사적 필연성으로 간주되는 것은 당연하다고 해야 되겠지만, 중국 정부가 '한민족의 통일 염원에 대한 존중'을 표시한 것은 중국 정부가 한반도 통일의 논리적 당위성만 고려하는 것이 아니라 그 도의적인 측면도 고려한다는 것을 보여 준다.

2) 중국, 특히 중국 동북지역의 안정과 발전 수요로 본 한반도 통일

　중국 대륙과 한반도는 지리적으로 잇대어 있기 때문에 중국내의 상황이 한반도 국가에 영향을 미칠 뿐만 아니라 한반도내의 상황이 중국 국가에 영향을 미치기도 한다. 역사적으로도 그러하였고 현실적으로도 그러하다.

　역사적으로 보면 한반도의 평화와 안정이 유지된 시기에는 중국과 한반도 국가의 관계가 통상 우호적이었고, 한반도의 평화와 안정이 파괴된 시기에는 중국과 한반도 국가의 관계가 통상 매우 복잡하게 전개되었던바, 중국은 자국을 지지하는 한반도 국가나 세력과는 우호적이었지만 자국을 반대하는 한반도 국가나 세력과는 비우호적이었다.

　한반도에 통일국가가 존속된 시기에도 국내 안정이 파괴된 적이 있었지만 한반도가 2개 또는 2개 이상의 국가로 분열된 시기에는 한반도의 평화와 안정은 유지되기가 더욱 어려웠다. 예를 들면 한국 역사 상 원삼국시대, 삼국시대, 그리고 후삼국시대에는 분열국가들 간의 전쟁이 자주 발생하였고 20세기 중반의 남북 분열도 결국은 대규모 전쟁을 야기하고 말았다. 지난 60년간의 한반도 남북관계를 보면, '안정'이나 '평화'는 오래가지 못하고 적대적 대치나 전쟁에 의한 파괴가 잇따랐다(표 2.1 참조).

표 2.1 1948-2010년 한반도 남북관계의 전개

주기 및 단계		지속 기간	남한 대통령	북한 최고통치자	남북관계 특징	시스템구조 유형
제 1 주 기	제1단계	1948-1970년	이승만, 박정희	김일성	충돌과 대치	혼돈구조
	제2단계	1970-1987년	박정희, 전두환	김일성	경쟁	평형구조
	제3단계	1988-1997년	노태우, 김영삼	김일성, 김정일	협업	준평형구조
	제4단계	1998-2007년	김대중, 노무현	김정일	합작	활성구조
제 2 주 기	제1단계	2008-	이명박	김정일	충돌과 대치	혼돈구조
	제2단계	-	-	-	-	-
	제3단계	-	-	-	-	-
	제4단계	-	-	-	-	-

박창근. '시스템·지구사회·동북아시아·한반도·북핵에 대한 사고. 중국조선족과학기술자협회(상해)제3회 학술교류회 논문집. 상해 : 2010-04-11, p.95

분열과 전쟁상태에 처한 한반도 국가들에 상대하여 중국 국가는 혹은 주동적으로, 혹은 피동적으로 한반도 국가들 간의 갈등과 전쟁에

개입하였다. 중국 국가가 한반도 국가들을 이용한 적도 있었고 한반도 국가들에 이용된 적도 있었다. 한반도 삼국시대에는 중국 국가와 한반도 국가 간에 수차례의 대규모 전쟁이 발생하였고, 1940년대의 한반도 분열을 그 근본원인으로 하는 6·25전쟁은 중국을 한반도 전쟁에 끌어들이고 말았다. 최근 수년간 북한의 장거리 미사일 발사, 핵개발과 핵실험, 천안함사건, 탈북자 문제 등은 중국으로 하여금 한반도 남북과의 관계 설정에서 끊임없는 '불편'을 경험하도록 하고 있다.

오늘날 한반도의 불안정과 남북 간의 긴장상태에 대응하여 국제사회에서는 '한반도 평화체제'가 자주 거론되고 있지만 한반도 통일이 이루어지지 않는 한, 한반도의 장기적인 평화와 안정은 실현될 수 없는 것이다. 남과 북이 모두 한반도 전체를 자국의 영토라고 주장하는 상황에서 한반도 남북 양측이 장기간 평화공존 관계를 유지한다는 것은 원천적으로 불가능하다. 특히 역사상 장기간 통일 국가를 형성하여 살아온 한민족의 강력한 응집력과 통일 염원은 한반도의 분열이 영속화되는 것을 허용할 수 없다. 때문에 한반도 통일은 한반도의 영구적인 평화와 안정을 실현하는 근본적인 출로라고 할 수 있다.

중국은 지난 30여 년간의 개혁개방을 거쳐 이미 경제대국이 되었다. 그러나 중국의 1인당 국민소득은 아직 매우 적고 미국과의 경제력 차이는 아직 매우 커서 향후 일정 기간 중 중국은 여전히 경제발전을 우선순위에 놓지 않을 수 없다. 때문에 중국 정부는 특히 주변 국제환경의 평화와 안정을 추구하며 한반도의 평화와 안정을 기대한다. 한반도 통일을 지지하는 중국 정부의 입장은 중국, 특히 중국 동북지역의 안정, 평화와 발전에 유익한 선택으로서 한반도의 안정, 평화와 발전에도 유익한 것이며, 나아가서는 동북아시아의 안정, 평화와 발전에도 유익한 것이다.

3) 중일관계의 전개 방향에서 본 한반도 통일

세계대국으로서의 중국은 지구화 전략을 추진하면서 미국과의 경쟁에서 우위를 차지하기 위해서 일본과의 협력을 기대하지만 일본은 미일동맹을 강화하고 중국의 발전을 억제하려는 방향에서 좀처럼 물러서지 않고 있다. 신동북아질서의 구축 노력을 보면 중국과 미일간의 주도권 경쟁이 핵심문제로 제기되고 있지만 중일간의 전략적 협력이 없다면 평화와 안정을 기본으로 하는 신동북아질서는 운운조차 할수 없게 된다. 한반도 평화통일의 실현을 위한 노력에서는 일본의 역할이 별로 중시되지 않고 있지만 한반도 평화체제를 구축하기 위해서는 일본의 참여와 지지가 하나의 중요한 외부 요인이라는 것을 부인할 수 없다. 일본도 한반도에서의 자기의 이미지를 개선하기 위해서는 한반도 통일에 대한 지지 입장을 분명히 하여야 할 것이다.

일본 우익세력에 의한 일본군국주의의 부활이 동북아시아, 동아시아, 아시아, 그리고 아태지역의 평화와 안정에 큰 위협인 것은 사실이다. 일본 우익세력은 한반도의 분열과 남북대립, 북한의 미사일 개발과 핵실험, 그리고 중국 군사력의 증강을 일본의 군사대국화와 군국주의 부활의 '이유'로 이용하고 있다. 한반도가 분열되어 있는 상황에서 한반도의 안정이 유지되어 있는 시기에는 일본의 역할이 두드러지지 않지만 일단 남북 간에 전쟁이 발발하면 일본의 역할은 간과할 수없을 정도로 커지게 되며, 한일관계는 비록 군사동맹관계는 아니지만 중국과의 관계를 고려하여 일본은 결코 한국과의 협력을 소홀히 하지 않을 것이다.

때문에 중국은 동북아 평화체제를 구축하고 일본의 군사대국화와 군국주의 부활을 저지하기 위하여 한반도의 평화체제 구축, 나아가서는 한반도 통일을 중요시하게 된다. 한민족은 일본 군국주의의 피해를 가장 많이 입은 민족이고 한국은 일본 군국주의에 인해 식민지가 된 적이 있기 때문에 한민족과 한반도 국가는 통일을 실현한 후에도 일본 군국주의 부활에 결사코 반대할 것이다.

그리고 일본과의 관계를 고려할 때 흔히는 우익세력에 의한 일본의 군사대국화와 군국주의 부활만 고려하지만 좌익세력으로 구성된 일본 정부도 자국의 이익을 우선순위에 놓게 된다는 것은 너무나도 자연스러워, 가령 일본 군국주의 부활이 저지된다 하여도 일본의 군사대국화는 시간문제일 것이고[18] 영토, 에너지 등 문제에서 일본과 주변국들과의 마찰은 쉽게 해결되지 않을 것이다. 한반도 분열 상황이 이러한 문제들의 해결에 불리함을 고려한다면 한반도 통일, 중국과 통일한국의 협력은 중일 간, 한일 간의 이해관계 조절에서 중한 양국에 중요한 기여를 할 수 있을 것이다.

4) 중미관계의 전개 방향에서 본 한반도 통일

오늘날 중미 양국은 세계질서의 구축과 변화에 가장 큰 영향력을 행사하는 대국으로서 자국의 세계전략 수립에서 일차적으로 상대방에 대한 전략적 고려를 하지 않을 수 없게 되었다. 중미 양국은 각자의 전략적 이익을 우선순위에 놓으면서 허다한 국제문제들에서 경쟁과 협력을 병행하고 있다.

중국 정부가 한반도 통일 지지 여부를 고려할 때에도 가장 심도 있게 고려해야 할 문제가 바로 통일한국과 미국의 관계, 그리고 이와 관련된 중미·중한 관계의 변화 가능성이다. 한반도 통일 결과 뿐만 아

---

18) 스톡홀름 국제평화연구소의 연례보고서에 따르면 2008년 미(1위)·중(2위)·일(7위) 3국의 군비지출액은 각각 6070억불, 849억불, 468억불이고, 2009년 미(1위)·중(2위)·일(6위) 3국의 군비지출액은 각각 6010억불, 1000억불, 510억불이다. 출처 : http://www.sipri.org

니라 통일 과정도 여러 가지 시나리오[19)]가 있겠지만 여기서는 주로 결과에 착안하여 표 2.2에 열거한 시나리오들을 토론해 보고자 한다.

우선 지적하고 싶은 것은 남북의 경제력, 인구, 체제의 성공여부 등을 고려한다면, 한반도 통일이 그 어떠한 방식으로 실현되든지 결과적으로 한반도에 정착될 체제는 남한 주도의 체제일 것이라는 점이다. 가령 연방제나 연합제에 의한 통일이 이루어진다고 하여도 그것들은 어디까지나 과도적인 단계로서 결국은 남한 주도로 '1민족, 1국가, 1체제, 1정부'의 완전통일이 실현될 것이다. 북한과 중국간의 군사동맹관계는 자연적으로 폐기될 것이고 북한에 있는 핵무기의 폐기로 한반도 비핵화가 실현될 것이다. 그리고 표 2.2 에 열거한 시나리오들은 모두 한반도의 자주평화통일에 의한 것임을 밝혀둔다.

시나리오 Ⅰ에서 통일한국과 중국의 관계는 현재 중한간의 '전략적 협력동반자 관계'가 지속되지만, 통일한국과 미국의 관계는 현재 한미간의 군사동맹관계가 존속되는 상황에서 주한 미군의 한반도 주둔 여부와 주둔 방식이 현상유지 할 가능성도 있지만 변화될 가능성도 있다.[20)] 중국 정부의 입장에서 본다면 통일한국이 한미동맹관계는 유지하더라도 주한 미군을 한반도에서 완전히 철수케 한다면 이 시나리오에 동의하기가 별로 어렵지 않을 것이다.

---

19) 통일과정과 관련된 시나리오에 대해서는 아래의 글을 참조하기 바란다. 박창근. 북한체제의 변화전망와 중한 양국의 대응. '동북아 평화, 협력 및 발전' 제2회 학술교류 논문집, 제주시 : 한국 국제뇌교육종합대학원대학교 아시아평화연구소, 중국 동제대학 아태연구센터, 2009-08-15. p.1-11; 박창근. 북한 핵무장에 대한 중한 양국의 대응. '북한의 핵무기에 대한 대응전략 : 한·중의 시각' 세미나 논문집. 서울 : 대륙전략연구소, 2009-11-05. 8-26

20) 동서독일의 통일에 관한 협상 과정에서 관련 국가들은 통일 독일이 나토(NATO)에서 탈퇴하지 않되, 동독 지역에 나토군이 주둔하지 않는 것을 전제로 합의을 보았다. 자료 : German reunification, http://www.newworldencyclopedia.org/entry/German_reunification. 2010-07-10. 열독.

표 2.2 통일한국과 중국, 미국의 관계

		중국과의 관계	미국과의 관계
시나리오 I	통일 한국	전략적 협력동반자 관계	군사동맹 관계 지속 : (1) 주한미군 불철수, 북한지역 불진출 (2) 주한미군 감축 (3) 주한미군 완전 철수
시나리오 II	통일 한국	전략적 협력동반자 관계	긴장관계 : 군사동맹 관계 폐기 주한미군 완전 철수 각종 마찰 급증
시나리오 III	통일 한국	우호관계 완전히 대등한 국가관계 경제교류 등 지속 발전	우호관계 : 군사동맹 관계 폐기 주한미군 완전 철수 완전히 대등한 국가관계
시나리오 IV	통일 한국	긴장관계 영토 분쟁 각종 마찰 급증	군사동맹 관계 강화 : 주한미군, 북한 지역 진출 주한미군 증가

시나리오 II 는 남한의 좌편향 정당에 의해 구성된 정부가 한반도 통일을 주도할 경우 발생할 가능성이 크다고 할 수 있다. 중국 정부는 물론 이러한 결과를 만족스럽게 생각하겠지만 통일한국과 미국의 관계가 고도로 긴장될 경우 그러한 통일한국 정부의 안정 여부가 문제로 부상할 것이다. 이 경우 통일한국은 한미군사동맹의 폐기, 주한미군 완전 철수, 그리고 미국과의 각종 마찰 등으로 생길 변화에 어떻게 대처할 것인가 하는 문제로 고민하지 않을 수 없을 것이다.

시나리오 III 은 통일한국이 중립국이 되는 경우21)도 포함할 수 있지만 여기서는 통일한국이 국제법적으로 중립국이 될 가능성에 국한하지 않으면서, 그 어떠한 군사 동맹에도 가입하지 않고 그 어떠한 국가

21) 정지웅. 한반도 중립화 통일의 조건과 실현가능성 검토.『국가전략』. 2006, 12(1) : 31-58; http://www.sejong.org/Pub_ns/PUB_NS_DATA/kns1201-02.pdf

와도 군사동맹을 체결하지 않는 보통 국가로서 중국 및 미국과 우호
관계를 유지하는 경우를 가리킨다. 중국 정부가 이 방안을 접수하는
것은 별로 문제 되지 않을 것이다. 미국 정부는 이 방안을 선호하지
않겠지만 접수할 가능성이 전혀 없다고 할 수는 없다. 통일한국은 '세
계적인 대국, 지역적인 소국'이라는 특수한 위상22)때문에 이 방안의
실행에 성공한다면 통일 후의 발전에 유리한 국제환경을 조성할 수
있을 것이다.

중국 정부가 가장 바라지 않는 것은 시나리오 Ⅳ이다. 중국 정부는
이 방안에 의한 한반도 통일이 한민족이 스스로 실행한 자주평화통일
이라 하여도 이에 반대할 가능성이 있다. 미국 정부가 시나리오 Ⅱ에
의한 한반도 통일에 반대할 가능성이 있는 것과 마찬가지이다. 그러
나 동서양의 문화 차이, 한국인의 민족주의, 한국의 경제이익 등을 고
려한다면 통일 초기에는 시나리오 Ⅳ로 전개되더라도 어느 정도 시간
이 지나면 우호적 중한 관계의 구축과 한반도에서의 미국 세력의 약
화, 나아가서는 퇴출도 가능하지 않은 것은 아니다.

위의 토론에서 알 수 있는바, 통일한국의 대중·대미 관계를 보면
중국에 불리한 결과가 나타날 가능성이 별로 크지 않기 때문에 중국
정부는 한반도 통일을 지지하는 것이다. 한반도 통일이 중국에 불리
한 결과로 나타날 가능성이 있을 경우에도 중국 정부는 한반도 통일
자체를 반대하기보다는 통일 후에 나타날 영토분쟁이나 기타 마찰에
대한 사전 예방 조치를 강구하는 것이 더 현명하다고 판단할 수 있
다.23)

---

22) 박창근. 남북관계의 향후 전개방향과 중국의 역할. 제5회 세계한민족포럼 논문집.
워싱턴 : 국제한민족재단, 2004-09-26～29. p.298-305
23) 독일의 통일과정에서 폴란드와의 국경 문제를 원만히 해결한 것이 통일과정이 순
조롭게 진행되고 독일통일이 국제적 인정을 받는 데에 중요한 역할을 하였다.

5) 한반도 통일 후의 중한 정치·경제 협력 전망

한반도 통일은 중국, 특히 중국 동북지역 주변 환경의 평화와 안정에 유리할 뿐만 아니라 중국과 통일한국 양측의 교류와 협력에도 일조할 수 있을 것이다.

우선, 정치 외교적 측면에서 중국 정부와 통일한국 정부 간의 교류와 협력이 잘 추진되리라고 추측할 수 있다. 지난 20~30년간의 중북 관계를 본다면 북한의 폐쇄성은 중국과의 관계에서도 표현되었는바 북한은 장거리 미사일 발사, 2차례의 핵실험, 6자회담 불참 등 중대 행동을 할 때에도 중국 정부와 소통을 잘하지 않았다. 국제사회의 관행과 '게임의 규칙'을 무시하는 북한의 소행으로 중국은 국제사회에서 난감할 때가 너무 많았다. 호금도 중국 국가주석이 2010년 5월 김정일 북한 국방 위원장과의 회담에서 제기한 '5가지 제의' 중의 제2항은 중북간의 '전략 소통을 강화한다'는 것이다. 호금도 주석이 중북 '양측은 수시 및 정기적으로 양국 내정 및 외교상의 중대한 문제, 국제 및 지역정세, 당과 국가 운영 경험 등 공동으로 관심하는 문제들에 대하여 심도 있게 소통한다.'고 제의한 것은 의미 있는 일이라 할 수 있다.24) 남북이 분열된 상황에서는 중국과 한반도 국가 간의 전략 소통이 제대로 실행되는 것이 쉽지 않지만 통일한국이 수립된 후에는 중한간의 대등한 전략 소통이 잘되리라고 믿어진다. 한반도 통일은 한반도 분열로 인하여 실현될 수 없었던 분야에서의 교류와 협력도

자료 : Treaty on the Final Settlement with Respect to Germany(September 12, 1990), http://usa.usembassy.de/etexts/2plusfour8994e.htm

24) 胡锦涛会晤金正日 就加强中朝合作提出五点建议. '二是加强战略沟通。双方随时和定期就两国内政外交重大问题、国际和地区形势、治党治国经验等共同关心的问题深入沟通。', http://www.chinanews.com.cn/gn/news/2010/05-07/2268141.shtml

가능케 함으로써 정치 외교상의 중한 교류와 협력이 획기적으로 발전하는 중대한 계기가 될 것이다.

　다음으로, 경제상에서 중국과 통일한국 간의 교류와 협력은 전례없이 활발히 추진될 것이다. 중국은 경제난에 허덕이고 있는 북한에 대한 경제지원이라는 무거운 짐을 벗어버릴 수 있게 될 것이다. 북한지역의 개혁개방이 추진되므로써 북한지역에 대한 개발투자를 포함하여 한반도 전체와 중국의 경제협력은 비약적으로 추진될 것이다. 중국의 동북지역은 장기간 해결하지 못하던 수출항구, 한반도 남부지역과의 육로운송, 철도운송 등 문제들을 해결할 수 있게 될 것이다. 이렇게 한반도 통일은 중국의 경제발전에 유리한 주변 환경을 조성하는 데에 기여하게 될 뿐만 아니라 직접 중국과 한반도 전체의 경제협력과 번영에 기여하게 될 것이다. 그리고 한반도 통일은 북한 지역의 '격리'로 인하여 제대로 구축될 수 없었던 동북아 경제공동체가 본격적으로 구축되는 중요한 계기가 될 것이다.

맺음말

　위의 자료와 설명에서 볼 수 있는바 한반도의 자주적 평화통일을 지지하는 중국 정부의 입장은 확고하다. 중국 정부가 이러한 입장을 고수하는 가장 근본적인 원인은 한반도의 자주적 평화통일이 중국의 발전에 유리하기 때문이다. 그러나 '동전의 양면'이라는 말이 있다시피, 한반도 통일이 중국에 불리한 일부 결과를 초래할 가능성이 없는 것은 아니다. 때문에 중국 정부는 그러한 가능성에 대한 연구와 사전 대책을 필요로 하게 된다. 특히 한반도 정세의 급변 가능성이 증대하고 있는 오늘날에는 더욱 그러하다고 생각된다. 이에 한반도 통일과 관련하여 중한 양국 학자들이 공동으로 연구할 필요성이 있다고 생각되는 몇 개 과제를 제시하여 보고자 한다.

첫째, 한반도 통일이 갖는 역사적·현실적 의의, 정치적·경제적 의의, 국가적·국제적 의의, 지역적·지구적 의의 등에 대하여 심도 있게 연구할 필요가 있다고 생각된다. 특히 한반도 통일이 한국과 중국, 그리고 동북아시아의 향후 발전에 대하여 어떠한 의미를 갖게 되겠는가하는 문제를 역사적·구조적·기능적 측면에서 더욱 심도 있게 연구할 필요가 있다. 한반도 통일의 중요한 의의에 대한 단순한 '믿음'이나 '주장'에 의해서가 아니라 설득력 있는 구체적인 연구 결과로써 한반도 통일이 중국과 한국, 그리고 동북아시아의 발전에 어떠한 기여를 할 것이라는 것을 밝혀야 할 것이다.

둘째, 중국 정부의 한반도 자주평화통일 지지 입장에 대한 심도 있는 연구를 통해 그 전략적 의의를 진정으로 이해해야 할 것이다. '중국 정부가 표면적으로는 한반도 통일을 지지하지만 속내는 그렇지 않다'는 생각은 근본적으로는 중국 정부의 한반도 자주평화통일 지지 입장을 제대로 이해하지 못하여 생긴 것이라고 할 수 있다.

그리고 중국 내외에서 한반도 통일에 대한 중국 정부의 입장이 왜곡되거나 시비의 대상이 되거나, 또는 중국 정부의 입장과 상이한 주장이 중국의 이익을 대변하는 것처럼 보이는 것은 중국 정부의 입장을 제대로 이해하지 못하여 그럴 수도 있지만 중국 정부의 입장이 어떠하다는 것을 몰라서 그럴 수도 있기 때문에 중국 정부의 한반도 자주평화통일 지지 입장에 대한 홍보도 필요된다고 할 수 있다.

셋째, 한반도 통일방식과 통일과정에 대한 연구를 전제로 발생 가능한 여러 가지 시나리오들에 대하여 실행 가능한 최선의 대책이나 차선의 대책을 고안해야 할 것이다. 특히 북한 상황이 급변할 경우에 대비한 대책 마련은 다각적으로 주도면밀하게 검토되어야 할 것이다.

한반도 통일과정에서, 그리고 통일결과로서 발생 가능한 최악의 상황에 대한 연구를 통해 대책을 고안해야 할 것이다. 적지 않은 중국 국민들이 베트남 통일 후 발생하였던 중국과 베트남 간의 전쟁을 상기하면서 한반도 통일 후 통일한국과 중국의 관계가 악화될까봐 우려한다든지, 통일한국과 중국 간에 영토분쟁이 발생할까봐 우려한다는 것을 알 수 있다. 그들의 심정은 이해할 수 있다. 하지만 그러한 우려를 근거로 한반도 통일을 반대한다는 것은 현실적으로는 너무나도 전략적 안광이 결여된 편협한 사고의 소산이라 하지 않을 수 없다. 물론 이론상에서 그러한 결과가 나타날 가능성이 있다는 점을 고려하여 중국 정부는 상응한 대책을 마련하지 않을 수 없을 것이고 중국 정부의 대책에는 대한반도 정책도 포함될 것이기 때문에 한국 정부도 그에 대한 대책을 고려하지 않을 수 없게 될 것이다. 만약 중한 양국이 사전에 이러한 문제들에 대한 입장을 서로 교환하고 대책을 마련한다면 쌍방이 모두 수용할 수 있는 방안을 고안해 낼 수 있으리라 생각된다.

넷째, 한반도 통일에 대한 국제사회의 적극적인 협력을 이끌어내야 할 것이다. 한반도 통일은 남북한이 주도하게 되지만 남북한의 일만은 아니기 때문에 국제사회의 '참여'가 불가피적이다. 남북한 통일과정에서 발생 가능한 허다한 문제들을 원만히 해결하기 위해서는 관심 있는 학자들의 공동연구와 교류, 관련 국가들 간의 소통이 잘되어야 할 것이다. 독일 통일과정에서 보여준 국제사회의 협력은 시사하는 바가 크다고 할 수 있다.

다섯째, 목전 한반도 정세를 보면 평화통일에 앞서 한반도에 평화가 정착되어야 할 것이다. 여기서 말하는 한반도 평화는 우선 한반도 남북간에 무력 행사(行使)가 없고, 한반도에 대한 한반도 외부 국가들의 무력 행사가 없으며, 한반도에서 한반도 외부 국가들 상호간의 무력 행사가 없다는 것을 의미하는 것이다.[25]

　이를 위해서는 한반도 평화와 동북아 평화에 관련된 협정이나 협약을 체결하는 것도 중요하지만 더욱 중요한 것은 모든 체약국들이 그러한 협정이나 협약을 참답게 실행하는 것이다. 이미 체결된 협정이나 협약이 북한의 반대로 백지화되는 현실을 보면서 북한의 현 지도부에 실망을 표시하는 것은 이해되지만, 그렇다고 하여 북한을 제쳐놓고 한반도 평화를 운운할 수 있는 것이 아니다. 북한 지도부가 오늘날 북한이 직면하고 있는 경제난과 국제적 고립, 그리고 체제 위기는 핵무장이나 무력 행사에 의하여 탈피할 수 있는 것이 아니라는 것을 하루 속히 이해하고 한반도 평화와 통일에 역행하지 말기를 기대하는 데에 그칠 것이 아니라 그러한 전환에 필요한 각종 노력을 게을리 하지 말아야 할 것이다.

(2010-07-24)

解读中国政府对朝鲜半岛统一的立场

朴昌根(复旦大学国际问题研究院)

[中文提要] 中国政府多次重申支持朝鲜半岛自主和平统一的立场。在当前朝鲜半岛形势发生剧变的可能性日益增大的情况下，正确理解中国政府对朝鲜半岛统一的立场，不仅对维护中国国家利益具有重要意义，而且有可能对朝鲜半岛统一进程产生重大影响。本文详细列举中国政府的有关文件和中国领导人有关发言材料，确认中国政府支持朝鲜半岛自主和平统一的立场是坚定不移的；并通过对中国政府立场的解释尝试对中国政府立场的正确理解。本文从中国政府对朝鲜民族统一愿望的尊重、中国尤其是中国东北地区的稳定和发展需求、中日关系的展开方向、中美关系的展开方向、朝鲜半岛统一后中韩政治经济合作前景等多个层面上考察中国政府支持朝鲜半岛统一的理由。
[关键词] 朝鲜半岛的自主和平统一，中国政府的立场，中国与统一韩国的关系

---

25) 박창근. 한반도 상황변화에 따른 중국의 대응전략 전망. 제6회 대륙전략연구소 안보학술세미나 논문집. 서울 : 대륙전략연구소, 2008-11-25. p.8-26

3

최근 북한 내부정세의
특징과 전망

※ 이 글은 2010년 9월 19일에 완성되어 한국 평화문제연구소의 주최로 10월 15일 한국 서울시
  그랜드힐튼호텔에서 열린 '한반도 통일환경과 바른 통일을 위한 방향 모색' 국제세미나에서 발표
  된 원고에 약간의 수정을 가한 것이다(2010-11-01, 필자). 회의 논문집 <한반도 통일환경과 바른
  통일을 위한 방향 모색>, p.3-34.

머리말

한반도 남북관계는 이명박 정부 출범 후 새로이 '충돌과 대치'의 단계에 진입하게 되었다(표 3.1 참조).[1] 특히 2010년 3월 26일 '천안함 사건'이 발생한 후 한반도 남북관계 및 한반도 주변 정세는 매우 긴장하게 돌아가고 있다. 한반도 및 그 주변 정세가 이렇게 변하게 된 것은 관련 국가들 간의 상호작용에 인한 것이지만 그 가장 중요한 원인 제공자는 북한이라고 생각된다.

표 3.1 1948년 이후 한반도 남북관계의 전개

주기 및 단계		지속 기간	남한 대통령	북한 최고통치자	남북관계 특징	시스템구조 유형
제1주기	제1단계	1948-1970년	이승만, 박정희	김일성	충돌과 대치	혼돈구조
	제2단계	1970-1987년	박정희, 전두환	김일성	경쟁	평형구조
	제3단계	1988-1997년	노태우, 김영삼	김일성, 김정일	협업	준평형구조
	제4단계	1998-2007년	김대중, 노무현	김정일	합작	활성구조
제2주기	제1단계	2008-	이명박	김정일	충돌과 대치	혼돈구조
	제2단계	-	-	-	-	-
	제3단계	-	-	-	-	-
	제4단계	-	-	-	-	-

---

1) 박창근. 중국의 개혁개방과 신동북아질서. 서울 : 인터북스, 2010. p.300-304; 박창근. '시스템·지구 사회·동북아시아·한반도·북핵'에 대한 사고. 中國朝鮮族科技工作者協會(上海)第三次学术交流会论文集. 上海, 2010-04-11. p.86-107.

　남북관계가 긴장하게 돌아가는 와중에 북한에서는 '이상한' 사건들
이 끊임없이 일어나고 있다. 박왕자 피살사건, 김정일의 건강 악화,
제2차 핵실험, 화폐개혁, 김정은 권력승계설, 천안함 사건, 김정일의
두차례 중국 방문, 제3차 당대표자회의 연기와 개최, 북한 군용기의
중국 심양 부근 추락 등, 최근의 북한 정세는 정말 종잡을 수 없는
것 같다. 북한정세에 대한 평가는 뒤죽박죽이고 북한정세에 대한 대
응은 갈팡질팡하고 있다.

　그럼 최근의 북한 정세는 도대체 어떻다고 해야 하고 그 전망은 과
연 어떠하리라고 해야 할까. 필자는 최근 북한 내부정세의 특징을 가
장 잘 묘사할 수 있는 용어는 '불안'이라고 생각한다. 정세가 불안할
뿐만 아니라 민심도 불안하다. 어제와 오늘이 불안할 뿐만 아니라 내
일도 불안하다. 북한의 보통 국민들이 불안할 뿐만 아니라 최고 통치
권자인 김정일 국방위원장도 불안하다. 이 글에서는 정치, 경제, 사회,
군사, 사상, 심경 등 여러 측면에서 최근 북한 내부정세의 특징과 전
망을 살펴보고자 한다.

▌1　정치의 불안과 향후 전망

　정치정세란 워낙 각종 정치세력의 상호관계에 의해 결정되는 것이
지만 국가의 최고권력이 김정일 일개인에 집중되어 있는 상황에서 북
한의 정치정세는 결국 김정일에 의해 좌지우지된다. 그런데 김정일이
지병에 걸렸으니 정치가 불안할 수밖에 없다. 김정일의 통치력도 어
느 정도 약화되지 않을 수 없을 것이다.

1) 정치의 불안

민주주의체제의 국가들과는 달리 권위주의 체제, 특히 독재체제의 국가들에서는 최고 통치권자의 생존 여부가 국가의 '운명'을 결정하는 경우가 많다. 1953년 스탈린 사후의 소련, 1976년 모택동 사후의 중국, 1980년 티토 사후의 유고슬라비아 등에서 발생한 변화를 보면 충분히 알 수 있는 것이다. 중국의 모택동은 중국혁명의 최고 지도권을 장악한 후 세월이 흐름에 따라 후계자 선택 때문에 고심하게 되었다. 유소기, 임표, 왕홍문 등이 차례로 후계자로 선택되었었지만 결국은 모두 밀려났고, 모택동의 사망 직전에 화국봉이 후계자로 선정되어 모택동 사후 승계하게 되었지만 얼마 안 되어 화국봉은 실각하고 중국은 등소평 시대를 맞이하게 되었다. 이 전반 과정에서 수많은 정치인들이 피와 생명의 대가를 치루지 않으면 안 되었다.

1994년 7월 김일성 사망 당시 북한체제가 조기 붕괴되리라는 예언이 무성했었다. 세습으로 북한의 최고 통치권자가 된 김정일은 성공적으로 북한체제의 붕괴를 막아내어 정치적 재능을 보이기도 하였지만 그후의 국정 운영에서는 철저히 실패하여 오늘날의 북한은 세계적으로도 보기 드문 '문제' 국가가 되고 말았다. '선군정치'라는 시대착오적인 구호를 이용하여 그런대로 체제유지를 해오던 북한은 김정일이 2008년 8월 지병에 걸렸다는 것이 확인되면서 정세가 더욱 불안해지기 시작하였다.[2] 수개월이 지나 2009년 1월 다시 정치무대에 나타난 김정일은 건강이 많이 회복된 것은 사실이었지만 더는 그 이전

---

2) 북한의 노동당 중앙위원회, 노동당 중앙군사위원회, 국방위원회, 최고인민회의 상임위원회와 내각이 정권 수립 60돌(9월 9일)을 맞아 김정일에게 보낸 '축하문'은 사실상 와병중인 김정일 국방위원장에 대한 '충성서약'으로서 북한의 불안을 보여준 것이라고 할 수 있다. 참고 : 북한 5대 권력기관, 와병 김정일에 이례적인 '충성서약', http://www.koreatimes.com/article/473290#, 2008-09-11.

의 모습이 아니었다.3) 허약한 몸을 끌고 현장지도를 하고 중국 방문
을 하는 김정일을 보느라면 종신제(終身制)가 김정일에 대해서도 얼
마나 잔혹한 제도인가를 잘 알 수 있게 된다.

이제 김정일도 후계자 문제를 처리하지 않을 수 없게 되었다. 김정
일이 우려하는 것은 아버지 김일성과 자신에 대한 역사의 평가이고
그 가족 구성원들의 운명이다. 김정일이 기존 체제의 향후 안정 여부
에 관심 갖는 것도 결국은 이 때문이다. 북한 정치의 전개 방향에서
고려할 경우에도 북한체제의 안정은 김정일의 생사, 그리고 김정일
사후의 권력승계와 밀접히 관련되어 있는 것이다. 김정일의 막내아들
인 김정은의 권력승계설이 불거지면서 요즈음 북한정세는 불안의 최
고도에 도달한 것 같다.4)

북한중앙통신이 6월 26일 제3차 북한노동당 대표자회가 2010년 9월
상순에 열린다는 북한노동당 중앙위원회 정치국 결정서를 발표하였지
만5) 이 회의는 연기되어 북한중앙방송이 9월 21일 '조선노동당 대표자
회 준비위원회'를 인용하여 회의 개최일이 9월 28일이라고 발표하기
전까지 외부에서는 언제 열릴지 모르게 되었고6), 김정일이 김정은의
권력승계는 '서방의 뜬소문'이라 말했다는 소문이 떠돌기도 하였다.7)

---

3) 佛언론 "김정일 재출현은 對美 메시지",
http://news.chosun.com/site/data/html_dir/2009/01/27/2009012700053.html

4) 김정일이 지난 8월 26일부터 30일까지 중국을 방문할 때 김정은을 데리고 와서
호금도 주석을 만났다는 것은 북한 정치정세의 불안과 김정일의 심리적 불안을 남
김없이 보여주었다고 할 수 있다. 참고 :
http://news.chosun.com/site/data/html_dir/2010/09/13/2010091300130.html

5) 북한, 노동당 대표자회 9월 상순 소집,
http://www.cdnk.co.kr/board.php?board=kkknewsbuss&command=body&no=39.
2010-06-28 열독.

6) 北방송 "당대표자회 28일 평양서 개최",
http://www.dailynk.com/korean/read.php?cataId=nk06500&num=86767.
2010-09-21 열독.

제3차 북한노동당 대표자회는 드디어 9월 28일에 열렸고, 김정은
이 북한인민군 대장으로 임명되고 북한노동당 중앙군사위원회 부위
원장으로 '선거'됨에 따라 후계자로 확정되었다는 것이 밝혀졌다.[8]
이를 계기로 북한은 김정은에 대한 우상화에 본격적으로 열을 올리기
시작하였고 그 동안 북한의 '3대 세습' 소문은 결코 '서방의 뜬소문'
이 아니었다는 것을 보여 주었다.

하지만 북한에서 정치의 불안은 여전히 가시지 않고 있다. 새로 선
거된 북한노동당 중앙위원회 정치국 위원의 평균 연령이 76세, 정치
국 상무위원의 평균 연령이 79세인 것만 봐도[9] 김정일의 불안한 속
내를 읽을 수 있다. 또한 김정은의 권력 승계에 관련된 '의문'은 그칠
줄 모르고 있다. '김정일이 언제까지나 생존이 가능하겠는가', '나이
어린 김정은이 과연 순조롭게 권력을 승계할 수 있겠는가', '김정일의
매부인 장성택이 후견인으로서의 역할을 제대로 할 수 있겠는가', '김
정일 생전에는 장성택과 김정은이 서로 잘 협조하겠지만 김정일 사후
그러한 협조관계가 지속될 수 있겠는가', '김정일 일가의 세습적인 권
력독점에 대하여 북한 지도층의 다른 사람들이 어느 정도 인정하여

---

7) 지미 카터 전 미국 대통령은 9월 13일 카터센터 웹사이트에 올린 보고서에서 9월
   6일 북경에서 만난 온가보 중국 총리가 "김정일 위원장이 3남 정은의 예상된 승진
   (prospective promotion)에 대해 '서방의 뜬소문'(a false rumor from the west)이
   라고 말했다고 전했다"고 밝혔다.
   출처: http://nk.joins.com/news/view.asp?aid=4013511&cont=news_polit,
   2010-09-18 열독. 이에 대하여 필자는 카터의 말이 사실이라면 그것은 김정일이
   김정은의 권력승계가 자기의 의사인 것이 아니라 국민들의 의사에 의한 것이라는
   정당성을 부여하기 위하여 한 말이라고 추정하였다.

8) 3차 북한 노동당대표자회 발표문 전문,
   http://www.dailynk.com/korean/read.php?cataId=nk06500&num=86879.
   2010-09-29 열독.

9) 全球矚目的北韓黨代會,
   http://big5.china.com.cn/international/txt/2010-10/11/content_21096611_6.htm

줄 것인가, 또한 북한 국민들은 어느 정도 인정하여 줄 것인가'. 이러
한 문제들은 외국에서는 정치적 관심이나 학문적 관심, 또는 호기심
의 대상이지만 북한에서는 국가의 향후 발전과 국민들의 운명에 관련
되는 문제들이다.

2) 향후 전망

위의 문제들은 아직 확답이 없다. 있을 수도 없다. 북한 정치의 전
망에 대한 토론은 가능하게 발생할 여러가지 시나리오에 대한 토론에
의해 전개될 수밖에 없다. 김정은에 의한 권력승계의 성공과 실패, 기
존 체제의 안정과 붕괴를 고려한다면 그림 3.1에서 표시한 4개 시나
리오를 고려할 수 있게 된다.[10]

그림 3.1 북한 권력승계-체제 관계변화의 4가지 시나리오

---

10) 기존 체제의 변화는 그 정도에 따라 붕괴, 변질, 변모 등 여러가지 형태가 있을
수 있다. 때문에 이 그림과 이후 여러 그림에서 표시한 '체제붕괴'는 경우에 따라
어느 정도의 차이가 있는 이해가 가능하다. 그리고 여기서는 김정일 사후의 권력승
계 문제와의 관련에서 북한체제의 붕괴 가능성을 토론하지만 김정일 생전에도 북
한체제가 붕괴되지 않으리라는 보장이 있는 것은 아니다.

시나리오 I 은 김일성 사후 김정일이 권력 승계에 성공하여 기존 체제의 안정을 유지하였던 것처럼 김정일 사후 김정은이 권력 승계에 성공하여 기존 체제의 안정을 유지하는 경우다.

시나리오 II 는 김정은이 권력 승계에 성공한 상황에서 기존 체제가 붕괴되는 경우다. 기존 체제의 붕괴는 반체제 세력에 의한 붕괴일 수도 있고, 김정은에 의한 기존 체제의 포기일 수도 있다. 후자의 경우 형식적으로는 기존 체제를 고수한다고 하지만 실질적으로는 기존 체제를 폐지하고 새로운 체제를 도입하는 방식이 이용될 가능성이 크다고 할 수 있다.

시나리오 III 은 김정은이 권력 승계에 실패하고 기존 체제가 붕괴되는 경우다. 혹은 형식적으로는 김정은이 최고 통치권자로 자리 잡고 있지만 실질적으로는 기존 체제에 반대하는 다른 세력이 국가 권력을 장악하여 새로운 체제를 도입하는 경우일 수도 있다.

시나리오 IV 는 김정은이 권력승계에서 실패하지만 김정은을 축출한 세력이 여전히 기존 체제를 고수하는 경우다. 인간의 권세욕은 본능적인 측면의 속성이 있어 정치노선의 차이와는 상관없이 개인들 간의 단순한 권력다툼이 발생하는 경우도 적지 않기 때문에 통치권자의 교체가 곧바로 체제 변화를 의미한다고 할 수 없다.

2 경제의 불안과 향후 전망

경제의 운영은 경제의 운영 기제에 따라야 한다. 일국의 경제는 국가 기관으로부터의 정치사상 교육이나 대중운동, 또는 국가 지도자의 한두 마디의 현장지시에 의해서 제대로 운영될 수 있는 것이 아니다.

김정일은 집권 후 국민경제의 운영에서는 완전히 실패하였다. 북한 경제의 불안은 사실상 1970년대부터 이미 시작되었다.

1) 경제의 불안

1950~60년대에 승승장구하던 북한 경제는 1970년대의 정체, 1980년대의 침체를 겪더니 1990년대에는 파탄의 경지에 빠지고 말았다. 경제 회복을 위한 다른 방도가 없다고 판단한 북한 지도부는 2002년 '7·1'조치를 내놓으면서 '경제관리개선'이라는 명목하에 개혁개방을 시도하였다. 남북관계의 개선에 힘입어 '금강산 관광', '개성 공단' 등을 통한 남북 경제협력과 종합시장 등을 통한 '시장경제' 요소의 도입으로 경제상황이 조금 호전되기도 하였다. 그러나 북한은 이 긍정적인 변화를 유용하게 활용할 대신 미사일 발사와 핵실험을 강행하여 국제사회의 제재를 받게 되었고, 시장경제에 대한 불안감의 해소 방책으로 2009년 11월에는 무모한 '화폐개혁'을 단행하였으나 참담한 실패를 맛보고 말았다.

북한은 경제가 어려울 때마다 대중동원형 경제운동을 벌였는데 1974년의 '70일 전투', 1971년과 1978년, 1980년 3차례에 걸친 '100일 전투', 1988~1989년 두 차례의 '200일 전투' 등을 벌인 적이 있다. 2009년에 들어서서 경제난을 타개할 다른 방도를 찾지 못한 북한 지도부는 4월 20일부터 9월 19일까지는 '150일 전투'를 벌였고 별로 효과가 없자 연말까지 '100일 전투'를 강행하기로 하였다. 1970~80년대의 경제 '전투'가 경제운영의 부진으로 인한 불안감의 발로였던 것처럼 그 후의 경제 '전투'도 북한 경제정세의 불안함을 남김없이 보여준 것이라고 할 수 있다. 사실상 북한에게는 개혁개방을 하는 외에 다른 방책이 있는 것 같지 않다. 1950~70년대의 중국도 경제

발전을 위하여 '대약진 운동', '다칭 학습운동', '다자이 학습 운동' 등 '대중동원'과 '대중운동'을 거듭하였지만 결국 모두 실패하고 말았다. 1978년 말에 개혁개방을 시작해서야 문제해결의 근본적인 방도를 찾게 된 것이다.

문제는 북한이 체제안정과 개혁개방의 관계, 사회주의 계획경제와 시장경제의 관계에서 딜레마에 빠져 있다는 것이다. 경제난에서 벗어나려면 개혁개방을 해야 되는데 개혁개방을 한다면 체제안정이 파괴될 것 같고, 개혁개방을 하지 않으면 경제난에서 벗어날 수 없는데 경제난은 이미 체제안정을 위협할 정도에 이르렀다. 이러한 불안을 해소하는 방책으로 도입한 것이 얼마 전에 단행한 '화폐개혁'과 경제 '전투'다. 결과는 역시 실패다. 사실상 북한경제는 여전히 엉망이고 북한 지도부는 아직도 경제의 불안을 해결할 수 있는 방도를 고안해내지 못하고 있는 실정이다.

2) 향후 전망

1970년대 말부터 시작된 중국의 개혁개방과 1980년대 후반부터 시작된 소련과 동유럽의 변화는 이미 위의 문제들에 대한 답안을 제시하였다. 실천과 이론의 일치를 볼 수 있게 된 것이다. 북한에 대해서도 아래의 설명이 가능하다(그림 3.2 참조).

시나리오 I 은 개혁개방과 체제안정을 동시에 달성하는 경우다. 중국과 베트남이 그 전형적인 실례다. 중국은 개혁개방 과정에서 계획경제체제를 점진적으로 시장경제 체제로 전환시키면서 사회주의체제의 안정에 성공하였고, 고속 경제성장의 기적을 창조하였다. 그러므로 북한에도 성공의 가능성은 열려 있다고 할 수 있다. 북한의 개혁개방에서 무시하지 말아야 할 것은 남북 경제교류와 협력일 것이다.[11]

개혁개방

| 시나리오 Ⅱ | 시나리오 Ⅰ |
| 개혁개방
+
체제붕괴 | 개혁개방
+
체제안정 |

체제붕괴 ◀——————————————————▶ 체제안정

| 시나리오 Ⅲ | 시나리오 Ⅳ |
| 수구폐쇄
+
체제붕괴 | 수구폐쇄
+
체제안정 |

수구폐쇄

그림 3.2 북한 개혁개방-체제 관계변화의 4가지 시나리오

시나리오 Ⅱ 는 개혁개방 과정에서 기존 체제의 붕괴를 맞는 경우다. 소련과 동유럽 사회주의국가들은 개혁개방 과정에서 사회주의체제의 붕괴를 맞았던 것이다. 그중 적지 않은 국가들이 체제전환 과정에서 혼란을 겪었던 것도 사실이다. 그러나 루마니아를 제외한 모든 국가들에서 이러한 전환이 '무혈혁명'으로 진행되었다는 것은 여러 측면에서 시사하는 바가 많다고 할 수 있다.

시나리오 Ⅲ은 집권세력이 수구폐쇄 정책을 고수하면서 체제의 붕괴를 맞는 경우다. 1989년의 루마니아가 그러하였는데 현재의 북한 또한 그러한 위험에 직면하여 있다. 지난 8월 중국 방문 중에서의 김정일의 언동을 보거나, 특히 지난 10월 북한 12개 시·도의 당 책임비서들이 사상 처음 단체로 중국을 방문한 것을 보면[12] 이러한 위험을

---

11) 중국이 개혁개방 과정에서 도입한 외자의 3분의 2 정도는 해외 중국인 자본이었다. 북한이 한국을 배제하고는 외자 유치가 쉽지 않으리라고 생각된다. 참조 : 박창근. 중국의 개혁개방과 신동북아질서. 서울 : 인터북스, 2010. p.34-35.

12) 外媒 : 为何朝鲜地方党委书记集体访华?,
   http://www.chnmilitary.com/html/2010-10/33037.html

인지한 김정일이 개혁개방을 추진할 가능성을 보여주는 것 같기도 하지만 아직 어떻게 되리라는 데에 대하여 확답은 할 수 없다.

시나리오 IV는 집권세력이 수구폐쇄 정책을 고수하면서도 체제안정을 유지하는 경우다. 지금까지의 북한이 이러하다. 경제난은 계속되고 국민들은 굶주림에 허덕이고 있다. 국민반항을 억지하기 위하여 북한 지도부는 고압정책을 더욱 강화하지 않을 수 없다. 그러나 국민들의 인내심은 조만간 한계에 이를 것이다.

3 사회의 불안과 향후 전망

인간 사회의 불안은 다양한 원인이 있고 그 표현방식 또한 다양하다. 정치상의 압박, 경제상의 기근, 사상상의 통제, 인권의 유린 등은 모두 사회 불안을 초래할 수 있고, 사회 불안은 반체제 활동, 범죄현상의 증가, 기민들의 유랑 등으로 표현될 수 있다. 오늘날의 북한 현실을 보면 탈북자의 증가 추이가 북한사회의 불안을 반영하는 가장 중요한 지표 중의 하나가 되었다고 할 수 있다.

1) 사회의 불안

인간 사회에서 인구유동의 일반적인 방향은 현재 살고 있는 데보다 살기 좋다고 종합 판단되는 데로 이동하는 것이다. 이러한 인구유동이 사회발전에 기여하는 것은 사실이지만 한 개인이 원래 직장을 떠나 다른 직장으로 이직하거나, 원래 살고 있던 곳을 떠나 다른 곳으로 이사하는 것, 특히 모든 개인이 특정한 국가의 국민으로 생활하는 현대사회에서 한 개인이 자기가 태어나서 자란 국가를 떠나 다른 국가

로 이민 간다는 것, 그것도 합법적인 절차에 의해서가 아니라 불법적
으로 이민 간다는 것은 극히 어려운 선택임에 틀림없다.

북한 국민들에게 있어서 '지상낙원'이라 구가되던 조국을 떠나 '인
간지옥'이라 매도되던 '남조선'으로 간다는 것은 웬만한 결심이 없이
는 도저히 불가능한 일이다. 그럼에도 한국으로 입국하는 탈북자 수
는 지난 10년간 급속히 증가하고 있다(그림 3.3 참조). 특히 한국 정
부가 햇볕정책을 실행한 10년간 한국에 입국한 탈북자 수가 급속도로
증가하였다는 것은 시사하는 바가 크다고 할 수 있다.13) 확실한 통계
는 없지만 한국에 입국하지 못한(혹은 않은) 탈북자 수는 이보다 훨씬
더 많을 것이다.

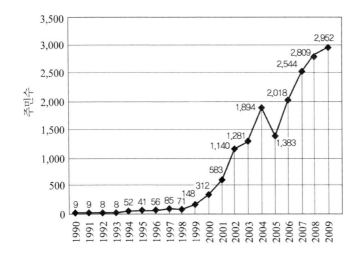

그림 3.3 한국에 입국한 연도별 북한이탈주민 변동 추이

(출처 : 북한이탈주민, http://ko.wikipedia.org. 2010-09-10 열독)

---

13) '햇볕정책'은 북한의 핵무기 개발에 악용되었다는 등의 비난에서는 자유로울 수
   없지만 전면 부정이나 전면 긍정이 아닌 실사구시적이고 역사적인 평가가 필요된
   다 할 수 있다.

탈북자의 발생과 증가는 북한 사회의 불안을 반영하는 것으로서 북한 체제에 대해서는 큰 타격이다. 1980～90년대 동유럽 국가들과 동독의 이탈자들이 동유럽 사회주의 체제의 붕괴와 독일의 재통일에 중대한 기여를 하였던 것처럼 대규모 탈북자의 발생과 증가는 북한 현존 체제의 존속에 대한 직접적인 위협으로서 북한 사회의 불안을 심화하여 북한체제의 붕괴를 초래하게 될 것이다.14)

2) 향후 전망

탈북자의 규모는 북한내부의 경제 상황, 북한체제의 안정성, 북한의 국가통제력 등과 관련될 뿐만 아니라 탈북자 수용국의 탈북자 발생에 대한 입장, 탈북자 수용에 대한 입장 및 탈북자 수용 능력 등에 의해 결정되기 때문에 향후 탈북자 규모의 변화가 어떻게 북한 사회와 체제 변화에 기여할 것인가 하는 데에 대한 정확한 예측은 불가능하다. 하지만 그림 3.4에서 표시한 시나리오들에 대한 토론은 가능하다.

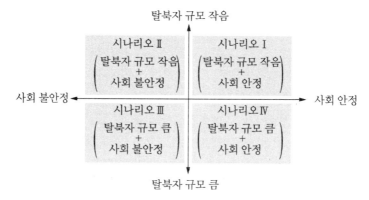

그림 3.4 북한 탈북자규모-사회 안정 관계변화의 4가지 시나리오

---

14) 박창근. 중국의 개혁개방과 신동 북아질서. 서울 : 인터북스, 2010. p.408-458

시나리오 I 은 탈북자 규모가 작아 사회 안정에 대해 아직 큰 위협이 안 되는 경우다. 북한의 탈북자 규모는 아직 이 정도에 머물러 있다고 할 수 있다.

시나리오 II 는 탈북자 규모가 작음에도 북한사회가 불안정하게 되는 경우로서 이는 이 경우의 사회 불안정이 주로 탈북자의 탈북 행위에 의해 초래된 것이 아니라는 것을 의미한다.

시나리오 III 은 대규모 탈북자의 발생이 북한사회의 안정을 위협하는 중요한 요인으로 부상하였음을 의미한다. 북한의 현실은 바야흐로이 방향으로 나아가고 있다고 할 수 있다.

시나리오 IV 는 대규모 탈북자가 발생하여도 북한사회가 안정을 유지하는 경우로서 이는 북한 정권의 통제력이 효력을 갖고 있음을 의미한다. 그러나 강압적인 통제에 의한 사회 안정은 그 어떠한 사회에서나 한계가 있다는 것을 망각하지 말아야 한다.

4 군사의 불안과 향후 전망

북한의 공식 국명은 '조선민주주의인민공화국'이다. 명색이 '민주주의'를 실행하는 '인민공화국'인데 '선군정치'를 운운하면서 주로 군 출신으로 구성된 국방위원회가 '국가의 전반 사업을 지도'하고 국방위원장이 국가원수로 행세한다는 것은 아이러니가 아닐 수 없다. 군사정권이나 전시체제에서만 있을 수 있는 현상이다. 최근 북한 노동당 제3차 대표자회를 앞두고 노동신문이 '전당과 온 사회에 당의 유일적 영도 체계를 더욱 철저히 확립해 나가야 한다'고 강조하는 것[15]

---

15) 北 노동신문 "당 중심 유일 영도체제 확립" 촉구,
http://www.yonhapnews.co.kr/politics/2010/09/14/0505000000AKR2010091410
1500014.HTML

을 보면서 필자는 북한에서 '군'과 '당'의 쟁투가 백열화되지 않나 하는 느낌이 든다.

1) 군사의 불안

북한은 정규군 약 119만 명, 예비전력 약 770만 명을 보유하여 병력 규모는 세계 3위, 군인 숫자는 세계 5위로 평가되고 있으며 국가자원의 3분의 1이 인민군과 군수사업에 투입되고 있다 한다.[16] 북한 인구가 2400만 명, 국토면적이 12만km^2 밖에 안 된다는 것을 고려한다면 북한경제와 국민생활이 왜 그렇게 어려운가를 이해하기 어렵지 않다.

1970년대의 남북한 경제경쟁에서 참패하고 1990년대 냉전 종식 후의 국제관계에서 고립된 북한은 낙후된 장비확충이 불가능하게 되어 남한과의 재래식 전력 경쟁에서도 실패하였다. 북한에게는 그 무엇보다도 견디기 어려운 군사적 불안이었다. 결국 북한은 군사전략과 무기체계의 변화를 시도하여 탄도미사일, 핵무기, 화학·생물학 무기, 잠수함 등 비대칭 전력 확충을 통해 남한에 대한 군사우위를 확보하려고 시도하였다.[17] 특히 북한은 1992년에 남한과 '한반도 비핵화에 관한 공동선언'(1992년 1월 20일 발표, 2월 19일 발효)을 발표하고 북핵문제에 관한 6자 회담을 진행하는 와중에도 꾸준히 핵개발을 추진하여 2005년 2월에는 핵무기를 만들었다고 공식 발표하였고, 2006년 7월 5일에는 탄도미사일을 발사하였으며, 동년 10월 9일에는 제1차 핵실험을 강행하였고 2009년 5월 25일에는 제2차 핵실험을 강행하였다.

북한은 이미 핵보유국이 되었다고 자랑하고 있으며 '서울 불바다'

---

16) 조선인민군, http://ko.wikipedia.org. 2010-09-14 열독.

17) 지효근. 북한 군사전략과 무기체계 변화,
   http://sloc.cafe24.com/upload/publication01/2006B02.pdf

발언을 서슴지 않는다. 북한 지도부도 미일동맹과 미한동맹에 기초한
남3각이 존속하는 한 한·미와의 군사 대결에서 전혀 승산이 있을 수
없다는 것을 모를 리가 없겠지만 문제는 이를 인정하려 하지 않는 데
에 있다. 그러나 군사적 불안에서 탈출하기 위하여 만든 핵무기는 북
한의 군사적 불안을 강화하는 요인이 되고 있다.

2) 향후 전망

북한 핵무장이 체제안전이나 체제안정에 유리하다거나 북한이 핵
무장을 추구하는 것은 체제안전이나 체제안정을 위해서라는 견해는
참답게 논증된 적이 없고 설득력을 갖지 못한다. 오히려 오늘날 현실
에서 북한의 핵무장은 북한 체제의 붕괴를 가속화하는 요인이 되었다
고 할 수 있다. 미국의 위협에 대응하기 위하여 핵무기를 개발하였다
는 것은 한낱 구실에 불과하다. 그림 3.5를 이용하여 북한 체제 – 핵
무장 관계 변화의 전망을 설명해 보기로 하자.[18]

시나리오 I 은 핵무기를 보유한 북한이 체제안정도 유지하는 경우
다. 북한의 핵보유가 성공할 경우 한반도와 동아시아의 정세, 그리고
세계의 핵질서에 엄청난 후과가 초래될 것이다. 북한 핵무기는 한반
도, 동아시아와 세계의 평화에 대한 위협으로, 특히 한국에 대해서는
실제적인 군사위협으로 작용하게 될 것이다. 또한 전례 없는 핵확산
이 발생하여 중국은 다수 핵보유국들에 포위되는 결과가 나타날 가능
성이 크고, 주변 대국들의 한반도에 대한 개입이 강화되고, 북한 경제
는 더욱 어려워질 것이다.

---

18) 박창근. 중국의 개혁개방과 신동북아질서. 서울 : 인터북스, 2010. p.339-365.

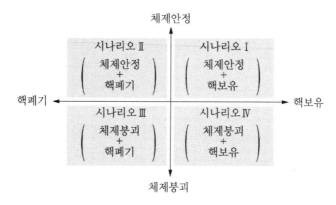

그림 3.5 북한 체제-핵무장 관계변화의 4가지 시나리오

시나리오Ⅱ는 북한이 핵무기를 폐기하고 체제안정을 유지하는 경우다. 이는 한국과 국제사회가 가장 선호하는 방안이다. 북한에게도 가장 유리한 방안이다. 그리하여 한국, 미국, 중국 등 국제사회는 방식은 서로 상이할지라도 북한 핵폐기를 위하여 나름대로 모든 노력을 다하고 있다. 하지만 김정일이 살아있는 한 북한이 핵무기를 폐기할 가능성은 아직 보이지 않는다.

시나리오Ⅲ은 북한이 핵무기를 폐기하고도 체제가 붕괴되는 경우다. 북한의 핵보유가 체제안정의 보증이 아닌 것처럼 북한의 핵폐기도 체제안정의 보증이 아니다. 한국에게는 '흡수통일'에 의한 한반도 평화통일 실현의 기회가 될 수도 있는 것이다.

시나리오Ⅳ는 북한이 핵무기를 보유하고 있으면서도 체제가 붕괴되는 경우다. 핵무기를 보유한 소련이 붕괴되었던 것처럼 북한도 핵무기를 보유한 상태에서 체제붕괴를 맞을 가능성이 있다. 이는 국가 정권에 의한 핵무기 통제가 증발한 상황에서 핵무기의 남용이 가장 우려되는 시나리오라고 할 수 있다.

5 사상의 불안과 향후 전망

독재체제는 인간의 사상자유가 거부된 체제로서 통상 모종의 사상
·이념을 유일한 통치 사상·이념으로 삼고 그와 상이한 사상·이념의
합법적인 존재를 허용하지 않는다. 그러나 심신 통일체로의 인간에
대한 국가 정권의 통제는 육체적인 측면과 사상 표현의 측면에서는
효과적일 수 있지만 두뇌 속에서 진행되는 사상 활동의 자유에 대한
통제에서는 효과적일 수 없다. 사상 통제는 그 자체가 사상 불안의 소
산이다.

1) 사상의 불안

북한은 북한노동당의 유일사상체계를 '사상에서의 주체, 정치에서
의 자주, 경제에서의 자립, 국방에서의 자위의 원칙으로 일관된 김일
성의 혁명사상, 주체사상' 이라고 해석하면서 주체사상을 북한 정권
의 유일한 공식 이념으로 한다. 이러저러한 해석이 적지 않지만 결국
은 개인숭배, 우상숭배, 수령숭배, 김일성 – 김정일 숭배를 주장하는
것이고 모든 북한 국민이 김일성 – 김정일의 통치에 절대적으로 순종
하라는 것이다.

북한의 현실은 주체사상의 시험장이다. 주체사상에 의한 통치가 수
십 년이 넘는 오늘날 북한이 정치, 외교, 경제, 사회 등 거의 모든 영
역에서 실패하였다는 것은 주체사상의 실패를, 나아가서는 주체사상
의 불합리성을 보여주었다고 할 수 있다. 북한에서 발생하는 정치상
의 독재와 세습, 경제상의 파탄과 빈곤, 사회상의 불안과 불만, 인권
의 무시와 유린 등 현상들은 주체사상의 실패로밖에 해석할 수 없다.
북한에서 주체사상 이론가로 활약하던 황장엽 전 노동당 국제담당 비

서·최고인민회의 의장의 한국으로의 망명은 주체사상의 이론상에서
의 몰락을 의미하기도 한다. 그리고 김일성이 창시하고 김정일이 발
전시켰다는 '선군사상', '선군혁명', '선군정치' 등은 21세기의 세계
적 흐름에서는 한낱 웃음거리에 불과하다.

북한은 주체사상으로 김일성－김정일을 제외한 모든 국민들의 사
상자유를 박탈하고 있다. 그러나 사상은 자유가 있어야 생동할 수 있
다. 자유가 없는 사상은 생명력을 상실한 생명체와 같다. 북한이 개혁
개방을 추진함에 있어서도 사상 관념상의 혁신이 선행되어야 가능할
것이다.

2) 향후 전망

김일성－김정일의 유일사상체계가 북한 독재체제의 안정에 기여하
였다는 것은 인정해야 할 것이다. 그러나 유일사상체계는 이제 그 실
용적 측면에서도 한계에 도달하였다. 참담한 북한 상황이 유일사상체
계에 의한 사상통제가 현실적으로 불가능하게 되었다는 것을 보여주
고 있다면 급속히 추진되고 있는 정보의 지구화[19]는 유일사상체계에
의한 사상통제가 시대착오적이라는 것을 보여주고 있다. 아래서는 북
한체제와의 관계에서 그 전망을 살펴보자(그림 3.6 참조).

시나리오 I은 북한 지도부가 유일사상체계를 고수하면서도 체제안
정을 유지하는 경우다. 이는 체제의 관성과 사상의 타성이 진작 역사
무대에서 사라졌어야 할 사상과 체제의 수명을 연장시켜 주는 것에
불과하다.

---

19) '정보의 세계화'에 대해서는 다음을 참고하기 바란다. 박창근. 세계화와 한국의 대
   응. 서울 : 백산자료원, 2003. p.40, 50-51.

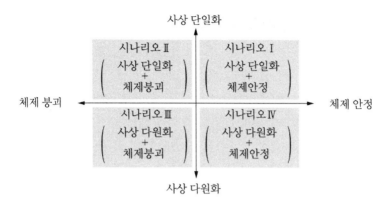

그림 3.6 북한 사상-체제 관계변화의 4가지 시나리오

시나리오Ⅱ는 북한 지도부가 유일사상체계를 고수하는 상황에서도 체제붕괴가 발생하는 경우다. 이는 체제의 붕괴를 막지 못한 주체사상이 드디어 붕괴되어 저승으로 가는 북한체제의 만가(輓歌)가 되었음을 의미한다.

시나리오Ⅲ은 북한에서 사상의 단일화가 포기되고 사상의 다원화가 허용되면서 기존 체제의 붕괴가 발생하는 경우다. 일시적 혼란은 불가피적이겠지만 체제전환을 거쳐 새로운 체제안정이 이루어질 것이다.

시나리오Ⅳ는 북한에서 사상의 단일화가 포기되고 사상의 다원화가 허용되면서도 체제안정이 유지되는 경우다. 여기서 말하는 '사상의 다원화'는 기존 주체사상에 혁신적 내용을 추가한 수정일 수도 있고 주체사상을 대체한 모종 혁신적 사상의 출현일 수도 있으며, 여기서 말하는 '체제안정'은 점진적 또는 급진적 체제혁신이 수반되는 체제안정일 것이다.

6 심경의 불안과 향후 전망

'인심을 얻는 자는 천하를 얻는다'거나 '인심을 얻는 자는 흥하고, 인심을 잃는 자는 망한다'는 말이 있듯이 민심의 향배는 국가 정권의 생사존망을 결정하게 된다. 권위주의 체제에서나 민주주의 체제에서나 모두 그러하다. 북한 현실에서 김정일 체제에 대한 민심의 이반은 이미 도처에서 가시적으로 나타나고 있다.

1) 심경의 불안

북한의 정치, 경제, 사회, 군사, 사상 등 여러 분야가 모두 불안하므로 국민들의 심경도 불안하지 않을 수 없다. 경제난이 또다시 심각해지면서 이대로 가다가는 이 세상이 정말 어떻게 될지 모르겠고, 하늘처럼 떠받들던 김정일이 지병에 걸려 언제 사망할지 모르겠고, 김정일이 사망하면 이 나라가 어떻게 될지 모르겠고, 3대 세습으로 후계자가 될 20대의 김정은이 과연 제대로 할지 모르겠고, 시도 때도 없이 제멋대로 들이닥치는 안전원에게 언젠가 끌려갈지 모르겠고, 또 피땀으로 벌어 모은 돈을 강탈해 가는 '화폐개혁'이 또 언젠가 강행될지 모르겠고, ……. 모두가 미지수다. 앞날이 캄캄하다.

서민들만 심경이 불안한 것이 아니다. 북한노동당과 정부, 인민군의 간부들도 마찬가지다. 한치 앞도 예측 불가한 상황에서 언제 어떻게 실각하거나 처형당할지 모른다. 1990년대의 '고난의 행군' 때, 북한의 농업정책 실패에 문책당한 전 노동당 농업담당 비서 서관희의 처형(1997년 8월), 김일성 주석으로부터 '일 잘하는 관리 위원장'이라 평가 받던 전 협동농장 관리위원장 황금숙의 처형(1997년 8월), 그리고 작년 11월 화폐개혁 실패의 책임자로 몰린 전 노동당 계획재

3. 최근 북한 내부정세의 특징과 전망 ▌97

정부장 박남기의 처형(2010년 3월) 등 소식20)을 들으면서 불안해하지 않을 간부들이 얼마나 있을까.

살길이 어디에 있는가? 하나는 목숨을 내걸고 탈북하는 것이고 다른 하나는 현존 체제에 반항하는 것이다. 아직 그 규모는 크지 않지만 점점 커가고 있는 것이 북한의 현실이다.

2) 향후 전망

국민들의 불안한 심경은 심리적 반항으로 이어지고 심리적 반항은 언론적 반항과 물리적 반항으로 이어지게 된다. 이러한 반항은 개인적일 수도 있고 집단적일 수도 있다. 무조직적일 수도 있고 조직적일 수도 있다. 산발적일 수도 있고 연속적일 수도 있다.

행동적인 반항은 소극적 반항과 적극적 반항으로 나눌 수 있는데, 예를 들어 만약 탈북자들의 북한 이탈이 북한사회에 대한 소극적인 반항이라고 한다면 북한에 남아 있으면서 북한체제를 반대하는 국민들의 각종 반항은 적극적인 반항이라고 할 수 있다. 한국은 보통 역사상에서 국민봉기에 의한 정권교체가 별로 없었던 나라라고 평가되지만 남한에서 1960년 4·19혁명에 의한 정권교체가 발생하였다시피 북한에서도 국민반항에 의한 정권교체가 발생하지 못한다는 법은 없다(그림 3.7 참조).

시나리오 I 은 국민반항이 작고 사회 안정이 유지되는 경우다. 현재까지의 북한 현실이라고 할 수 있다.

시나리오 II 는 국민반항이 작음에도 사회 불안정이 발생하는 경우다. 지도자들의 국가운영이 정책 조치 면에서 중대한 차실이 발생할

---

20) [북한] '화폐개혁 실패' 박남기 통해 본 北의 공개 처형,
   http://issue.chosun.com/site/data/html_dir/2010/ 06/24/2010062400763.html

경우 이런 현상이 나타날 수 있다. 얼마 전 북한 지도부가 '화폐개혁'
을 단행한 후 발생한 사회 불안정이 그 실례라고 할 수 있다.

그림 3.7 북한 국민반항-사회 안정 관계변화의 4가지 시나리오

시나리오Ⅲ은 국민반항이 커지고 사회 불안정이 발생하는 경우다.
이 경우 사회 불안정이 체제의 붕괴로 이어질 확률이 커지게 된다. 사
회시스템에서 소규모 반항의 대규모 반항으로의 전환은 점진적일 수
도 있지만 급진적일 수도 있다는 것은 매우 중요한 의미를 갖는다고
할 수 있다.

시나리오Ⅳ는 대규모 국민반항이 발생하지만 사회 안정이 유지되
는 경우다. 국가 기관이 강력한 통제력을 보유할 경우 이러리라고 할
수 있지만 국가 권력에 의한 사회통제에는 한계가 있다는 것을 망각
하지 말아야 할 것이다.

대규모 국민반항에 의한 사회 불안정과 정권교체는 엄청난 후과를
초래하게 된다는 것을 세계 각국의 역사는 보여준다. 최근의 전형적
인 실례는 1989년 12월 루마니아에서 발생한 시민봉기 와중에 북한
으로 도망하려던 차우셰스쿠가 총탄 세례를 받고 세상을 떠났던 사태

인데, 이러한 사태가 북한에서 재연되지 않으리라는 보증은 어디에도 없는 것이다.

7 북한 변화 전망에 대한 총체적 고찰

북한의 변화 전망을 고찰함에 있어서 한반도 남북관계를 떠날 수 없다. 또한 한반도 남북관계를 고찰함에 있어서 한반도 남북의 국제 관계를 무시할 수 없다. 그러나 여기서는 주로 남북관계 속에서의 북한의 변화 전망을 총체적으로 고찰해 보고자 한다.

1) 한반도 변화 추이

만약 북한의 변화에 관련되는 각종 변수, 남한의 변화에 관련되는 각종 변수, 그리고 남북관계 변화에 관련되는 각종 변수를 통합적으로 고려할 경우, 향후 일정 기간 중 한반도 변화 추이는 그림 3.8에서 표시한 다양한 가능성을 보여준다는 것을 알 수 있다.[21] 여기서 아래의 2개 사항에 대해 부언하고자 한다.

하나는 그림 3.8의 '기타 방식'에 의한 남북통일에 대해서 필자는 우선 남북 양측이 공동으로 인정하는 모종 국제기구 감시하의 남북 총선거에 의한 통일(예를 들면, 유엔감시하의 남북 자유 총선거에 의한 통일)을 염두에 두고 있다는 것이다.

---

21) 그림 3.8에서 표시한 각종 시나리오에 대한 필자의 전반적인 해석은 필자의『세계화와 한국의 대응』,『중국의 개혁개방과 신동북아질서』중의 관련 내용을 참조하기 바란다.

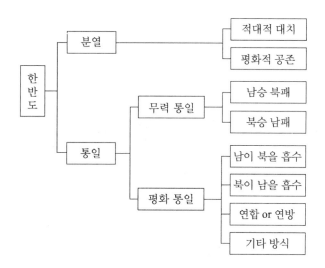

그림 3.8 한반도 변화 추이
(박창근. 세계화와 한국의 대응. 서울 : 백산자료원, 2003. p.486)

다른 하나는 일부 논자들은 '흡수통일'을 평화통일의 일종 방식으로 여기지 않는데 이에 필자는 동감할 수 없다는 것이다. 연방제 통일이나 연합제 통일만이 평화통일인 것이 아니다. 동서독일의 통일은 평화통일이었고 흡수통일이었다. 즉 평화적인 흡수 통일이었고 서독의 평화적인 동독 흡수에 의한 평화통일이었다. 때문에 필자가 고려하는 평화통일에는 그림 3.8에서 표시한 각종 방식의 평화통일이 모두 포함되어 있다. 예를 들면, '한반도의 자주 평화통일을 지지한다'는 중국 정부의 입장에는 남북 간의 '대화와 협상을 통한 평화적인 흡수 통일'도 포함되어야 한다는 것이 필자의 견해다.22) 흡수통일을

---

22) 박창근 : 한반도 통일에 대한 중국 정부 입장의 이해. 东北亚和平、合作与发展(第三次学术交流)论文集. 上海 : [中国] 同济大学亚太研究中心、[韩国] 国际脑教育综合大学院大学校亚细亚和平研究所, 2010-08-15. p.21-37.

평화통일로 간주하지 않을 경우 그러한 평화통일의 가능성이 눈앞에
나타나도 기회를 놓치게 될 것이다.

2) 북한의 변화 추이

긴 안목에서 북한의 변화 추이는 남북통일이라는 틀을 벗어날 수
없다. 지난 수천 년의 역사를 보면 한민족은 세계적으로 고도의 응집력
과 정치 지혜를 가진 민족이다. 고조선의 장기 존속과 7세기 삼국통일
이후 10세기 초 후삼국 시기의 수십 년을 제외한 통일체제의 장기 존속
을 보면 그 누구도 한반도가 다시 통일되리라는 것을 의심하지 않는다.
물론 그림 3.8에서 보다시피 통일방식은 다종다양할 수 있다. 기대되는
것은 평화통일이지만 무력통일 가능성도 배제할 수 없다.

하지만 향후 일정 기간 중 한반도 분열이 지속되면서 북한체제가
존속되리라는 것도 의심되지 않는다. 기대되는 것은 남북한의 평화공
존, 한반도 평화체제의 수립이지만 적대적 대치 관계가 장기화될 가
능성도 배제할 수 없다.

그리고 위의 토론에서 알 수 있다시피 북한체제가 붕괴될 가능성은
김정일의 사망 여부와는 상관없이 늘 존재한다고 할 수 있다. 북한체
제의 붕괴 원인과 붕괴 이후 북한의 변화 전망은 그림 3.9로 표시할
수 있다.

그림 3.9에서 표시한 북한체제 '붕괴 이후'의 각종 시나리오는 남
북통일이 실현되기 전까지의 상황을 가리킨다. 북한체제의 붕괴 원인
이나 붕괴 이후 발생할 각종 시나리오에 대해서 필자는 이미 약간의
토론을 하여 본 적이 있다.[23] 여기서는 북한 체제의 붕괴가 한반도에

---

23) 박창근. 중국의 개혁개방과 신동북아 질서. 서울 : 인터북스, 2010. p.279-365.

평화적인 흡수통일의 기회도 제공하게 되므로 한반도의 평화통일을 지지하는 모든 국가와 정치세력 및 국제사회는 그 기회를 잘 이용하여야 할 것임을 강조하고 싶다.

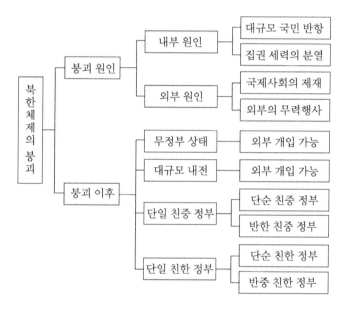

그림 3.9 북한체제의 붕괴 원인과 붕괴 이후 상황

맺음말

일부 논자들은 필자가 이 글에서 실현가능성이 작은 시나리오에 대하여 너무 심각하게 고려한다고 비판할 수도 있을 것이다. 예를 들면 '북한체제의 붕괴는 발생 확률이 극히 작은데 그렇게 심각하게 고려할 필요가 있는가?'라는 질문이 가능하다. 이는 이론적으로는 복잡계

의 특징에 대한 이해가 결여되어 생기는 질문이다. 때문에 필자는 늘 아래의 2가지 이론을 강조하여 왔다.

하나는 복잡계의 '나비효과'에 대한 이론이다.[24] 지난 수십 년간의 복잡계 연구는 초기값의 미세한 차이가 완전히 다른 결과를 초래할 수 있다는 것을 발견하였다. '베이징에서 나비 한마리가 날개를 퍼덕임으로써 뉴욕에 폭풍우가 몰아칠 수 있다'는 말로 표현되기도 한다. '나비효과'로 인하여 가능성이 극히 작은 현상도 실제로 발생할 수 있으며, 따라서 정책결정자들의 사소한 차실이 사회에 엄청난 재앙을 불러올 수 있는 것이다.

다른 하나는 복잡계(예를 들면 국제정치시스템)에 대한 확률론적 접근이다.[25] 국제문제 연구에서 확률론적 접근이 중요한 의미를 갖는 것은 사실이지만 이에는 확률에 대한 올바른 이해가 전제되어야 한다. 확률의 크기는 사건 발생 가능성의 크기를 나타낼 뿐 사건 발생의 시간상의 선후 순서를 표시하는 것은 아니다. 고확률 사건은 발생 가능성은 크지만 반드시 먼저 발생하는 것은 아니다. 확률이 제일 작은 사건이 제일 먼저 발생한 경우에는 최고 확률 사건을 포함한 다른 사건들은 발생하지 못할 수도 있다. 때문에 국가의 운명과 관계되는 중차대한 사건에 대해서는 그 확률이 아무리 작다 하여도 진지한 연구와 대책이 마련되어야 할 것이다.

---

24) 이에 대해서는 카타스트로피(catastrophe), 프랙털(fractal), 카오스(chaos) 등에 관련된 이론들을 참조하기 바란다. 필자의 관련 저서들을 참조할 수도 있다. 朴昌根. 系統学基础. 上海 : 上海辞书出版社, 2005. p.411-434; 박창근. 시스템학. 서울 : 범양사출판부, 1997. p.196-208; 박창근. 중국의 개혁개방과 신동북아질서. 서울 : 인터북스, 2010. p.296-297.

25) 필자의 관련 저서들을 참고하기 바란다. 朴昌根. 系統学基础. 上海 : 上海辞书出版社, 2005. p.329-340; 박창근. 세계화와 한국의 대응. 서울 : 백산자료원, 2003. p.489; 박창근. 중국의 개혁개방과 신동북아질서. 서울 : 인터북스, 2010. p.340.

마지막으로, 이 글에서 필자가 시도한 것은 최근 북한정세의 특징과 전망에 대한 하나의 이론적 틀을 만드는 것이다. 북한의 현황과 변화전망을 그 자체의 논리에 따라 설명하려고 시도한 것이다. 이러한 연구 결과를 전략 설정이나 정책 조치의 제정에 어떻게 반영할 것인가 하는 데에 대해서는 다른 차원의 연구가 필요된다고 생각한다.

4

중국식 개혁개방,
북한에서 가능할까

※ 이 글은 2010-11-11에 완성되어 [한국]자유마당 2010년 12월호 p.70-73에 실린 적이 있다. 잡지 편집부에서는 제목을 '先軍·핵 포기하고 경제개발에 국가자원 집중해야'로 하였다.

1998년 여름 길림성 연길시에 회의하러 갔었는데, 회의가 끝난 후 2박3일간의 북한 관광이 가능하다고 하였다. 북한의 개혁개방에 늘 관심 갖고 있던 필자에게는 절호의 기회였다. 청진시에 갔었는데 필자에게 가장 인상적인 것은 북한 가이드의 안내로 본 '유적지'들이 아니라 버스를 타고 다닐 때 본 옥수수밭이었다.

두만강을 사이 두고 푸르싱싱하게 자라는 중국측 옥수수에 비하면 북한측 옥수수는 키가 반 정도밖에 안되었다. 북한의 가이드가 수재(水災)로 곡식이 잘 자라지 못한다고 설명해 주었지만 너비가 얼마 안되는 두만강을 사이 두고 어떻게 이럴 수가 있을까 생각되면서 믿어지지 않았다. 그런데 얼마 안가서 중국측 옥수수에 못지않게 잘 자라는 북한측 옥수수가 가끔 눈에 띄었다. 농가의 텃밭에서 자라는 옥수수였다. 집단 경영하는 밭과 농가의 텃밭이 하늘로부터 상이하게 취급될 수는 없지 않나 하는 생각이 들면서 북한의 식량난은 수재 때문이 아니라 인재(人災) 때문이라는 것을 확인하게 되었다.

1990년대 경제난에서 탈출하기 위해 북한 지도부는 2002년 '7·1' 조치를 단행하고 '경제관리개선'이라는 명의로 개혁개방을 추진하기 시작하였다. '금강산 관광', '개성 공단' 등을 통한 남북 경제협력과 종합시장 등을 통한 시장경제 요소의 도입으로 북한경제는 호전되기 시작하였다. 그러나 북한의 개혁개방은 오래가지 못했다. 미사일 발사와 핵개발로 자원배분의 왜곡을 초래하였을 뿐만 아니라 한국과의 경제협력 중단과 국제적 고립을 자초하였기 때문이었다. 2009년 말에는 무모한 '화폐개혁'으로 시장요소를 배제하려 시도하다가 골탕을 먹기도 하였다. 북한 경제는 또다시 엉망진창이 되고 말았다.

지난 5월과 8월 김정일 국방위원장은 두 차례나 중국을 방문하였다. 천안함사건에 대한 한·미 양국의 강력대응과 자신의 건강악화로 인한 권력승계 문제가 시급하여 그리하였겠지만 경제난 탈출을 위한

4. 중국식 개혁개방, 북한에서 가능할까 ▌107

목적도 있은 것 같다. 지난 10월 북한 12개 시·도의 당 책임비서들이 사상 처음 단체로 중국을 방문한 것을 보아도 북한이 경제문제의 해결에 신경 쓴다는 것을 알 수 있다. 그럼 북한이 과연 중국을 본받아 개혁개방을 추진할 수 있을까. 중국식 개혁개방이 북한에서 가능할까.

중국의 개혁개방이 성공할 수 있은 가장 중요한 요인은 등소평을 비롯한 중국 지도부의 확고한 개혁개방 의지였다. 가령 북한 지도부가 개혁개방의 의지를 갖고 있다면 북한도 개혁개방을 성공적으로 추진할 수 있을 것이다. 북한의 모든 국가 권력이 김정일·김정은 부자에게 집중되어 있기 때문에 더욱 그러하다. 혹자는 등소평은 문화대혁명 시기에 박해를 받은 인물이었기에 그에 의한 개혁개방이 가능하였지만 김정일·김정은은 세습에 의해 국가 최고 권력을 승계하였거나 승계하게 되는 인물이기 때문에 그들에 의한 개혁개방은 불가능하다고 주장한다. 별로 설득력이 없다. 중국의 개혁개방은 결코 등소평의 분풀이가 아니었다. 등소평이 개혁개방을 추진하게 된 것은 세계와 중국의 발전추이와 중화민족의 역사적 운명에 대한 이해에서 출발하여 개혁개방의 당위성을 제대로 포착하였기 때문이었다. 지난 10여 년간의 행실을 보면 김정일에게는 별로 기대가 안 가지만, 가령 김정일이 지금이라도 국가와 민족의 운명을 조금만 사료한다면 북한에서도 개혁개방이 실행될 수 있는 것이다. 또한 가령 김정은이 김정일의 생전에 권력승계에 성공한다면 피델 카스트로가 살아있는 상황에서 라울 카스트로에 의한 개혁이 추진되고 있는 '쿠바 현상'이 북한에서 발생할 수도 있지 않을까.

중국의 개혁개방이 성공적으로 추진되어 지난 30여 년간 연평균 9.8%의 고속 경제성장을 지속하게 된 것은 국가 운영의 기본 노선을 '정치 우선'에서 '경제 우선'으로, '계급투쟁 우선'에서 '경제발전 우선'으로 전환하였기에 가능하였다. 중국인민해방군 병력의 변화만 보아도 문화대혁명 시기인 1970년대 중반에 600여만 명으로 증가되었던 병력이 1984년에는 420만 명으로, 1987년에는 320만 명으로, 2005년에는 230만 명으로 감소되었다. 병력의 감축은 중국의 군비삭감과 중국군의 현대화에 크게 기여하였고 개혁개방을 통한 경제성장에 크게 기여하였다. 정규군 119만 명을 보유하면서 국가자원의 3분의 1을 인민군과 군수사업에 퍼붓는 북한이 개혁개방을 성공적으로 추진하려면 '선군정치'를 포기하고 '경제발선 우선'으로 노선을 바꿔야 하며, 핵폐기와 병력 삭감을 단행하고 경제개발에 국가자원을 집중 배분해야 한다. 선군정치로는 경제발전 우선으로 전환할 수 없고, 핵무장 강화로는 경제성장을 추진할 수 없다. 한국은 물론, 세계상의 그 어느 국가도 북한의 개혁개방과 개혁개방에 의한 경제성장이 핵무장 강화 수단으로 이용되는 것을 지지하지 않을 것이다.

중국의 개혁개방 과정에서 중국 지도자들이 각별한 주의를 기울인 것은 변화와 안정의 관계였다. 중국은 변화 속의 안정과 안정 속의 변화의 실현에 성공하였다. 체제 안정 여부와 개혁개방 성공 여부의 관계에서 나타나는 4가지 시나리오 중에서 중국은 개혁개방을 추진하면서 체제안정을 수호하였고, 소련과 동유럽 국가들은 개혁개방 과정에서 기존체제의 붕괴를 경험하였으며, 루마니아는 수구폐쇄를 고집하다가 기존 체제의 붕괴를 맞았고, 북한은 수구폐쇄를 고집하면서도 아직 체제안정을 유지하고 있다. 북한이 개혁개방에 거부적인 것은 기존 체제의 붕괴를 우려하여서이다. 그러나 북한의 체제안정은 이미 한계에 도달하였다. 현재 북한은 개혁개방을 하나 안하나 모두 붕괴될 위험이 있게 되었다. 때문에 북한이 중국식 개혁개방을 시도할 가능성이 있게 되었다. 왜냐하면 계속 수구폐쇄적일 경우 북한의 미래는 루마니아식 붕괴일 수밖에 없기 때문이다. 북한 지도부의 각성이 필요되는 대목이라고 할 수 있다.

중국의 개혁개방은 개혁과 개방의 병행추진이었다. 폐쇄체제에 대해서는 개방 자체가 일종의 개혁이지만 폐쇄체제를 개혁하려면 개방하지 않으면 안 된다. 개혁을 도외시한 개방이나 개방을 도외시한 개혁은 모두 비현실적이다. 때문에 지난 30여 년간 중국에서는 늘 개혁을 통한 개방과 개방을 통한 개혁이 동시에 추진되었다. 북한도 개혁과 개방을 동시에 추진하여야만 성공할 수 있을 것이다.

중국의 개혁은 우선 농업경영의 가족단위화로부터 시작되었다. 1958년 인민공사화 이후 중국 농촌의 기본적인 농업경영 방식은 집단경영이었다. 1978년 12월 중국 지도부가 개혁개방을 하기로 하였지만 아직 구체적 방안이 결여된 상황에서 안휘성 봉양현 소강촌 농민들이 죽음을 무릅쓰고 제안한 농업경영의 가족단위화는 중국 개혁개방의 진정한 효시였고 이로써 중국은 불과 4~5년 내에 '먹는 문제'를 기본상 해결할 수 있었다. 가령 북한 농촌에서 농업경영의 가족단위화를 실시한다면 북한은 2~3년 내에 식량난을 기본상 해결할 수 있으리라는 것이 필자의 소견이다. 농업경영의 가족단위화가 실시된다면 북한 농민들도 제집 텃밭 가꾸듯이 농사를 지을 것이다.

중국의 개방은 가공무역, 상품수출과 해외자본의 대중국 직접투자에 의해 추진되었다. 특히 해외 중국인 자본의 대중국 직접투자는 1979~2005년간 해외 대중국 직접투자의 3분의 2를 차지하였고 개혁개방 초기에는 90%를 상회하였다. 이는 중국의 개혁개방이 순조롭게 추진될 수 있은 가장 중요한 요인 중의 하나였다. 북한이 가령 개혁개방을 시작하게 된다면 상당한 규모의 투자가 필요될 것이다. 중국의 대규모 투자를 기대할 수도 있지만 남북관계개선에 의한 한국의 대북 투자가 제대로 이루어지지 않는 한 그 어떤 국가도 북한에 대한 대규모 투자를 꺼릴 것이다. 한국에 대한 개방을 배제한 북한의 개방은 성공할 수 없다. 한국 투자의 유치에 성공하지 못할 경우 북한은 다른 국가들로부터의 투자 유치에도 큰 성공을 기대하지 말아야 한다.

　중국의 개혁개방은 총체적으로는 점진적이었다. 중국의 정책제정자들은 개혁과 개방의 내용, 범위, 시기와 속도 등의 조절에 유의하면서 가능하게 발생할 손실의 최소화와 가능하게 얻을 수 있는 이익의 최대화를 추구하였다. 지난 30여 년간의 개혁개방 과정과 결과를 보면 중국의 정치체제는 외견상 별로 변화되지 않았지만 내적으로는 이미 적지 않은 변화를 이룩하였다. 특히 중국의 경제체제는 계획경제 체제에서 시장경제 체제로 변화되었다. 중국 경제체제의 변화는 급진적이 아니라 점진적이었다. 중국공산당의 당론은 1978년 12월부터 1984년 10월까지는 '계획경제를 주로 하고 시장에 의한 조절을 부로 한다'는 것이었고, 1984년 10월부터 1992년 10월까지는 '계획 있는 상품경제', 즉 '국가가 시장을 조절하고 시장이 기업을 유도해야 한다'는 것이었으며, 그 후는 공식적으로 '사회주의 시장경제체제'를 도입하였다. 이렇게 중국의 경제체제는 초기의 개량주의적 변화, 그 다음의 절충주의적 변화를 거쳐 최종적으로는 혁신적인 변화를 이룩하였던 것이다. 경제체제의 점진적 변화와 경제총량의 고속성장은 유기적으로 잘 조화되었다. 북한도 개혁개방을 추진할 경우 체제붕괴와 사회혼란을 피면하기 위해서는 경제체제의 점진적 변화를 추진하면서 경제총량의 고속성장을 이룩하는 것이 바람직할 것이다.

　중국의 개혁개방 경험으로 또 한 가지 언급하고 싶은 것은 중국 정부가 미국을 비롯한 세계대국들, 특히는 주변국들과의 관계개선에 성공하였다는 것이다. 중국은 1978년 10월 23일 '중일평화우호조약'의 비준, 1979년 1월 1일 중미 수교, 1989년 5월 중소관계의 개선, 1992년 8월 24일 중한수교, 2001년 7월 14일 상하이협력기구 출범 등을

통해 개혁개방에 소요되는 국제환경 조성에 성공하였다. 북한도 개혁
개방에 성공하려면 현재의 국제적 고립상태에서 벗어나지 않으면 안
된다. 성격이 괴벽한 사람이 인간관계가 원만할 수 없는 것처럼 국제
사회에서 '게임의 룰'을 지키지 않는 국가는 '문제 국가'로 취급된다.
때문에 북한은 한국 및 기타 여러 국가들과의 교류와 협력을 위하여
우선 국제적으로 인정하는 '게임의 룰'을 잘 지키고 이상한 언동을 삼
가야 할 것이다. 그러면 북한도 정상국가로 대접 받을 수 있을 것이고
개혁개방에 필요한 국제사회의 지지를 확보할 수 있을 것이다.

한반도 정세 및 한반도 통일과
관련된 일련의 문제들에 대한 소견

※ 이글은 2011년 7월 21일에 완성, 2011년 8월 15일 한국 천안시에서 중국 동제대학 아태연구
센터와 한국 국제뇌교육종합대학원대학교 아시아평화연구소의 공동 주최로 열린 제4회 '동북
아 평화, 협력과 발전' 학술교류회에서 발표한 것이다. 회의 논문집 <东北亚和平、合作与发展
(第四次学术交流)>, p.1-26.

머리말

작년에 간행된 『중국의 개혁개방과 신동북아질서』[1])에 수록된 글들은 대다수가 학술교류회에서 발표된 적이 있은 것들이다. 회의에서 발표한 후 이러저러한 질문이 제기되었고 나도 응답하느라 하였지만 시간상 제한으로 충분히 자기 소견을 말할 수가 없었다. 이에 이번 학술교류에서는 지난 수년간 나한테 제기되었던 문제들 중에서 일부 선택하여 대화 형식으로 알기 쉽게 설명해 보고자 한다.

▎1 북한 정세 관련

1) 최근 북한 정세를 어떻게 평가할 것인가?

2010년 8월 27일 나는 한국 평화문제연구소로부터 10월 15일 개최 예정인 "독일통일 20주년 기념 한반도 '바른 통일'을 위한 국제세미나"에서 '최근 북한 내부정세의 특징과 전망'이란 제목으로 발표해 줄 것을 요청하는 초청장을 받았다. 10월 초 다른 회의에서의 기조발언[2])이 예약되어 있어 주저하다가 결국 요청을 수락하였고 준비를 시작하게 되었다.

준비과정에는 어려움이 많았다. 특히 북한 노동당 정치국이 6월 26일 결정서를 발표하여 9월 상순에 열린다고 예고했던 44년만의 당대

---

1) 박창근. 중국의 개혁개방과 신동북아질서. 서울 : 인터북스, 2010.
2) 2010년 10월 3일 필자는 한국과학기술단체총연합회의 요청으로 상하이 메리어트 장풍호텔에서 열린 한·중 울트라 프로그램에서 '중국의 과학기술 정책과 발전방향'이란 제목으로 발표를 하였다.

표자회가 제때에 열리지 않았다. 10월 초의 회의 준비 때문에 평화문제연구소에 보내기로 한 논문은 9월 19일에 마무리 지어 보냈다.

그런데 이틀 후인 9월 21일 북한측은 아무런 이유 설명도 없이 당대표자회를 9월 28일에 개최한다고 발표하였다. 나는 이틀 전에 보낸 원고의 내용에 대해 근심하지 않을 수 없었다. 큰 오류가 있을까봐였다. 결국 9월 28일에 열린 당대표자회에서 김정일은 북한노동당 총비서로 재추대되고 김정은은 사실상 후계자로 선정되어, 나는 자기가 준비한 원고를 그대로 발표하여도 큰 문제가 없으리라는 신심을 갖게 되었고 평화문제연구소로부터도 원고의 수정을 바라는 제의가 오지 않았다.

2010년 10월 15일 현인택 통일부 장관이 기조발언을 한 이 세미나에서 나는 제1회의의 제1발표자로 발표하였고 박형중 통일연구원 선임연구위원이 토론을 하여 주었다.[3]

나는 "최근 북한 내부정세의 특징을 가장 잘 묘사할 수 있는 용어는 '불안'이라고 생각한다. 정세가 불안할 뿐만 아니라 민심도 불안하다. 어제와 오늘이 불안할 뿐만 아니라 내일도 불안하다. 보통 국민들이 불안할 뿐만 아니라 최고 통치권자인 김정일 국방위원장도 불안하다."고 지적하였다.

나는 정치, 경제, 사회, 군사, 사상, 심경 등 6개 측면에서 북한의 불안과 향후 전망의 4개 시나리오를 설명하였다. 그리고 결론 부분에서는 한반도 변화추이와 북한의 변화추이를 여러 측면에서 살펴보았다(표 5.1 참조). 나는 9월 19일에 쓴 원고를 고치지 않았다. 왜냐하면 북한 정세의 불안은 여전히 지속되고 있다고 판단하였기 때문이었다.

---

3) 박창근. 최근 북한 내부정세의 특징과 전망. 독일 통일 20주년 기념 한반도 '바른 통일'을 위한 국제세미나 논문집 : 한반도 통일환경과 바른 통일을 위한 방향 모색. 서울 : [한국] 평화문제 연구소, 2010. p.3-25.

표 5.1 북한 정세의 특징과 향후 전망

	향후 전망	설명
정치의 불안	<div align="center">권력 승계 성공 시나리오 Ⅱ 권력 승계 성공 + 기존 체제 붕괴 시나리오 Ⅰ 권력 승계 성공 + 기존 체제 안정 기존 체제 붕괴 ←→ 기존 체제 안정 시나리오 Ⅲ 권력 승계 실패 + 기존 체제 붕괴 시나리오 Ⅳ 권력 승계 실패 + 기존 체제 안정 권력 승계 실패</div>	- 권위주의 체제는 세대 교체시 흔히 정치적 불안을 겪는다. 김정일 사망시도 그러할 것이다. - 3대 세습을 꾀하는 북한에서 김정은의 권력승계를 둘러싸고 어떤 일이 발생할지 예측 불가능하다.
경제의 불안	<div align="center">개혁개방 시나리오 Ⅱ 개혁개방 + 체제붕괴 시나리오 Ⅰ 개혁개방 + 체제안정 체제붕괴 ←→ 체제안정 시나리오 Ⅲ 수구폐쇄 + 체제붕괴 시나리오 Ⅳ 수구폐쇄 + 체제안정 수구폐쇄</div>	- 사회주의 계획경제체제의 폐단은 세계적으로 입증되었다. - 북한 경제의 유일한 출로는 개혁개방이다. 황금평·라선 지역에서의 중북협력이 북한의 개혁개방을 유도할 가능성을 배제할 수 없다.
사회의 불안	<div align="center">탈북자 규모 작음 시나리오 Ⅱ 탈북자 규모 작음 + 사회 불안정 시나리오 Ⅰ 탈북자 규모 작음 + 사회 안정 사회 불안정 ←→ 사회 안정 시나리오 Ⅲ 탈북자 규모 큼 + 사회 불안정 시나리오 Ⅳ 탈북자 규모 큼 + 사회 안정 탈북자 규모 큼</div>	- 탈북자 규모는 북한 사회 안정 여부를 가늠하는 중요한 지표이다. - 1998년 이후 탈북자, 특히 한국에 입국한 탈북자의 급속한 증가는 북한 체제의 붕괴를 초래할 가능성을 크게 하고 있다.
군사의 불안	<div align="center">체제안정 시나리오 Ⅱ 체제안정 + 핵폐기 시나리오 Ⅰ 체제안정 + 핵보유 핵폐기 ←→ 핵보유 시나리오 Ⅲ 체제붕괴 + 핵폐기 시나리오 Ⅳ 체제붕괴 + 핵보유 체제붕괴</div>	- 북3각의 해체와 남3각의 존속으로 북한은 한국에 대한 군사적 비교우위를 보유할 수 없다. - 체제 안정을 위해 만들었다는 핵무기가 북한의 체제 붕괴를 초래하는 주요인이 될 수 있다.

향후 전망		설명
사상의 불안		- 인간의 사상자유는 실질적으로는 박탈이 불가능하다. - 북한의 국정운영 실패는 주체사상의 실패를 의미하는바, 주체사상에 의한 사상의 단일화는 사상자유에 의한 사상의 다원화로 전환하고 있다.
심경의 불안		- 민심의 향배는 국가정권의 생사존망을 결정한다. - 북한 현존 체제에 대한 직·간접적인 국민 반항이 커지어 북한 체제가 국민 반항에 의해 붕괴될 가능성을 배제할 수 없다.

오늘 현재도 나는 비록 어느 정도의 변화는 있지만 북한의 '불안'은 지속되고 있다고 본다. 북한이 천안함 사건, 연평도 사건을 일으킨 후의 행태를 보면 남한의 굴복이나 타협이 있으리라는 판단이 빗나감에 따라 북한의 불안은 지속되고 있다는 것을 알 수 있다.

북한은 불안에서 빠져나갈 탈출구를 찾고 있지만 아직은 성공하지 못하고 있다. 특히 2010년 5월~2011년 5월 기간에 3차례에 걸친 김정일의 중국 방문은 이러한 노력의 표출이라 할 수 있다(표 5.2 참조).

김정일이 중국 방문을 마치고 5월 27일 귀국한 후인 5월 28일 김황식 국무총리와 현인택 장관은 각기 다른 장소이지만 한 목소리로 북한이 천안함 침몰 사건과 연평도 포격 사건에 대한 분명한 조치를 취해야 본격적으로 남북관계가 복원될 것임을 분명히 밝혔다.4) 이에

4) 양정아. 김황식·현인택 "북한 진정성 확인이 먼저",
http://www.dailynk.com/korean/read.php?num=90807&catald=nk00900,
2011-05-29 열독.

북한은 한국 이명박 정부와의 접촉 단절을 선포하였다.[5]

표 5.2 북한 김정일 국방위원장의 중국 방문

	방문 날짜	초청인	방문지역	특기 사항
제1차	2000. 5.29~31	중공중앙 총서기· 국가주석 강택민	베이징	1994년 김일성 사망; 1997년 김정일이 북한노동당 중앙 총비서에 취임; 2000년 6·15 남북 정상 회담
제2차	2001. 1.15~20	중공중앙 총서기· 국가주석 강택민	상하이	북한, 2002년 7·1 경제관리 개선조치 발표
제3차	2004. 4.19~21	중공중앙 총서기· 국가주석 호금도	베이징	2004년 6월 제3차 6자회담 개최
제4차	2006. 1.10~18	중공중앙 총서기· 국가주석 호금도	광둥, 후베이, 베이징	북한, 2006년 10월 9일 제1차 핵실험 단행
제5차	2010. 5.3~7	중공중앙 총서기· 국가주석 호금도	베이징	2008년 8월 김정일 뇌졸중 발병; 2009년 5월 26일 북한 제2차 핵실험 단행; 2010년 3월 한국 '천안함' 침몰.
제6차	2010. 8.26~30	중공중앙 총서기· 국가주석 호금도	지린, 헤이룽쟝	2010년 9월 28일 북한노동당 당 대표자회, 김정은이 후계자로 부상
제7차	2011. 5.20~26	중공중앙 총서기· 국가주석 호금도	헤이룽쟝, 지린, 쟝수, 베이징	2010년 11월 23일 북한군의 연평도 포격 사건 발생; 천안함사건·연평도사건을 계기로 한미 군사 훈련 빈번; 북한 경제난 극심

주: 김정일의 중국 방문은 비밀리에 진행되어 그가 귀국한 후 중국과 북한 매체에 공개되었음.

---

5) 朝鲜宣布断绝与韩国政府接触 韩国表示维持现有对朝鲜政策,
http://paper.people.com.cn/rmrb/html/2011-05/31/nw.D110000renmrb_20110531
_9-03.htm?div=-1

물론 작년과 비교하여 변화도 있는 것은 사실이다. 지난 5월 김정일의 중국 방문 과정을 돌이켜 보면 김정일의 건강상태가 작년보다 많이 좋아진 것 같다는 것이다. 그러나 이것이 북한 정세의 안정에 큰 기여를 하기에는 이미 역부족이라고 생각된다. 김정일은 2008년 8월 이전에도 북한을 잘 다스리지 못하였다.

2) 북한이 과연 핵무기를 폐기할까?

이 물음은 '김정일 체제하에서 북한은 핵무기를 폐기할 것인가?'라고 하여야 토론이 가능하다. 단순히 '노우'나 '예스'로 답복할 경우 오류가 발생할 가능성이 큰 질문이지만, 나는 '노우'라고 하는 것이 정답일 가능성이 크다고 생각한다. 나는 김정일 국방위원장이 북한 최고 권력을 장악하고 있는 한, 핵폐기를 실행하지 않으리라고 생각한다.[6)]

물론 이 추측이 반드시 정답일 것이라고 생각하지는 않는다. 그러나 김정일의 과거와 오늘의 행태에 근거한다면 다른 추측은 하기 어렵다고 생각한다.

국제사회는 경제 지원으로 북한의 핵개발 포기나 핵폐기를 유도하려고 시도하여 왔다. 1994년 10월 21일에 통과된 미북간의 '제네바 합의', 6자회담의 성과물로 인정되는 2005년 '9·19 공동성명', 2007년 '2·13 합의문' 등은 모두 국제사회의 이러한 노력을 보여준다. 북한도 경제 지원을 받음과 동시에 핵개발 포기나 핵폐기를 약속하기도 하였다.

그러나 북한의 핵개발은 지난 20년간 중단된 적이 없었다. 북한은

---

6) 박창근. 북한 핵무장에 대한 중한 양국의 대응. 중국의 개혁개방과 신동북아질서. 서울 : 인터북스, 2010. p.339-365

'한반도의 비핵화에 관한 공동선언'(남북 총리 서명, 1992년 1월 20일 발표, 1992년 2월 19일 발효)에 서명한 후에도 줄곧 핵개발을 추진하여 왔다. 미북회담이나 6자회담을 진행하는 과정에서도 북한은 핵개발을 멈추지 않았다. 드디어 북한은 2005년 2월 10일 핵무기 보유를 선언하였고, 2006년 10월 9일 제1차 핵실험을 단행하였으며, 2009년 5월 25일 제2차 핵실험을 단행하였다. 겉으로는 '단계적 핵폐기'를 약속하였지만 실제로는 국제사회의 경제적 지원과 남한의 햇볕정책에 의한 경제적 지원을 받으면서 핵개발을 꾸준히 추진하였던 것이다.

위의 사실들은 북한 지도부가 핵폐기를 고려하지 않는다는 것을 보여 준다. 오히려 북한은 '핵보유국'이 되었다고 자랑하고 있다. 때문에 모든 국가들의 모든 대북정책은 북한의 사실상의 핵보유를 전제로 하여야 한다. 물론 북핵 폐기를 위한 노력을 포기하여야 한다는 것은 아니다. 왜냐하면 이러한 노력이 북핵 폐기의 목적 달성에는 실패하겠지만 북핵에 의한 피해의 최소화에는 어느 정도 기여할 수 있을 것이기 때문이다. 특히 국제적인 압력으로 김정일 국방위원장이 생전에 감히 남한에 대한 핵타격을 시도하지 못하게 하는 목적에는 도달할 수도 있을 것이다.

3) 김정일 국방위원장이 동족에게 핵무기를 사용할 수는 없지 않겠는가?

북한 측에서 흔히 사용하는 말에는 '우리민족끼리'라는 말이 있다. 아마도 그래서 일부 남한 국민들은 북한이 남한 국민을 상대로 핵무기를 사용하지 않을 것이라는 미련을 갖고 있는 것 같다. 그러나 전쟁의 역사를 보면 전쟁에는 국내전과 국제전이 있는데 국내전, 즉 일국 내부 상이한 세력 간의 전쟁이 국제전, 즉 상이한 국가 간의 전쟁보다 참혹하지 않으리라는 이유는 없다.

한반도 남북관계를 보면 김일성 – 김정일 세력의 대남정책은 결코 동족에게 특혜를 준 적이 없다는 것을 알 수 있다. 3년간에 약 450만 명의 인명 피해를 낸 한국전쟁의 발단인 1950년 6월 25일 북한군의 대거 남침, 1968년 1월 21일 북한 특수부대인 124군부대 소속 31명이 청와대 습격을 목적으로 서울 세검정 고개까지 침투하였던 김신조 사건, 1983년 10월 9일 전두환 대통령의 암살을 목적으로 단행하여 서석준 부총리 이하 정부 요인과 신문 기자 등 17명을 사망케 한 버마 아웅산 묘소에서의 암살 폭파 사건, 1987년 11월 29일 탑승객 115명 전원을 사망케 한 대한항공(KAL) 858기 폭파 사건, 그리고 2008년 7월 11일 금강산 관광을 간 53세의 한국 국민 박왕자 씨의 북한군의 총사격에 의한 피살 사건, 2010년 3월 26일 백령도 근처 해상에서 북한군의 타격으로 해군 병사 46명의 피해를 내고 한국 해군의 천안호 초계함이 격침된 천안함 피격사건, 2010년 11월 23일 연평도에 대한 북한군의 포격으로 한국 군인과 민간인의 사망 및 재산 피해를 낸 연평도 사건 등에서 알 수 있다시피 북한은 남한 국민의 생명을 수시로 위협하여 왔고 지금도 위협하고 있다.

특히 북한은 김일성의 '9 · 25교시'에 따라 1971～1990년 기간에는 군사분계선 비무장지대의 지하에 땅굴파기를 열심히 하더니[7] 핵개발을 추진하여 성공한 후에는 남북관계에 조금만 여의치 않은 일이 발생하면 핵무기에 의한 '서울 불바다' 발언을 서슴지 않고 한다. 남한 국민들에게는 소름이 끼치는 말이 아닐 수 없다. 그러므로 국제사회의 북핵 대응은 김정일 국방위원장이 상황에 따라서는 주저 없이 남한에

---

[7] 땅굴발견.
http://contents.archives.go.kr/next/content/listSubjectDescription.do?id=003335, 2010-07-01열독

대해서 핵무기를 사용할 가능성이 있다는 것을 전제로 수립되어야 할
것이다. 그리고 북한 핵무기의 수준과 관련하여 북한의 핵탄두 소형화
와 탑재능력에 대한 논의가 진행 중이지만 이미 어느 정도 성공하였으
리라고 설정하는 것이 바람직할 것이다[8]. 그래야만 김정일 국방위원
장의 핵무기 사용을 저지하기 위한 노력을 더욱 열심히 하게 될 것이
고, 또한 가령 김정일 국방위원장이 남한 국민을 상대로 핵무기를 사
용하더라도 그 피해를 최소화할 수 있을 것이다. 김정일이 만든 핵무
기는 결코 장난감이 아니라는 것은 망각하지 말아야 할 것이다.

4) 한국의 핵무장은 바람직한가?

북한 핵폐기의 가능성이 거의 없어짐에 따라 한국의 핵무장화, 일
본의 핵무장화에 대한 추측이, 그리고 심지어 베트남, 버마와 인도네
시아의 핵무장화에 대한 추측이 있게 되었다. 그럼 북핵에 대응하여
남한도 핵무장을 하는 것이 바람직한가?

세계적인 대국 관계에서는 '핵은 핵으로'라는 원리가 작용하고 있
다. 미국의 핵무장에 소련은 핵무장으로 대응하였고, 미·소의 핵무장
에 중국도 핵무장으로 대응하였다. 오늘날 비록 '핵확산금지조약'이
있다고 하지만 대국들의 핵개발을 저지할 국제적인 힘은 존재하지 않
는다. 인도의 핵무장과 그에 대한 파키스탄의 핵무장에 대하여 국제
사회는 어쩌지 못하고 말았다. 때문에 만약 한국이 영토, 인구, 경제
력, 군사력 등 면에서 세계적·지역적인 대국일 경우 한국의 핵무장도
시간문제일 따름이고 그에 대한 반대도 별로 의미 없을 것이다.

---

8) "北, 핵탄두 미사일에 탑재능력 있다",
   http://media.daum.net/politics/north/view.html?cateid=1019&newsid=201106261
   90216503&p=segye

그러나 한국의 사정은 그렇지 못하다. 한국 정부가 실제로 통제하는 남한 지역의 영토는 10만km²이다. 주변에는 미, 중, 러, 일 등 세계적인 대국들이 있다. 그중 미·러·중은 핵대국이다. 이러한 상황에서 한국이 설령 핵무장을 한다 하여도 이들 주변 대국들을 상대로 이용할 수는 없다.

북핵에는 남핵으로 대응해야 한다는 주장의 저변에는 언젠가 한미관계가 악화되어 남한 단독으로 북한의 핵타격에 대응하기 어렵게 되리라는 우려가 깔려 있다. 이러한 우려는 어느 정도 이해는 가지만, 나는 한미 관계가 악화될 경우 한국은 그 어떠한 신식무기를 갖고 있어도 중국, 또는 중국과 러시아의 지지를 받는 북한을 이길 수 없다고 생각한다. 남한이 핵무장을 하여도 별로 의미가 없다.

한반도에 대한 외부 국가들의 개입이 없는 상황에서 북한이 보유하는 핵무기는 남한 타격에 절대적인 기여를 할 수 있는 최고의 무기가 될 것이다. 이에 맞서 남한도 핵무장을 할 경우 남북한은 핵 대 핵의 억지력으로 '평화'를 유지할 가능성도 있다. 그러나 남북 간의 핵대립이 핵전쟁으로 나아갈 경우 그 결과는 한민족의 자멸이다. 좁은 한반도에서 핵전쟁을 치른 남이나 북에게 승리와 실패는 의미가 없게 되고 승자와 패자는 구별이 없게 된다.

때문에 북한이 핵무기를 보유한 상황에서도 남한의 핵무장은 필요되는 것이 아니다. 북한의 핵타격을 억지하는 최적의 방안은 한미동맹의 강화와 미국 핵우산의 확보이다. 남한의 강력한 재래식 전력 확보와 미국의 핵우산은 북한의 전쟁도발, 특히 북한의 핵전쟁 도발을 억지할 수 있는 필요조건이다.

한국에게 한미동맹이 필요되는 것은 한국을 멀리한 미국은 그런대로 자기의 세계전략을 추진할 수 있지만 미국을 멀리한 한국은 생존 자체가 위협받게 되기 때문이다. 우선은 핵무장을 한 호전적인 북한 때문이다. 북한은 중국과 군사동맹 관계를 맺고 있다.

혹자는 한국이 미국을 멀리하더라도 중국과 관계를 개선한다면 전쟁을 면할 수 있지 않겠는가 하는데 물론 그 가능성을 완전히 배제할 수는 없다. 중국은 남북한 모두와 우호적일 경우 남북한과는 전쟁을 하지 않을 것이다. 그러나 중한 우호관계나 중북 우호관계는 남북 간 전쟁의 발발을 저지하지 못할 수도 있다.

결론적으로 북한 핵무장에 남한이 핵무장으로 대응하는 것은 바람직하지 못하다. 북한의 핵폐기를 실현해야 할 것이지만 북한이 핵폐기를 거부할 경우 남한으로서는 한미동맹의 강화와 미국 핵우산의 확보를 북한 핵무장에 대응하는 가장 현실적인 방안으로 간주할 수밖에 없을 것이다.

5) 북한은 '강성대국'이 될 수 있는가?

'대국'이란 용어를 좋아하는 것은 '대국' 콤플렉스에서 오는 것 같다. 한국의 공식 명칭이 '대한민국'이고 북한도 '강성대국'을 목표로 삼고 있다. 그러나 한국이나 북한은 분열된 상태로서는 '대국'이라 말하기 어렵다. 오늘의 한국이 경제력이 꽤 커서 세계적인 경제 대국이 된 것 같거나 될 것 같지만 종합적으로 보면 동북아시아 지역에서는 미·중·러·일 4강에 포위되어 있는 '소국'이다. 그래서 나는 한국은 오늘 현재나 향후 통일된 후에도 '세계적인 대국, 지역적인 소국'이라는 정체성 인식이 필요된다고 생각한다.[9]

그런데 북한은 2012년에 '강성대국'이 된다고 한다. 1997년 7월 22일 <로동신문> 사설 「위대한 당의 령도 따라 사회주의 건설에서 일대

---

9) 박창근. 중국의 개혁개방과 신동북아질서. 서울 : 인터북스, 2010. p.163-164.

앙양을 일으키자」에서 「주체의 강성대국」이란 용어가 처음 등장하였다. 그 후 1998년 8월 22일자 <로동신문> 정론 「강성대국」에서 본격적으로 언급되기 시작한 '강성대국'은 김정일이 1998년 9월 5일 국방위원장으로 재추대되면서 김정일시대의 '트레이드마크'가 되었다.[10)]

북한은 당시 이미 사상강국, 정치강국, 군사강국이 되었으므로 경제강국도 곧 이룰 수 있다고 주장하였지만 표 5.3에서 볼 수 있다시피 '강성대국'이란 개념 자체가 무의미하다는 것을 알 수 있다. 특히 북한은 2007년 11월부터 김일성 탄생 100주년인 2012년에 '기어이 강성대국의 대문을 활짝 열어젖히겠다'고 선포하였고[11)], 2008년 1월 1일 신년 공동사설에서 2012년을 '강성대국의 문을 여는 해'로 선포하였다[12)]. 그러나 2011년 1월 15일 북한 관영 조선중앙통신은 '국가경제개발 10개년 전략계획' 수립 소식을 전하며 "(이 계획에 따라) 2012년에 강성대국의 대문으로 들어설 기틀이 마련되고 2020년에는 앞선 나라들의 수준에 당당하게 올라설 수 있는 확고한 전망이 펼쳐지게 됐다"고 주장했다[13)]. 이는 북한 지도부가 '2012년 강성대국'의 실현을 포기하였다는 것을 의미한다. 사실상 '2012년 강성대국' 이든 '2020년 선진국'이든 한낱 말장난에 불과하다. 북한 중앙TV가 최근 자체적으로 실시했다는 설문조사에 의하면 중국은 가장 행복한 국가, 북한은 두 번째로 행복한 국가, 쿠바, 베네수엘라, 이란 등은 세 번째로 행복한 국가라고 한다[14)]. 설문조사 결과가 이럴진대 이미 '강성대

10) 강성대국. http://nkorea.or.kr, 2011-06-02 열독.

11) 이용수. 북, 강성대국 목표 2012 → 2020년으로?
　　http://news.chosun.com/site/data/html_dir/2011/01/ 17/2011011700062.html

12) 전봉근. 변환기의 북한과 '2012년 강성대국' 전망, 한국 외교안보연구원 : 주요국 제문제분석. No.20 p.10-25, 2010.9.9. http://www.ifans.go.kr/index.html

13) 12)와 같음.

14) 김홍태. "北, 세계에서 두 번째로 행복한 국가?"<佛紙>.

국'이 됐다고 한들 이의를 제기할 사람이 어디에 있겠는가. 요컨대 북한의 '강성대국'은 북한지도자의 욕망을 표현하는 말장난에 불과하다는 것을 알 수 있다. 이러한 구호가 국민들을 강제 동원하는 데에 이용된다는 것은 주지하는 바이다.

표 5.3 탈냉전기 북한 변동의 시기 구분과 특징

단계	I. 사회주의체제 위기 (1990~1998)	II. 개혁·개방 실험 (1998~2005)	III. 구 사회주의체제 복귀 (2005~)
내부 환경	- 경제 붕괴, 공장 가동률 30% 이하 - 90년대 중반 대량 아사 발생 - 김일성 사망('94)	- 경제·식량난 일시 호전 - 김정일 시대 개시	- 시장 확산 - 식량난 악화 - 유엔 경제제재 - 김정일 뇌졸중 발병 ('98.8)
대외 환경	- 공산진영과 사회주의 경제권 붕괴 - 북방 삼각동맹 붕괴	- 남한의 햇볕정책 - 부시 1기('01~4) - 이라크전쟁('03.3) - 미·북 제네바합의 파기 ('02.10)	- 부시 2기('05.1), 오바마('09~) - 이명박 정부('08), 비핵·개방·3000정책
북한의 대내 조치	- 핵개발 - 김일성 유훈통치, 김정일 권력승계 - 고난의 행군	- 선군정치, 강성대국 건설 추진 - 남북 경협 확대(금강산, 개성) - 경제관리개선조치('02)	- 반개혁·시장 조치 - 인도적 지원 거부 - 화폐개혁('09.11) 실패 - 시장 재허용('10)
북한의 대외 조치	- 남북 기본합의서, 한반도 비핵화 공동선언 ('91.12) - '통미봉남' - 미·북 대화와 미·북 기본합의문('94.10)	- 경협 추진(금강산 관광 '98, 개성공단 '04) - 남북정상회담('00.6) - 6자회담, 9.19공동성명 ('05)	- 핵보유 선언('05.2) 핵실험('06.10, '09.5) 미사일 발사('09.4) - 북중 협력 강화 - 남북관계 단절 - 천안함 사건('10.3)

출처 : 전봉근. 변환기의 북한과 '2012년 강성대국' 전망, 한국 외교안보연구원 : 주요 국제문제분석. No.2010-25, 2010.9.9. http://www.ifans.go.kr/index.html

http://www.yonhapnews.co.kr/politics/2011/06/08/0511000000AKR2011060818 5300081.HTML

2 한반도 통일 문제의 접근법 관련

1) 한반도 통일 문제에 어떻게 접근해야 할 것인가?

'한반도 통일', '남북통일', '남북한 통일' 등 용어들은 사용자에 따라 뉘앙스가 조금씩 차이날 수도 있지만 여기서는 엄격히 구분하려 하지 않는다. 대체적으로 같은 의미를 갖고 있기 때문이다.

중요한 것은 '한반도 통일' 문제에 어떻게 접근해야 할 것인가 하는 것이다. 이 문제에 대한 연구는 주로 3개 측면에서 진행되어야 할 것이다.

첫째는 한반도 통일의 당위성 연구이다. 한반도 통일과 관련하여 한반도 국가 및 한민족 발전의 구조적·기능적·역사적 당위성이 논리적으로 논증되어야 할 뿐만 아니라 감정적 측면에서도 설명되어야 할 것이다. 한반도 자체에 대한 연구가 실행되어야 할 뿐만 아니라 주변 국제 환경에 대한 연구가 병행되어야 할 것이며, 역사상의 한반도 통일 문제가 연구되어야 할 뿐만 아니라 현실적으로 직면하고 있는 통일 문제를 지구화와 신동북아질서 속에서 다루어야 할 것이다.

둘째는 한반도 통일 방식의 연구이다. 한반도 변화 추이에 대한 객관적 이론 연구를 통해 나타날 수 있는 모든 시나리오들을 추정하고, 가능하면 그 확률의 크기에 대해서도 연구해야 할 것이다. 제2차 세계대전 이후 발생하였던 분단국가들 중 이미 통일된 국가들이 어떻게 통일을 실현하였는가 하는 데에 대한 연구는 한반도 통일 연구에도 유익할 것이다. 그리고 역사상 한반도 국가들의 분열과 통일에 대한 연구도 오늘날 한반도의 통일 연구에 유익할 것이다.

셋째는 한반도 통일 정책의 연구이다. 남북한 정부의 한반도 통일 정책, 주변 국가들의 한반도 통일 정책 등이 연구해 볼 만할 것들이다. 통일 정책의 전략적 측면을 연구해야 할 뿐만 아니라 전술적 측면도 연구해야 할 것이다.

2) 한반도 통일 방식은 어떠할까?

필자는 2001년 1월 13~14일 복단대학에서 열린 학술교류회에서 발표한 논문에서 한반도 변화추이를 검토한 적이 있다. 북한의 변화에 관련되는 각종 변수 및 상호관계, 남한의 변화에 관련되는 각종 변수 및 상호관계, 그리고 남북관계 변화에 관련되는 각종 변수를 통합적으로 고려할 경우, 향후 일정 기간 중 한반도 변화 추이는 그림 5.1에서 표시한 다양한 가능성을 보여준다는 것을 알 수 있다.[15] 이 그림에서 볼 수 있다시피 한반도의 변화추이에는 여러 가지 시나리오가 있고, 한반도 통일에도 여러 가지 시나리오가 있다는 것을 알 수 있다.

'평화 통일'도 여러 가지 시나리오가 있다. 북에 의한 남의 흡수통일[16], 남에 의한 북의 흡수통일, 남북 연방, 남북 연합, 유럽연합식 통일, 그리고 남북 양측이 공동으로 인정하는 모종 국제기구 감시하의 남북 총선거에 의한 통일(예를 들면, 유엔 감시하의 남북 자유 총선거에 의한 통일) 등은 모두 '평화 통일'이라 할 수 있다.

위의 설명에서 '향후 일정 기간 중'이라는 제약조건을 가하였지만 그 기간이 얼마나 될지는 아직 그 누구도 알지 못한다. 한반도의 통일 여부와 통일 시기도 알지 못한다. 그리고 이론적으로는 그림 5.1에서

---

15) 朴昌根. 朝鮮半島統一前景略议. 冷战以来的朝鮮半島问题国际学术会议论文. 上海 : 复旦大学韩国研究中心, 复旦大学美国研究中心. 2001-01-13~14. 박창근. 세계화와 한국의 대응. 서울 : 백산자료원, 2003. p.477-490

16) '흡수통일'이란 개념은 아직 잘 정리되어 있는 것 같지 않다. 독일 통일을 흡수통일로 간주하는 데에 대해서도 논쟁이 있는 실정이다. 혹시 일부에서는 흡수통일을 무력에 의한 흡수통일과 평화적인 흡수통일로 구분하는 방안을 제기할 수도 있을 것이다. 본문 저자가 이 방안을 고려하지 않는 것은 주로 무력통일은 우세한 측이 열세한 측을 무력으로 강점하게 되지만 흡수통일은 우세한 측이 열세한 측을 흡수함에 있어서 피흡수 측의 동의가 전제되어야 한다는 중요한 차이가 있기 때문이다. 흡수통일은 독일에서는 편입통일이기도 하였다. 좀 더 적절한 단어를 아직 고안해 내지 못했기 때문에 이 글에서는 계속 흡수통일이란 용어를 쓰기로 한다.

열거한 각종 시나리오가 보여주는 통일 방식은 모두 가능하다. 예를 들면 '남승 북패'가 가능할 뿐만 아니라 '북승 남패'도 가능하다.

그러나 현실적으로는 각각의 특정시기에 모종 시나리오가 가장 실현 가능성이 있게 되는 것이다. 예를 들면 6·25 전쟁 초기, 즉 미군의 인천상륙 전에는 '북승 남패'식 통일이 제일 가능하였던 것이고, 그 후의 한시기, 즉 중국인민지원군의 참전 이전에는 '남승 북패'식 통일이 제일 가능하였다. 그러나 주지하다시피 한반도는 통일되지 못하였고, 지금까지 분열되어 있다.

흡수통일을 보면 오늘날 한반도가 '북이 남을 흡수'하는 방식에 의한 통일이 이루어지리라고 생각하는 사람은 없다. 그러나 이론적으로 이 시나리오도 가능하다. 한편, '남이 북을 흡수'하는 방식에 의한 통일이 불가능하다고 주장하는 한국인도 있지만 이론적으로 이 시나리오가 가능한 것은 사실이다.

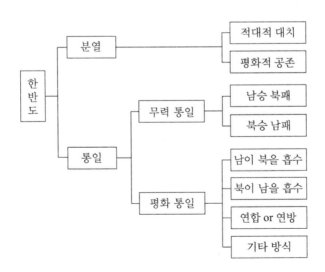

그림 5.1 한반도 변화 추세

(박창근. 세계화와 한국의 대응. 서울 : 백산자료원, 2003. p.486)

그리고 이론적으로 가능한 모든 시나리오는 주관적 억측이나 환상의 소산이 아니라 합리적인 논리적 추리의 소산으로서 시간제한을 생략한 현실에서는 모두 실현 가능하다. 단, 각 시나리오의 확률의 크기가 상이할 뿐이다. 그것들의 제한된 시간 내의 실현 가능성에 대해서는 구체적으로 고찰해 봐야 한다.

3) 제2차 세계대전 이후 분단국가들의 통일은 어떻게 이루어졌는가?

제2차 세계대전 이후 세계상에는 여러 개의 분단국가가 나타났다. 예를 들면 유럽의 오스트리아(4대 점령국에 분할 점령)와 독일(동독과 서독), 아시아의 중국(중화인민공화국과 '중화민국'), 베트남(북베트남과 남베트남), 예멘(남예멘과 북예멘), 한국 (남한과 북한) 등이다. 이중 중국과 한국을 제외한 기타 4국은 이미 통일을 이룩하였다. 하지만 통일 방식은 상이하였다.[17]

(1) 오스트리아의 통일

오스트리아는 제2차 세계대전 패전국의 일원으로 취급되어 1945년 7월 미국, 영국, 프랑스, 소련 4대 전승국들에 의해 분할 점령되었다. 오스트리아의 정치 지도자들은 내적 갈등에는 별로 신경 쓰지 않고 서로 단합하여 오스트리아의 재건을 위하여 중립화를 내걸고 4강의 관심을 끌어들이면서 국제적 협력 유도에 성공하였다. 4대 점령국은 1946년 2월부터 외상회담을 시

---

17) 이을규, 네 분단국 통일 유형 비교.
http://cgi.chol.com/~eulgyu/technote/read.cgi?board=sisa&y_number=142,
2009-01-15(목) 00:36

작하어 1955년 5월 15일에 '독립적이고 민주적인 오스트리아의 재건을 위한 조약'에 서명하였고, 10월 25일에는 4강의 분할 점령군들이 모두 철수하여 오스트리아는 주권 회복과 함께 통일을 실현하였다.[18]

(2) 베트남의 통일

베트남은 19세기 후반에 프랑스의 식민지가 되었다. 제2차 세계대전 중 프랑스가 독일에 점령되자 베트남은 일본에 점령되었다. 1945년 8월 일본이 패망하자 프랑스가 다시 베트남에 대한 식민지배권을 주장하게 되었고, 호치민은 그해 9월 2일 하노이에서 베트남민주공화국의 성립을 선고하였다. 1946년 11월 베트남-프랑스 전쟁이 시작되었고 8년간의 전쟁을 거쳐 1954년 7월 20일 베트남 휴전협정이 제네바에서 체결되었다. 베트남에는 북위 17도선을 임시 군사분계선으로 2개의 정권이 수립되었다. 그런데 제네바 협정에 따라 1956년 6월 실시 예정이던 남북 베트남 총선거는 실시되지 못하였고 남북통일은 실현되지 못하였다. 프랑스가 베트남에서 철수하였지만 미국이 반공을 명분으로 남베트남에 개입하게 되었다.

1964년 8월 통킹만 사건을 계기로 미군의 베트남 지역 상륙과 북베트남군의 남하가 본격화되면서 제2차 베트남 전쟁이 시작되었다. 전쟁은 8년여 동안 지속되었다. 교전 쌍방은 엄청난 피해를 입었지만 승부를 가르지 못하였다. 정치, 군사, 경제, 외교

18) 이을규, 오스트리아의 통일특성,
http://cgi.chol.com/~eulgyu/technote/read.cgi?board=sisa&y_number=140,
2009-01-15(목) 00:31

적으로 불리한 지위에 처하게 된 미국은 북베트남 측과의 담판을 통한 해결을 도모하지 않을 수 없었다. 1973년 1월 27일 「베트남전 종식과 평화회복에 관한 협정」이 체결되었고 이 협정에 따라 미군은 3월 29일까지 남베트남에서 전부 철수하였다. 그러나 남북 간의 평화통일에 관한 조항은 실행되지 못하였다. 미군이 철수한 상황에서 북베트남 측은 1975년 3월 10일 대남 총공세를 감행, 일사천리로 남하하여 4월 30일 남베트남의 수도 사이공을 함락하였다. 1976년 7월 2일 남북을 아우르는 베트남 사회주의 공화국이 세워졌다. 이렇게 완성된 베트남의 통일은 전형적인 무력통일로서 북이 남을 완전히 점령하여 북의 체제가 남에 이식되었다.[19][20]

(3) 독일의 통일[21]

1945년 5월 8일 연합군에 무조건 항복한 독일은 6월 5일부터 미·영·프·소 4국에 의해 4개 지역으로 분할 점령되었다. 1949년 9월 7일 미·영·프 3국의 점령 지역은 통합되어 독일연방공화국이 성립되었고 10월 7일 소련 점령 지역에는 독일민주공화국이 성립되어 동서독의 분단이 고착되었다. 그러나 10월 8일에 체결된 프랑크푸르트 협정은 동서독 경제교류와 협력에 중

---

19) 이을규. 베트남 통일특성,
   http://cgi.chol.com/~eulgyu/technote/read.cgi?board=sisa&y_number=141,
   2009-01-15(목) 00:35
20) 베트남 전쟁, http://ko.wikipedia.org/wiki, 2011-06-17 열독
21) 이을규. 독일의 통일특성,
   http://cgi.chol.com/~eulgyu/technote/read.cgi?board=sisa&y_number=138,
   2009-01-15(목) 00:32

요한 기틀을 마련해 놓았다.[22]

1969년 10월에 들어선 빌리 브란트 정부의 동방정책은 양독 관계의 변화에 중요한 계기를 마련하였다. 소련을 비롯한 4대국의 중재로 양독 정부는 1971년 11월 18일 '독일연방공화국과 독일 민주공화국간의 기본관계에 관한 조약'에 가조인하였고 1972년 12월 21일에는 정식 조인하였다. 1973년 9월 18일 양독은 유엔에 동시 가입하였고 1974년 6월 20일 쌍방에 상주대표부를 각각 설치하였다.

양독간의 경제 교류와 협력에 힘입어 동독 경제는 동구 사회주의 국가 중 가장 잘 운영된다는 평가를 듣기도 하였지만 1980년대 초까지 동독은 정치적으로 가장 폐쇄적인 사회주의 국가 중의 하나였다. 1989년 봄부터 동·중유럽 나라들에서 민주화, 개방화가 추진되기 시작했는데도 동독에는 변화의 조짐이 보이지 않았다. 그러나 8월부터 동독인들의 서독으로의 집단 탈출이 시작되어 9월부터 10월 초 사이 10만 명에 달하는 동독인들이 헝가리·폴란드·체코 주재 서독대사관 또는 동서독 국경선을 통해 서독으로 도망쳐 나왔다.

동시에 동독 내에서의 반체제 민주화 시위가 격화되면서 수많은 시민들이 자유선거, 언론자유, 해외여행 자유화를 요구하고 나섰다. 동독 전역으로 확산되어 가는 민주화 데모와 고르바초프 소련공산당 서기장의 압력 등으로 에리히 호네커 독일 통일 사회당 서기장은 1989년 10월 18일 18년 동안 차지하고 있던

---

22) 프랑크푸르트 협정은 동서독이 두 지역 간의 편의를 위해 양독 중앙은행들을 지불 청산기관으로 설정하여 상품교역을 제도적으로 뒷받침하기 위한 것으로서 통일될 때까지 양독의 경제교류에 크게 기여하였다. 동서독 교류협력, http://www.korea-dmz.com:3000/h/cf/hcf110.asp. 2011-06-11 열독.

권좌에서 물러나고 에곤 크렌츠가 서기장에 취임하였다. 그러나 반체제 시위는 날로 격렬해졌고 데모 군중은 공산정권의 퇴진과 자유총선을 절규하였다. 에곤 크렌츠 서기장은 11월 9일 하오 7시를 기해 드디어 베를린 장벽을 전면 개방한다고 선언, 동서독 장벽의 철폐를 선포하기에 이르렀다.

결국 동독 정부는 국민의 자유총선 절규에 굴복, 1990년 3월 18일 총선을 실시하였다. 4백개 의석 중 서독으로의 조기편입을 정강으로 내세운 보수정당 '독일연합'이 1백 92석을 차지하였고 민주사회당으로 개명한 통일사회당은 겨우 66석을 건지는데 그쳤다. 통일과 관련하여 신중론을 펴던 사회민주당도 88석을 얻는 데 불과했다.

동독의 3·18 총선은 동독인들의 대부분이 서독으로의 흡수통합을 희구하고 있었음을 반영하였다[23]. 동독정부는 7월 1일 우선 서독과 경제 통합을 결행키로 하여 동독경제는 사회주의 계획경제체제를 포기하고 서독의 자본주의 시장경제체제로 편입되었다. 7월 22일 동독 의회는 서독의 연방체제와 부합되도록 1952년 7월 23일에 해체된 5개주를 부활한다고 발표하였다. 이어서 8월 23일 동독 의회는 서독기본법 23조에 의거한 동독의 서독편입 일자를 1990년 10월 3일로 결정한다는 결의안을

---

23) 3·18총선의 한 가지 특징은 지역·계층 간의 차이가 뚜렷하게 나타났다는 것, 특히 지역적 차이보다 계층 간의 차이가 뚜렷하게 나타났다는 것이다. 금호균 통신원은 당시의 상황을 다음과 같이 설명하였다. "노동자들은 좌파정당에 37%, 우파정당에 63%의 표를 던진 반면 지식인들은 정반대로 좌파에 62%, 우파에 38%의 지지를 보였던 것이다. '노동자·농민의 국가'로 선전되어 온 동독 40년 역사의 아이러니가 아닐 수 없다. 그 동안의 관료적 사회주의의 실패를 사회주의 전체의 실패로 선전하는 보수정당들에게 사회주의의 핵심세력으로 간주되던 노동자들이 가장 먼저 동조하고 나선 것이다." 금호균. '獨' 열망 분출했지만 실행속도는 주춤. http://www.sisapress.com/news/articleView.html?idxno=32433#, 1990-04-08. (일)

채택하였다. 찬성 2백 94표, 반대 62표, 기권 7표라는 압도적 차이로 동독 의회는 서독으로의 흡수통일을 스스로 결정하고 나선 것이다. 1990년 8월 31일 양독 정부는 통일과 관련한 법적, 재정적 문제를 명기한 쌍무 통일조약에 조인하였다.

위와 같이 동서독의 통일은 동독이 서독으로의 편입을 자청하고 나선 편입 또는 흡수통합 형태였음을 보여준다. 통일 후 독일은 정치, 경제, 외교 등 모든 면에서 통일 전 서독의 기본노선을 그대로 견지해 가고 있다.

통일을 이룩한지 2개월만인 1990년 12월 2일 통일독일에서 총선이 실시되었다. 선거결과 집권 기독민주당은 총의석 6백 56석 중 3백 12석을 얻었고 동독 공산당이던 민주사회당은 고작 16석을 차지하였다. 그 밖의 의석들은 사회민주당의 2백 39석을 비롯하여 군소 정당들로 분산되었다.

독일 통일 과정에서 또 한 가지 무시하지 말아야 할 것은 통일을 위한 국제적 환경 조성에서 서독정부가 성공하였다는 것이다. 독일 통일은 양독간의 문제를 해결하는 절차에 의해서만은 완성될 수 없었으며 4대 전승국의 대독 점령권 문제의 해결에 토대를 둔 완전한 주권회복이 수반되어야 하였다. 서독정부의 끈질긴 노력에 의하여 1990년 5월 5일 일본에서 제1차 '2+4회담'(동서독 및 미, 영, 프, 소)을 시작으로 4차례의 회담을 개최, 1990년 9월 12일 소련 모스크바에서 개최된 제4차 회담에서 '통독 관련 최종 합의에 관한 조약'을 성사시키기에 이르렀던 것이다.24) 독일에 의한 2차례의 세계대전을 경험했던 영국과

---

24) 이을규. 독일의 통일 과정,
http://cgi.chol.com/~eulgyu/technote/read.cgi?board=sisa&y_number=139,
2009-01-15(목) 00:30

프랑스 등 서유럽 국가들은 물론, 기타 유럽 국가들도 독일 통일에 반대하거나 불안감을 지니고 있었다는 당시의 상황을 보면 서독 정부의 노력이 얼마나 성공적이었는가를 보여준다고 할 수 있다.

(4) 예멘의 통일[25]

예멘은 1517년 이후 오스만 제국의 지배를 오랫동안 받았으며 1839년 이후에는 아덴을 중심으로 한 남부지역이 영국의 지배를 받았다. 1918년 오스만 제국이 제1차 세계대전에서 패배하자 북예멘이 먼저 독립하여 군주제의 예멘왕국을 수립하였으나 1962년 군사 쿠데타에 의해 자본주의체제의 예멘아랍공화국이 수립되었다. 1967년 11월 30일 영국으로부터 독립한 남예멘(예멘인민공화국)은 1970년에는 예멘인민민주공화국으로 국호를 변경, 아랍세계에서 유일한 소련식 사회주의체제의 국가로 평가되었다.

그 후 20년간 남북 예멘은 양측 내부의 복잡한 정세, 1972년과 1979년의 국경분쟁을 포함한 양측 간의 복잡한 관계 등이 원인이 되어 분단이 지속되었지만 통일을 실현하기 위한 쌍방의 노력 또한 끈질기게 추진되어 협상기(1972~1978), 합의기(1979~1988), 실천기(1989~1990)를 거쳐 1990년 5월 22일 마침내 통합된 예멘공화국의 성립을 선언하였다[26]. 자본주의 체제

25) 이을규. 예멘 통일의 특성,
http://cgi.chol.com/~eulgyu/technote/read.cgi?board=sisa&y_number=136,
2009-01-15(목) 00:34

26) Korea-Yemen Center. 예멘 개황, http://hopia.net/kyc/book/y_stud_k1-1.htm,
2011-01-06 열독.

의 북예멘과 사회주의 체제의 남예멘이 대화와 협상을 통해 평화적으로 통일을 이룩하였다는 점에서 세계의 주목을 끌기도 하였다.

통합과정의 불충분함이 고려되어 통합예멘 정부는 30개월의 과도기를 두어 완전통일을 이룩하기로 계획하였다. 이 시기 통합예멘 권력 구조의 특징은 북예멘과 남예멘 양측 국력의 지분을 통합 국가의 권력 배분에 비례적으로 반영시켰다는 것이었다. 당시 남예멘과 북예멘의 상황을 보면, 면적은 3 : 2로 남이 컸고, 인구는 1 : 3으로 북이 많았으며, 1인당 국민소득은 3 : 5로 북이 많았고, 군사상에서 병력은 5 : 7, 국방예산은 2 : 5로 북이 강했다. 남북 양측의 이러한 국력 차이는 통합 정부에서 양측이 차지하는 권력구성으로 반영되었다. 통합 예멘의 최고의사결정기관인 대통령 평의회는 5명의 위원 중 3명은 북예멘 측이 차지하고 2명은 남예멘 측이 차지하였으며, 의장 겸 대통령은 살레흐 북예멘 대통령이 차지하였고, 부의장 겸 부통령은 남측 바이드 사회당 서기장이 차지하였다. 통합 예멘의 수상은 남예멘 대통령이 맡았으나 39명의 내각 중 20명이 북예멘 출신이었다. 통합예멘 의회는 북예멘 의원 1백 59명과 남예멘 의원 1백 11명을 모두 흡수하였고 거기에 대통령이 임명한 31명을 추가하여 구성하였다. 즉 권력구조상 북예멘의 주도적 지위가 보장되었지만 남예멘도 상당한 견제력을 갖게 되었다.

이러한 권력구조의 설정은 남예멘의 통일 적극성 유도에는 성공적이었지만 국가 기관의 비대화, 저효율화와 불안정화의 직접적 원인이 되기도 하였다. 통합 정부는 30개월의 과도기가 종료되는 1992년 11월 22일 이전에 선거를 치르고 신정부를 출범케 한다고 약속하였으나 정치적 불안정으로 1993년 4월 27일에야

총선이 실시되었다. 총선 결과 국민회의(GPC)가 123석으로 제1
당이 되었고, 예멘개혁연합(Islah)이 62석으로 제2당이 되었고,
과거 남예멘을 이끌던 예멘 사회당(YSP)은 56석으로 제3당이
되었으며, 군소 정당과 무소속이 59석을 차지하였다. 신정부의
각료직도 정당별로 안배되면서 예멘 사회당은 그 비율이 감소되
지 않을 수 없었다. 총선에서 큰 타격을 받은 예멘 사회당과 국
민회의와의 대립이 심화되면서 남·북 예멘 지도자간의 갈등이
노골적으로 표출되고 바이드 부통령·사회당 당수는 신정부의
부통령직 수행을 거부하고 1993년 7월 아덴으로 귀향하였다.[27]
1990년 남북 통합 당시에도 제대로 통합되지 못했던 남·북 예
멘군 간에 1994년 초부터 탱크까지 동원한 대규모 무력충돌이
발생하였고 5월초에는 전면 내전사태에 돌입하였으며 5월 21일
에는 남예멘이 분리·독립을 선언함으로써 재분단의 위기에 처
하게 되었지만 7월 7일 북예멘군이 아덴을 함락시킴으로써 북측
의 승리로 내전은 종결되었고 바이드 등 남예멘측 지도자들은
해외로 망명하였고, 1994년 10월 국민회의의 주도하에 예멘개
혁연합이 연정을 하면서 완전한 통일이 이루어졌다. 결국 예멘
의 완전통일은 무력에 의해 성공된 것이라 할 수밖에 없게 되었
다. 예멘은 평화적으로 실현된 통합이 분열의 위기에 봉착하자
무력으로 극복하고 완전통일을 이룬 사례라고 할 수 있다.[28]

---

27) Korea-Yemen Center. 예멘 개황,
http://hopia.net/kyc/book/y_stud_k1-1.htm, 2011-01-06 열독.
28) 1990년 예멘통합에서 가장 미흡한 점이 바로 남북 예멘군의 통합이 제대로 이루어
지지 못했다는 것이다. 형식적으로 통합된 예멘군은 실질적으로는 통합 전과 마찬
가지로 2분화되어 남북 정치 세력에 종속되어 있었다. 때문에 일단 남북 간의 분쟁
이 정치적으로 해결될 수 없으면 군사적 충돌로 전환하게 되는 것이다. 사실상 예
멘은 평화적으로 통합된지 4년 만에 내전을 치르고 말았다. 결국은 내전에서의 승

제2차 세계대전 이후의 분단국가들 중 아직 통일을 이루지 못한 국가로는 중국과 한국이 있다. 중국의 분열은 외세에 의한 것이 아니라 내전에서 승리한 공산당 세력이 대륙을 지배하고 내전에서 실패한 국민당 세력이 타이완을 지배하여 발생한 것이다. 대륙이나 타이완이나 상대방을 무력 점령하는 방식으로 통일을 실현하려고 한 시기가 있었지만 현재는 평화통일을 실현하기 위해 노력하고 있다. 경제·문화 분야의 교류가 활발히 전개되고 있는 상황을 보면 평화통일의 가능성이 매우 크다고 할 수 있다. 그렇지만 국제정세의 변화에 의해 무력통일이 이루어질 가능성이 전혀 없다고 할 수는 없다.

4) 한국 역사상의 통일은 어떻게 이루어졌는가?

고조선으로부터 시작되는 한국의 역사를 보면 고조선이 한나라의 침공으로 무너지면서 나타난 분열상황은 이른바 열국시대와 삼국시대까지 이어졌다. 고구려·신라·백제로 구성된 삼국의 통일에 의하여 통일신라가 수립된 후 한국은 1910년 일본에 의해 식민지가 될 때까지 줄곧 통일된 왕조 상태를 유지하였다. 단지 후삼국 시대의 분열이 있었을 뿐이다. 때문에 한국 자체의 역사는 20세기 중반에 발생하여 현재까지 지속되고 있는 분열상태의 극복에 유익한 경험을 많이는 제공하지 못한다. 이제 삼국통일과 후삼국통일이 어떻게 이루어졌는가를 살펴보기로 하자.

자가 무력통일을 성사시킨 것이다. 이유두. 통일예멘의 전면 내전사태 원인분석과 교훈, http://1930song.blog.me/40016165790, 2005-08-10.

(1) 삼국의 통일

고조선과 통일신라 사이의 분열시기는 고조선이 무너진 기원전 108년부터 신라에 의해 한반도 대동강 이남 지역이 통일된 676년까지였다. 삼국통일이 한국 역사에서 그처럼 중요한 의의를 갖는 것은 바로 삼국통일에 의하여 고조선이 무너진 후 거의 800년간 지속되던 분열상태가 종식되었기 때문이다. 고구려(기원전 37년~기원 668년)·신라(기원전 57년~기원 935년)·백제(기원전 18년~기원 660년)에 의한 삼국시대가 형성된 때로부터 계산하여도 분열시대는 700여 년간 지속되었다.

삼국통일의 방식은 전쟁에 의한 것이었다. 그 700여 년간 삼국은 끊임없이 서로 간 전쟁을 하여 각국의 국토는 확장과 축소를 거듭하였지만 통일은 이룩되지 못하였다. 삼국을 자기의 판도 내에 귀속시키려 꾸준히 노력하여 우선 고구려를 점령하려고 여러 차례의 전쟁을 치렀지만 실패를 거듭한 중국 국가는 당나라 고종에 이르러 신라와 연합하여 나당 연합군을 결성, 660년에 백제를 무너뜨리고, 668년에 고구려를 무너뜨리는 데에 성공하였다.

그러나 백제와 고구려의 멸망이 곧바로 한반도 통일로 이어지지는 못하였다. 백제와 고구려 정복에 성공한 당나라는 '평양 이남과 백제의 토지는 모두 신라에게 주어 영원히 평안하게 할 것'[29]이라던 예전의 약속을 지키지 않고 옛 고구려와 옛 백제의 땅 뿐만 아니라 신라의 땅까지 차지하려 하였다. 이에 분노한 신라군은 당나라군과의 전쟁에 돌입하게 되었고 나당전쟁에서 승리하여 676년 당나라의 안동도호부를 평양에서 요동으로 옮기게 하는 데에 성공하고 신라는 대동강 이남 지역을 통일하게

---

29) 『三國史記』권7文武王紀. 김한규. 한중관계사 I. 서울 : 아르케, 1999. p.204.

되었다. 이는 한민족이 존속되어 오늘날까지 이르게 된 결정적인 계기였다고 할 수 있다.

위의 사실로부터 알 수 있는 바, 삼국통일은 무력통일이었다. 신라는 당나라와 함께 무력으로 백제와 고구려를 무너뜨렸고, 또한 무력으로 당나라군을 몰아내고 대동강 이남 지역을 차지하게 되었다. 백제와 고구려를 멸망시킨 것도 무력이었고 당나라 세력을 한반도에서 축출한 것도 무력이었다.

(2) 후삼국의 통일

후삼국 시기는 900년 후백제가 성립된 해부터 시작하여 936년 후백제가 고려에 항복한 해까지이다[30]. 고려는 궁예가 건국한 후고구려(901년)의 국호가 마진(904년), 태봉(911년)으로 개칭되더니 왕건의 역성혁명(918년)으로 세워진 나라이다. 그리하여 당시의 한반도는 신라, 고려, 후백제로 나뉘어져 있었다.

한반도는 재통일을 기대하게 되었지만 부패하여 몰락해 가는 신라는 이제 통일의 주역이 될 수 없었다. 중요한 것은 고려와 후백제의 전쟁 결과였다. 고려가 신라와 우호관계를 맺고 후백제를 공격한 반면에 후백제는 고려와의 싸움은 뒤로 미룬 채 신라에 대한 침공에 주력하여 큰 타격을 주기도 하였다. 더 이상 지탱할 수 없다고 판단한 신라는 935년 평화적으로 고려에 편입되었다. 신라를 흡수한 고려는 대군을 동원하여 936년에 후백제를 멸망시켰다.

이렇게 10세기 중반 한반도의 재통일 과정에서 고려는 이중 정

---

30) 일부 학자들은 견훤(甄萱)이 완산주(完山州, 지금의 全州)에서 군사를 일으킨 892년부터 후삼국 시기가 시작된다고 주장하기도 한다.

책을 실행하였던바, 후백제에 대해서는 무력 통합 정책을 실행하였고 신라에 대해서는 평화 통합 정책을 실행하여 한반도의 재통일에 성공하였던 것이다. 신라에 대한 흡수통합은 고려의 한반도 재통일 과정에서 '통일비용'을 줄인 성공적인 사례라고 할 수 있다.

5) 흡수통일도 평화통일인가?

나는 위에서 말한 작년 10월 15일 국제세미나에서 그림 5.1을 소개하면서 평화통일 방식에는 '흡수통일'도 포함된다는 것을 지적하였다. 이 그림은 내가 2001년 1월에 열린 한 학술교류회에서 제기한 것이었다. 그런데 한국의 적지 않은 매체들에서는 나의 이 견해가 작년 10월 15일 세미나에서 처음 제기된 것처럼 보도되었다.31) 더욱 이상한 것은 '흡수통일'과 관련하여 언론에서의 보도가 상당히 혼란스럽다는 것이다.

예를 들면, '흡수통일'이란 개념이 잘 정의되지 않은 상황에서 흡수통일을 무력통일로 간주하는 견해가 있는가 하면 평화통일로 간주하는 견해도 있다. 흡수통일을 적극 추진해야 한다는 견해가 있는가 하면 결사반대해야 한다는 견해도 있다. 이러한 혼란이 발생하는 하나의 원인은 통일방식의 구분에 사용하는 기준이 잘 설정되어 있지 않기 때문이다.

이에 그림 5.2를 살펴보자. A와 B로 나뉘어진 한 분단국의 통일은 그 어떠한 방식으로든지 A와 B가 결합된다는 것을 의미한다. 그림 5.2는 여러 가지 통일방식을 보여준다.

---

31) 윤성원. 중국 푸단대 교수 "흡수통일도 평화통일",
http://www.asiatoday.co.kr/news/view.asp?seq=406599. 2010-10-15.

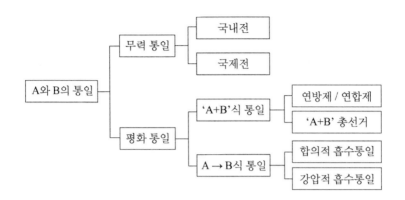

그림 5.2 A와 B로 나뉘어진 분단국의 통일 유형

우선 A와 B의 통일이 A, B 또는 양자의 무력행사에 의하여 실현되었는가 아닌가에 따라 무력통일과 평화통일로 나눌 수 있다. 무력통일은 참여자가 단순히 A와 B인 경우와 그들을 지원하는 외국군이 포함되는 경우로 나뉜다. 베트남 통일은 무력통일이고 국제전을 통한 통일이다.

평화통일은 'A+B'식 통일과 A → B식 통일로 나뉜다. 전자는 A와 B가 대등한 자격으로 통합하여 연방제 또는 연합제 형식의 국가를 형성하는 경우이다. A → B식 통일은 A와 B의 국력 차이가 클 때 발생할 가능성이 큰 통일 방식으로서 쌍방의 대화와 협상을 통해 일방이 자원적으로 타방으로 흡수되는 합의적 흡수통일과 일방이 타방의 강압에 굴복하여 타방으로 흡수되는 강압적 흡수통일로 나뉜다. 흡수통일의 결과는 A → B, 즉 A가 B에 흡수되는 경우와 A ← B, 즉 B가 A에 흡수되는 경우로 나뉜다. 동서독의 통일은 합의적 흡수통일이었다. 고려와 신라의 통합은 신라의 통치자들이 후백제의 무력적 압력과 자신들의 무능함으로 더는 버틸 수 없고 고려에 흡수되는 것이 유일한 살길이라는 판단으로 실행된 것이었다.

흡수통일 개념이 널리 사용된 주요한 원인은 독일 통일이 흡수
통일이었기 때문이다. 흡수통일을 무력통일이라고 하거나 평화통일
이 아니라고 하는 주장이 전혀 설득력이 없다는 것은 독일 통일의
사례만 보아도 알 수 있다. 주지하다시피 독일 통일은 독일민주공
화국이 5개 주로 나뉘어 독일연방공화국에 흡수되는 방식으로 실
현되었다는 점에서 흡수통일이었고 통일 과정에서 동독, 서독, 그
리고 국제사회의 무력행사가 없었다는 점에서 평화통일이었지 무
력통일이 아니었다.

3 한반도의 평화 통일 관련

1) 한반도 무력통일은 왜 쉽지 않은가?

이에 대한 해답은 부분적으로 1950년대의 6·25전쟁으로부터 얻을
수 있다고 생각된다. 6월 25일 남침을 시작한 북한군은 6월 28일 서울
을 점령하였고 8월에는 대구·부산 지역을 제외한 한반도 전체를 점령
하게 되었다. 가령 9월 15일 미군의 인천 상륙 작전이 없었더라면 한
반도는 1950년 내에 북한에 의한 무력통일이 실현되었을 것이다.

그러나 9월 15일 미군의 인천상륙에 이어 10월 1일 한국군 1군단
이 동해안에서 38선을 돌파하였고 10월 9일 유엔군이 서부지역에서
38선을 돌파하였으며, 10월 20일 유엔군은 평양을 점령하였고 11월
에 유엔군과 한국군은 이미 한반도 대부분 지역을 점령하였다. 가령
당시 중국인민지원군의 참전이 없었더라면 한반도는 1950년 내에 남
한에 의한 무력통일이 실현되었을 것이다.

이렇게 한반도는 1950년 후반에 북한에 의한 한반도 통일과 남한

에 의한 한반도 통일이라는 2개 가능성을 모두 보여주었던 것이다. 미국의 참전이 북한에 의한 적화통일을 저지하였다면 중국의 참전은 남한에 의한 자유민주주의적 통일을 저지하였다. 1950년도의 한반도는 외세의 개입으로 2번의 '통일' 기회를 얻었었고 또한 외세의 개입으로 2번의 '통일' 기회를 잃어버리고 말았다.

그때로부터 60년이 지난 오늘날에도 한반도에서의 무력통일은 남북한 모두에게 극히 어려운 선택이다. 외세의 개입이 없을 경우 남북한 간의 전쟁은 비교적 짧은 기간에 결판이 나서 통일이 이루어질 것이다. 남북한의 전력이 아주 '유한'하기 때문이다. 그러나 한반도 주변에 '무한한 전력'을 보유한 미·중·러·일 4강이 포진하고 있다는 점을 고려한다면, 또한 중북 동맹, 미한 동맹, 미일 동맹이 체결되어 있다는 점을 고려한다면, 1950년대의 한국전쟁이 그리하였던 것처럼 향후 한반도에서의 남북 전쟁도 통일로 이어지기 쉽지 않을 것이다.[32] 뿐만 아니라 한반도 전체를 폐허로 만들 전쟁으로 통일을 이루는 것이 도대체 무슨 의미가 있는가 하는 것이 우선 문제시 될 것이다.

그러나 한반도에서의 전쟁 발발 가능성을 무시할 수는 없다. 북한은 6·25전쟁을 발동한 적이 있다. 현재도 '서울 불바다' 발언을 서슴지 않고 한다. 100만 명을 상회하는 병력을 보유하고 있으며, 국제사회의 비난을 받으면서도 핵개발과 미사일 개발 등을 지속하고 있다. '선군정치'를 강조하는 북한 체제가 존속하는 한 한반도에서의 전쟁 위험은 소실되지 않을 것이다.

---

32) 필자는 가능하게 발생할 여러 가지 시나리오를 분석해 본 적이 있다. 박창근. 중국의 개혁개방과 신동북아질서. 서울 : 인터북스, 2010. 제3부.

2) 한반도에서 연합제/연방제 통일이 가능할까?

무력통일이 어려운 한반도 상황은 남북으로 하여금 더욱 평화통일을 선호하도록 한다. 그중 남북한 정부의 통일 논의에서 실질적 의미가 있는 방안으로 검토된 것은 쌍방의 이념·체제를 유지하는 것을 전제로 한, 북한의 연방제안과 남한의 연합제안이다. 양자는 모두 '1국가 2체제' 방안이다. 그런데 한반도에서 연방제/연합제 통일안이 실현 가능할까? 여기서는 몇 가지 문제점을 제시해 보고자 한다.

(1) 북한이 연방제 통일안을 제안할 당시 선호하는 것은 무력통일이었고, 북한이 연방제 통일안을 제안한 목적은 고려연방의 수립을 통해 미군을 한반도에서 몰아내고 북한의 군사적 우위를 이용하여 무력통일을 실현하려는 것[33]이었기 때문에 만약 고려연방이나 고려연합이 미군을 한반도로부터 철수시키는 데에 도움되지 않을 경우 곧바로 해체되고 말 것이다. 북한이 위와 같은 불순한 동기를 고집할 경우 연방제/연합제 통일이 이루어져도 다시 분열될 가능성이 매우 크다고 할 수 있다. 왜냐하면 북한의 무장해제가 없는 한, 남한은 적어도 완전 통일이 이루어지기 전에는 미군의 한반도 철수에 동의할 수 없기 때문이다. 6·25전쟁이나 베트남 무력통일 같은 현상이 재연되기를 희망하지 않기 때문이다. 위에서도 설명하다시피, 북베트남은

---

33) 1950년 전후의 한반도에서 북한은 이러한 전략을 실행한 적이 있었다. 1948년 8 ~9월 남북한에 정부가 수립됨에 따라 한반도 주둔 미군과 소련군이 철수하기 시작하였다. 소련군은 1948년 12월 26일 북한으로부터 전부 철수하였고 1945년 11월말 약 7만 명에 달하던 남한 주둔 미군은 1949년 6월 29일까지 군사고문단 500명만 남기고 모든 군사장비와 함께 전부 철수하였다. 1년 후인 1950년 6월 25일 북한군은 38선을 넘어 남침을 단행하였다.

평화협정을 통해 미군을 남베트남에서 철수케 한 후 무력으로
베트남 통일을 실현하였던 것이다.

(2) 남북한의 막대한 군사력은 연방제/연합제를 포함한 평화통일의
지대한 장해이다. 특히 연방제/연합제를 통한 고려연방/고려연합
을 수립하였을 경우 남북한이 각각 보유하고 있는 방대한 군사력
은 수시로 남북 간의 군사적 대결과 무력행사로 전환될 수 있다.
때문에 한반도에서 연방제/연합제 통일을 실현하려면 우선 북한
의 핵폐기와 남북 공동의 대규모 군축이 실행되어야 할 것이다.

(3) 남북 간의 교류와 이해가 너무 적어 남북 지도자들이 맺은 합의
서나 조약 등은 한두 개인의 의사에 의해 수시로 무효화 될 수
있다. 지난 수십 년간 남북 간에는 수많은 협의나 협약이 체결되
어 있지만 실시되지 않고 있다. 예를 들면 1990년대 초의 '남북
기본합의서'와 '한반도 비핵화 선언'은 매우 좋은 문헌이었다.
그러나 김정일 집권 후 사실상 이미 백지화되어 버리고 말았다.

(4) 남북 쌍방의 일부 헌법 조항에 대한 조정이 필요될 것이다. 예
를 들면 한국 헌법 제4조는 '대한민국은 통일을 지향하며, 자
유민주적 기본질서에 입각한 평화적 통일 정책을 수립하고 이
를 추진한다.'고 규정하고 있다. 이러한 헌법조항을 남북 연방
제/연합제에 의한 통일 한국의 '1국가 2체제'의 방안에도 적용
되도록 조정하여야 할 것이다. 물론 북한측의 헌법도 이러한
방안에 적용되도록 조정되어야 할 것이다.

결론적으로 이념·체제의 대립을 해결하지 못한 상황에서 연방제/
연합제 통일은 정치적 선양 방안으로서는 그럴듯하지만 현실적으로
는 성공할 가능성이 크지 않으며, 혹시 연방이나 연합이 수립된다 하
여도 유명무실, 운영 불능, 또는 재분열 가능성이 크다고 할 수 있다.

3) 한반도에서 흡수통일이 가능할까?

통일 전의 동서 독일과 현재의 남북한을 비교하면 한반도에서 흡수 통일은 독일과 같은 방식으로 성공하기 쉽지 않으리라는 것을 알 수 있다. 독일 통일 과정에서 흡수통일이 가능했던 가장 중요한 원인의 하나는 동독 의회가 동독 5주의 독일연방공화국으로의 자원 편입을 결정한 것이고, 동독 의회가 이러한 결정을 할 수 있은 것은 1990년 3월 18일 총선에서 보수정당 '독일연합'이 승리하였기 때문이며, '독 일연합'의 승리는 당시 동·중 유럽 사회주의국가들의 민주화를 통한 체제전환의 국제환경과 관련되어 있었다. 다른 하나의 가장 중요한 원인은 동서독 국민들이 동서 독일의 통일을 대폭 지지하였기 때문이고 동독 국민들이 서독으로의 편입을 열망한 것은 분단 시기에도 동 서독간의 교류와 협력이 꾸준히 진행되어 왔기 때문이다.

우선, 동서독 통일 당시의 국제환경부터 살펴보자. 1985년 소련 공산 당 서기장에 취임한 미하일 고르바초프가 추진한 개혁과 개방은 1990 년에는 복수 정당제와 대통령제의 도입 등으로 사회주의체제의 부흥을 시도하였지만 결국 1991년 12월 25일 소련은 붕괴되고 말았다.

하지만 고르바초프에 의하여 추진된 개혁개방으로 인해 1989∼ 1990년 동·중 유럽 사회주의 국가들 모두가 민주화의 소용돌이에 빠 졌다. 1988년 5월 헝가리 공산당 내의 개혁파는 헝가리 공산당 서기 장 카다르를 몰아내고 복수 정당제와 자유선거를 추진하기 시작하였 다. 폴란드 자유노조 운동은 1980년을 시작으로 1989년에 이르러 결 실을 보게 되었는데, 4월의 '원탁회의' 개최에 이어 6월 총선에서 자 유노조가 압도적 승리를 거두었고 1990년에는 레흐 바웬사가 대통령 에 당선되었다. 1989년 10월 시민 포럼이 주도한 체코슬로바키아의 '벨벳 혁명'(슬로바키아인들은 '신사 혁명'이라 칭함)과 1989년 11월 불가리아의 민주세력동맹이 주도한 '푸른 혁명'은 무혈 혁명이었고 1989년 12월 17일에 시작된 루마니아의 민주화 운동은 12월 25일 차우셰스쿠 대통령으로 하여금 150여발의 총탄세례를 받고 세상을 떠나게 한 유혈 혁명이었다.

동서 독일의 흡수통일이 가능케 된 것은 동·중 유럽 사회주의국가 들에서 발생한 이러한 민주화 과정에서 동독도 민주화의 승리를 거두 어 동서 독일의 체제가 단일화되었기 때문이다.

다음으로, 분단 시기에 추진된 동서독일 간의 교류 상황을 살펴보 자. 동서독일 통일에서 중요한 것은 쌍방 국민들의 상호 이해였고 쌍 방 국민들의 상호 이해를 증진시키는 데에서 중요한 것은 정보 교류 와 인적 교류였다. 동서독 간에는 장기간 서신교환이 허용되었고, 동 독 국민들의 서독 라디오와 텔레비전 시청이 허용되었다. 전화 등 통 신도 상당히 개방되어 있었다(표 5.4 참조).

표 5.4 동서독 간 통신선 연결 현황   (단위 : 회선)

연도	서독 – 동독		서베를린 – 동베를린		계	
	1970	1989.2	1970	1989.2	1970	1989.2
전화	34	860	0	669	34	1,529
전신	28	61	4	21	32	82
텔렉스	46	95	11	35	57	130
계	108	1,016	15	725	123	1,741

주 : 전화회선은 1969년 기준.
자료 : 연방통계청, DBP Telekom
출처 : 김철완 외. 독일 통신통합 사례 분석 및 시사점(II), 2007.12. www.kisdi.re.kr/kisdi

동서독 간의 인적 교류 상황도 아주 놀라울 정도였다. 특수 상황을 제외하면 분단 상태에서도 동서독 국민들의 상대 지역에 대한 방문은 허가되어 있었다. 서독인의 동독 방문은 1954~1957년간 매년 평균 240만 명, 1958~1962년간 매년 평균 70만 명, 1970년대 중반 이후에는 매년 300만 명에 달하였다. 동시에 동독인의 서독 방문은 1954~1957년간 매년 평균 250만 명, 1961년 8월 13일 베를린장벽 구축 이후 급격히 감소하였다가 1965년부터 매년 100만 명 이상으로 증가, 1986년에 200만 명, 1987년에 500만 명, 1988년에는 675만 명으로 급증하였고, 1989년에도 급증하였는데 11월 3일 베를린장벽이 붕괴된 후 단 일주일 만에 900만 명의 동독인이 서베를린 및 서독을 방문하였다. 법적으로 허가된 방문자 외에 '불법' 탈출자, 그리고 동독에서 서독으로의 이주자 숫자도 아주 많았다.[34]

위의 2개 사례에서 볼 수 있는 바, 동서독일 국민 간의 교류는 냉전시대에 정치 군사적으로 대립되어 있는 상황에서도 결코 중단되지 않았으며 총체적으로는 활발해지는 방향으로 발전하였다. 하여 서로 간에 이해를 증진시킬 수 있었고, 특히 동독 국민들은 서독의 상황을 알게 되어 동독과 비교하면서 자기들의 이익에 부합되는 선택을 할 수 있게 되었다. 독일에서의 흡수통일은 이러한 교류가 있었기에 가능하였다.

위의 2개 측면에서 남북한 상황은 열악하기 그지없다. 특히 북한 국민들은 남한 상황을 잘 모르고 있을 뿐만 아니라 외부세계에 대해서도 거의 모르고 있다. 그리고 정치적 통제가 너무 엄하여 민주화 발전 같은 것은 아직 거론하기 힘들다. 즉 북한은 국민의 민주화 운동에 의한 정권 교체나 선거에 의한 체제 전환이 어려운 상황이다. 그러므로 북한에서의 민주적인 체제전환과 한반도에서의 독일식 흡수통일

---

34) 김영희. 독일통일이 한국에 주는 교훈. 제23회 제주평화연구원(JPI) 정책포럼. 2009-11-30.

은 그 가능성이 매우 희박하다.

그러면 한반도에서 흡수통일은 절대 불가능할까? 그렇지도 않다. 북한의 체제붕괴를 통하여 무정부상태가 조성될 경우, 남한의 적극적인 개입에 의한 흡수통일이 가능할 수 있다. 이것도 또 하나의 흡수통일 방식이다. 북한의 붕괴 조짐이 가시화된 것은 아니지만 오늘날 한반도 현실에서 조금이라도 가능성이 있어 보이는 것이 바로 이러한 통일 방식이다[35]. 만약 이 통일 방식의 현실화조차 불가능하다면 현 시점에서 한반도는 아직 통일 자체가 불가능한 상황이라고 해야 할 것이다.

4) 남북 총선에 의한 통일이 가능할까?

여기서 토론하려는 것은 '유엔 감시하의 남북 자유 총선거에 의한 통일'이다. 이 통일 방안은 1947년 11월 14일 유엔 총회 결의에서 처음 제안된 것이었다. 그러나 당시 북한의 반대로 실시되지 못하였다. 단, 남한 지역에서만 1948년 5월 10일 '유엔 한국 임시위원단'의 감시 하에 자유총선거를 실시하여 '헌법'을 공포하고 대한민국 정부 수립을 선포하였다. 그 후에도 남측에서는 이와 유사한 통일방안을 수차례 제기한 적이 있었다.[36]

---

35) 이런 상황이 발생할 경우 한반도 주변 국가들의 한국에 의한 북한의 흡수통일에 대한 태도가 상당히 큰 영향력을 과시하게 될 것이다. 특히 중국의 태도이다. 이와 관련하여 필자의 다음 논문을 참고하기 바란다. 박창근. 한반도 통일에 대한 중국 정부 입장의 이해. 제3회 '동북아 평화, 협력과 발전' 학술교류회 논문집. 상해 : [중국]동제대학 아태연구센터, [한국]국제뇌교육종합대학원대학교 아시아평화연구소, 2010-08-15. p.21-37.

36) 정부의 통일방안 발표. 2006-12-01.
http://contents.archives.go.kr/next/content/listSubjectDescription.do?id=003337

그러나 이 방안은 북한의 지지를 얻기 힘들다. 현 시점에서 북한 내부에 자유로운 선거란 있을 수 없는 상황이고, 또한 북한 인구가 남한 인구의 반밖에 안 되는 상황에서 북한이 이 방안에 동의한다는 것은 불가능하다. 예멘식으로 인구 비례에 의한 대표 선거를 하여 통일 정부의 지도기관을 만들 수도 있겠지만 그 운명도 통합 예멘의 운명과 비슷하게 될 것이다. 하지만 만약 북한의 민주화가 추진되어 북한 국민들의 자유로운 의사표달이 가능하게 된다면 이 방안이 일종 실천적 통일 방안으로 선호될 수도 있을 것이다.

그런데 남북예멘이 통합되었다가 다시 분열되어 결국은 무력통일을 한 사례를 보면 한반도에서 '유엔 감시하의 남북 자유 총선거에 의한 통일'의 실현을 위하여 반드시 해결해야 할 문제 중의 하나는 군축 문제이다. 남북 예멘이 협상과 선거를 통해 통합할 때 남북 예멘의 인구는 1000만 명, 그 중 북은 750만 명, 남은 250만 명이었는데 병력은 북이 38500명, 남이 27500명이었다.[37] 동서 독일의 통일 당시 동독은 인구가 1700만 명, 병력이 약 17만 명, 서독은 인구가 6400만 명, 병력이 약 50만 명이었다.[38] 그런데 오늘날 북한은 인구가 2400만 명, 병력이 110만 명이고 남한은 인구가 5000만 명, 병력이 65.5만 명이다. 예멘의 국토가 52.8만km^2, 독일의 국토가 35.7만km^{2}인데, 한반도의 면적이 22만km^{2}밖에 안 된다는 것을 고려하면 국토나 인구에 대비하여 남북한은 너무나 많은 병력을 보유하고 있는 것이다.

---

37) 이을규. 예멘, 통일이후.
http://cgi.chol.com/~eulgyu/technote/read.cgi?board=sisa&y_number=136.
2009-01-15(목) 00:34

38) 김영희. 독일통일이 한국에 주는 교훈. 제23회 제주평화연구원(JPI) 정책포럼.
2009-11-30. 당시 동독에는 50만 명의 소련군이 주둔하고 있었다. 그리고 통일 후 독일의 병력은 25만 명이다.

이러한 상황은 한반도의 평화통일에 대단히 불리하며 그 어떠한 평화 통일방식도 현실화되기 힘들게 하고 있다. 남북 총선거를 통해 통일 정부를 만들 때에도 군대의 통일이 이루어져야 하는데 군대의 통일을 이루려면 남북 양측의 군축이 이루어져야 할 것이다.

5) 통일비용은 얼마나 들까?

독일 통일 후 막대한 통일비용이 발생하였음을 근거로 한반도 통일비용에 대한 논의가 아주 많다. 남북 통일비용에 대한 연구가 필요하지 않은 것은 아니다. 그러나 그 동안 연구 결과를 보면 통일비용이 최소 500억불(미국 랜드연구소, 2005년)에서 최대 5조불(피터 백, 2010년)에 이른다고 하는데[39] 이는 통일비용에 대한 가치 있는 연구가 얼마나 어려운가를 잘 보여 준다고 할 수 있다.

그렇지만 이러한 연구 결과를 근거로, '통일비용이 너무 많이 들어 아직은 통일할 시기가 아니다', '양쪽이 다 잘 살 때 통일하는 것이 바람직하다', '급진적 통일일 경우 드는 통일비용이 점진적 통일일 경우 드는 통일비용보다 훨씬 더 많기 때문에 급진적 통일은 삼가고 점진적 통일을 실현해야 한다' 등 주장이 제기되기도 한다. 별로 가치 없는 숫자들이 통일원칙과 통일정책을 결정하는 중요한 근거로 이용되고 있는 것이다.

통일비용에 대한 연구는 어떤 경우에는 통일을 반대하는 근거로 이용되기도 한다. 하지만 통일비용만 고려할 것이 아니라 분단비용, 통

---

39) 홍순직, 최성근. 남북통일, 편익이 비용보다 크다-통일비용 및 통일편익의 추정과 시사점. 經濟週評, 10-42(통권 422호), 2010-10-28; 김미경. 한반도 통일비용 얼마나 들까. 서울신문, 2010-10-02,
http://www.seoul.co.kr/news/newsView.php?id=20101002004008.

일편익도 고려하여야 한다는 주장이 제기되면서 근년에는 통일비용
과 통일편익을 추정하여 통일편익이 통일비용을 훨씬 초과하기 때문
에 많은 순편익이 발생하리라는 계산(표 5.5 참조)도 있는데 오히려
이러한 추정이 도리 상에서는 더욱 현실에 알맞을 가능성이 있다.

표 5.5 통일비용 및 통일편익의 추정 결과   (단위 : 억 달러)

목표소득		3,000달러 (10년)	7,000달러 (15년)	1만 달러 (18년)
통일비용(A)		1,570	4,710	7,065
통일편익 (B)	부가가치 유발	836	2,509	3,764
	국방비 절감	1,226	2,623	4,245
	국가위험도 감소 (외채조달비용절감)	135	230	341
	소계	2,197	5,362	8,350
통일 순편익(B-A)		627	652	1,285

주 : 통일편익(B)에는 통일 후 남북 공동의 경제협력 확대는 물론, 관광 및 지하자원
　　개발 등의 기타 편익은 포함되지 않았음.
출처 : 홍순직, 최성근. 남북통일, 편익이 비용보다 크다―통일비용 및 통일편익의 추
　　정과 시사점. 經濟週評, 2010-10-28, p.10-42(통권 422호)

　그러나 중요한 것은 통일비용에 대한 통일방식의 기여가 통일방식
에 대한 통일비용의 기여보다 더 크다는 것이다. 통일비용에 대한 의
미 있는 연구가 실행되려면 통일환경, 통일정책, 통일방식, 통일시기,
통일과정 등에 대한 연구가 선행되어야 한다. 통일비용을 되도록 줄
이고 사전에 많이 축적하며 제때에 적합하게 쓰기 위하여 통일비용에
대한 연구를 하는 것이 필요한 것은 사실이다. 그러나 통일시기나 통
일방식은 주로 통일비용에 의해 결정할 수 있는 것이 아니다. 통일방
식은 통일을 추구하는 각각의 주체들 및 상관 요인들뿐만 아니라 그
들의 복잡한 상호작용에 의하여 결정되는 것이다.

독일 인사들이 '자신들이 상상했던 통일과정이 현실과는 커다란 차이가 있었고, 자신들이 준비했던 시나리오와 자료들은 통일과정에서 휴지조각이나 다름없었다.'[40]고 말했다는 것을 보면 한반도 통일문제 연구에서도 통일비용 연구보다 더 중요한 것은 통일의 당위성, 통일 방식, 통일과정과 단계, 통일한국의 발전 방향과 전략, 북한지역 개발 전략과 정책 등 문제들이라고 생각된다. 가능하게 발생할 모든 상황에 대한 대응책 연구가 선행되어야 할 것이다.

가령 이러한 연구가 실행되었다 하더라도 실제 통일과정에서는 사전의 연구에서 고려하지 못한 뜻밖의 상황이 발생할 가능성이 있다는 것을 망각치 말아야 할 것이다. 복잡계에서 나타나는 '나비효과', 사건발생의 확률과 시간순서 관계에 대한 연구 결과 등을 충분히 고려하여야 할 것이다.

맺음말

위에서 토론한 문제들 외에도 허다한 문제들이 토론할 가치가 있다고 생각된다. 시간상 관계로 이번 기회에는 이만하려고 한다.

이명박 정부 출범 후 남북관계는 또다시 적대적 대치와 충돌을 경험하고 있다. 김대중·노무현 대통령 시기의 남북관계와 비교하여 한국에서는 이명박 정부의 대북정책이 잘못되었다고 평가하는 논자들이 적지 않다.

이에 대한 토론은 여기서 하고 싶지 않다. 그러나 2008년 이후의

---

40) 김영희. 독일통일이 한국에 주는 교훈. 제23회 제주평화연구원(JPI) 정책포럼. 2009-11-30.

남북관계 악화에 대한 책임은 우선 북한에 있다고 지적하고 싶다. 북한 정부는 대남·대외 2측면에서 모두 실패하였음을 알 수 있다. 북한은 자기들이 국제사회에서 늘 써 온 '벼랑끝 전술'이 계속 유효하리라고 믿었는데 실패하고 말았다. 오바마 미국 정부는 북한에 냉소적인 입장을 보여 주었고 북한은 국제사회에서 어쩔 수 없는 곤궁에 빠지고 말았다.

뿐만 아니라 북한 정부는 대남 정책에서도 실패를 하였다. 북한이 대남관계에서 흔히 써 오던 '으름장 전술'도 실패하고 말았다. 북한은 제2차 핵실험, 천안함 사건 및 연평도 사건 등으로 남한의 대북 정책을 개변시키려 시도하였지만 역시 실패하고 말았다. 남한에서 햇볕정책을 실행할 때처럼 남한의 지원을 받는 동시에 핵개발이나 대규모 살상 무기 개발로 남한을 위협하면서 '서울 불바다' 발언으로 더 많은 지원을 받아내려는 것은 통하지 않는다는 것, 남북관계가 동족관계든지 형제관계든지 상대방에 대한 욕설이나 위협공갈, 또는 군사도발로 자기의 의지를 상대방에게 강요하는 것은 남북교류에서 더 이상 통하지 않는다는 것, 북한 국민들의 식량문제를 포함한 경제난 탈출과 정권의 안정을 위한 북한의 선택에서 개혁개방, 남북관계 개선, 한반도 평화 등은 불가결한 것이라는 등에 대하여 북한 지도층의 이해가 어느 정도 되었는지 잘 알 수 없지만 지난 수년간의 대북정책이 북한 지도층의 각성에 어느 정도의 도움은 준 것 같다. 북한 지도부의 조속한 각성을 촉구하는 바이다.[41]

(2011-07-21)

---

41) 박창근. 선군·핵 포기하고 경제개발에 국가자원 집중해야. 자유마당, 2010년 제12호. p.70-73.

中文提要

与朝鲜半岛形势和统一有关的一些问题的讨论

我在《中国改革开放与东北亚新秩序》(韩文版，2010年) 一书中对与东北亚新秩序有关的一系列问题阐述了自己的观点。在这篇文章中，我从其间人们提出的诸多问题中挑选下列15个问题，并逐一进行讨论。

Ⅰ. 朝鲜形势：1. 如何评价最近朝鲜形势；2. 朝鲜会不会弃核；3. 金正日会不会对南韩同胞使用核武器；4. 韩国要不要核武装；5. 朝鲜能否成为"强盛大国"。

Ⅱ. 朝鲜半岛统一问题的研究方式：1. 如何研究朝鲜半岛统一问题；2. 朝鲜半岛将通过何种方式实现统一；3. 二战后分裂国家如何实现了统一；4. 韩国在历史上如何从分裂走向统一；5. 吸收式统一是不是和平统一。

Ⅲ. 朝鲜半岛的和平统一：1. 朝鲜半岛为什么不易用武力统一；2. 朝鲜半岛能否实现联邦制或邦联制统一；3. 朝鲜半岛能否以吸收式统一方式实现统一；4. 朝鲜半岛能以南北普选方式实现统一；5. 统一费用会有多少。

6

21세기 한반도 전쟁,
저지할 수 있을까?

※ 이 글은 2012년 8월 1일에 완성하여 2012년 8월 15일 중국 상해에서 중국 동제대학 아태연구
센터와 한국 국제뇌교육종합대학원대학교 아시아평화연구소의 공동 주최로 열린 제5회 '동북
아 평화, 협력과 발전' 학술교류회에서 발표한 것이다. 회의 논문집 <东北亚和平、合作与发展
(第五次学术交流)>, p.22-44.

머리말

전쟁은 잔혹하다. 그러나 전쟁은 다른 모든 방법으로 할 수 없는 일을 해내기도 하기 때문에 인간 사회는 전쟁을 필요로 하기도 한다. 먼 옛날 그리스 철학자 헤라클레이토스는 '전쟁은 만물의 아버지이며 만물의 왕이다'라고 말했다. 냉전이 종식되던 1990년대의 세계인들이 기대하던 '전쟁 없는 세상'은 점점 멀어져 가고 있다. 수많은 국가들이 엄청난 부를 전쟁 준비에 퍼붓고 있는 것이 오늘의 현실이다. 저마다 자기 나름대로 정의적 전쟁과 비정의적 전쟁을 정의하면서 전쟁 준비에 박차를 가하고 있다. 제2차 세계대전 이후 60여 년간에 축적한 모든 재화를 잿더미로 만들려 열심히 준비하고 있는 것은 아닌지 우려된다.

그 중에서도 한반도는 가장 전형적인 곳이다. 한반도는 탈냉전 시대의 세계에서 아직도 냉전 지대로 남아있는 유일한 지역이다. 세계적으로 병력과 무기가 가장 밀집되어 있는 곳이 바로 한반도이다[1]. 북한이 핵무기 제조에 성공한 후 한국인들은 '핵무기에 의한 서울 불바다' 공갈에 시달리면서 살아가지 않으면 안 된다.

때문에 어떻게 하여야 한반도에서 전쟁을 방지할 수 있겠는가 하는 것이 늘 하나의 핵심 문제로 간주되어 왔고 수많은 사람들의 관심 대상이 되어 왔다. 이에 이 글에서는 '한반도 전쟁'은 과연 막을 수 있

---

1) 북한은 인구가 2400만 명 정도인데 육군 102만 명, 해군 6만여 명, 공군 11만여 명, 그리고 특수부대 20만여 명과 병력 미상의 전략로케트군이 있다. 예비전력은 770만 명이다. 북한은 국가 자원의 1/3을 인민군과 군수 사업에 투자하고 있다고 한다. 남한의 경우 인구는 5000만 명 정도인데, 육군 52만 명, 해군 6만 8천 명, 공군 6만 5천 명이다. 예비군은 320만 정도이다.
조선인민군, http://ko.wikipedia.org
대한민국 국군, http://ko.wikipedia.org. 2012-08-01 열독.

을까 하는 문제에 대한 소견을 말해 보고자 한다. 이는 한반도 현실에 대한 평화학적 접근에서도 1차적인 문제라고 생각된다.

1 한반도 전쟁 : 역사의 회고

'한반도 전쟁'이란 말은 그 의미가 애매하다고 평가될 수 있다. 여기서는 한반도에서 발생한 모든 전쟁을 가리키는 것으로 약정해 두고자 한다. 좀 더 구체적으로 말한다면 '한반도 전쟁'이란 말에는 한반도 국가 내부의 전쟁, 한반도 국가들 사이의 전쟁, 한반도에서 진행된 외부 국가들 사이의 전쟁, 한반도 외부 국가와 한반도 국가 사이의 전쟁 등이 포함된다고 할 수 있다. 아래에서는 역사상 '한반도 전쟁'의 전형적인 실례를 살펴보기로 한다.

1) 한반도 국가 내부의 전쟁

중국 역사상 국가 정권이 농민 전쟁에 의해 붕괴된 적이 여러 번 있었음과 달리, 한국 역사상 농민 전쟁에 의해 국가 정권이 붕괴된 적이 거의 없었다는 것은 수천 년간의 한국 역사를 보면 아주 특이하다고 할 수 있는 현상이다.

그러나 한반도가 단일 국가로 통일되어 있거나 다수 국가로 분열되어 있거나를 막론하고 한 국가 내부의 상이한 세력 사이에 전쟁이 발생하는 것은 가능하였으며, 현실적으로 그러한 전쟁이 발생한 적도 있었다.

예를 들면, 통일 신라는 9세기 말 10세기 초에 이르러 지배층의 부

패, 귀족 사회 내부의 세력 다툼, 지방 호족 세력의 성장에 농민들의
반란이 더해지면서 정부군과 농민군 사이의 전쟁이 발생하였고 결국
은 후삼국으로 분열되었다가 다시 고려로 통일되었다.

한국 근대사에서 가장 유명한 농민 전쟁은 19세기 말, 즉 1893~
1895년에 발생한 동학농민전쟁이다. 조선 왕조 후기에 이르러 정치
의 문란, 사회의 불안, 지방의 반란, 그리고 외국의 간섭이 계속되는
와중에 최제우(崔濟愚, 1824~1864년)가 제세구민(濟世救民)의 뜻을
품고 서학(西學, 천주교)에 대립되는 민족 고유의 종교를 제창하여 동
학(東學)이라 하였다. 동학의 영향 하에 부패 척결과 내정 개혁, 그리
고 동학 교조 신원 운동을 위해 전봉준(全琫準, 1854~1895년) 등에
의해 조직된 농민들은 무장 봉기로 국가 체제에 도전하고 외세에 저
항하였지만 결국은 실패를 면치 못하였다.

2) 한반도 국가들 사이의 전쟁

역사적으로 한반도는 단일 국가로 통일되어 있은 시기가 상당히 길
었지만 다수 국가로 분열되어 있은 시기도 짧지 않았다. 분열된 상태
의 한반도 국가들은 서로 평화롭게 지내기도 하였지만 서로 전쟁을
하기도 하였다. 기원전 108년에 고조선이 멸망하고 이른바 열국 시대
에 들어선 후, 삼국 통일이 성사될 때까지 한반도에는 다수 국가들 사
이의 크고 작은 전쟁이 그치지 않았다.

특히 삼국 시대의 고구려, 신라, 백제 사이의 전쟁은 한국 역사상
가장 잘 기록되어 있는 전쟁이라 할 수 있다. 삼국이 병존해 있는 상
황에서 어느 한 나라가 전성기를 맞아 전쟁으로 국토를 확대해 나가
면 다른 두 나라는 동맹을 결성하여 대항하였다. 백제의 전성기인 4
세기에는 고구려와 신라가 단합하여 대항하였고, 고구려의 전성기인

5세기에는 신라와 백제가 단합하여 대항하였으며(나제동맹, 433~553년), 신라의 전성기인 6세기 후에는 고구려와 백제가 단합하여 대항하였다(여제동맹, 642년 이후). 여제동맹에 위협을 느낀 신라는 당나라와 동맹을 맺고(나당동맹, 648~668년) 660년에 백제를 멸망시켰고, 668년에 고구려를 멸망시켰다. 그 후 한반도 전체가 당나라에 편입될 위기에 처하자 신라는 고구려와 백제의 유민들을 연합하여 당나라군과의 전쟁을 불사, 676년에 승리하여 당나라 세력을 한반도에서 축출하고 대동강 이남 지역의 통일에 성공하였다.

1950년대의 6·25전쟁은 후에는 국제전이 되었지만 발발 당시는 조선민주주의인민공화국과 대한민국 사이의 전쟁이었던 것이다. 이에 대해서는 아래에서 자세히 다루어 보려고 한다.

3) 한반도에서 진행된 외부 국가들 사이의 전쟁

한반도 외부 국가들, 특히 주변국들은 자기들의 국익을 위하여 한반도 및 그 주변 해역을 그들 상호간의 전장으로 이용하기도 하였다.

1894년 7월 25일~1895년 4월 17일 기간의 청일전쟁(淸日戰爭)은 일본과 청나라가 조선의 지배권을 놓고 한반도와 만주, 타이완, 황해 일대에서 벌인 전쟁이었다. 일본의 승리와 청나라의 실패로 시모노세키 조약이 체결됨으로써 동아시아 주도권이 중국에서 일본으로 전이되었고, 조선이 청나라와의 조공책봉 체계에서 벗어남으로써 중국 국가를 종주국으로 하는 전통시대의 동아시아 질서가 붕괴되었음을 보여주었다. 조선은 이제 일본을 비롯한 제국주의 열강들의 수탈대상이 되고 말았다.

청일전쟁 10년 후인 1904년 2월 8일~1905년 9월 5일에 진행된 러일 전쟁은 일본과 러시아가 한반도와 만주에서의 주도권을 놓고 한

반도와 만주, 주변 해역에서 벌인 전쟁이었다. 일본은 이 전쟁에서 승
리함으로써 만주지역에서 러시아의 주도권을 배격하고 일본의 주도
권을 확립하였고, 특히 고종과 왕세자의 아관파천(俄館播遷, 1896년
2월 11일~1897년 2월 20일) 등으로 한반도에 대한 러시아의 주도
권이 강화되던 국면에 종지부를 찍고, 1905년 7월과 8월 미국과 영국
으로부터 한국에 대한 독점적 지배권 확인에 성공하였을 뿐만 아니라
9월 5일 포츠머스 조약에 따라 러시아로부터 한국에 대한 독점적 지
배권 확인에 성공함으로써, 1905년 11월 17일 일본이 한국에 강요한
을사조약(乙巳條約)의 체결로 한국은 사실상 국권을 상실하였고,
1910년 8월 22일에 강제로 이루어진 한일합병조약에 의해 한국은 일
본의 식민지가 되고 말았다.

　1945년 8월 일본을 만주와 한반도에서 축출하기 위하여 소련군과
일본군은 만주와 한반도 북부 지역에서 전쟁을 치렀지만 북한 지역에
서의 전투는 별로 치열하지 않았다. 사실상 일본군은 이미 북한 지역
에서 저항할 힘이 없었다. 그래도 북한 지역에서는 소련군과 일본군
의 전투가 좀 있었지만 남한 지역에서는 일본이 이미 투항한 후인 9
월 8일이 되어서야 미군이 상륙하였기 때문에 미군과 일본군의 전투
는 발생하지 않았다.

4) 한반도 국가와 주변 국가들 사이의 전쟁

　위에서 열거한 3종류의 전쟁에 비하여 한반도에서 가장 많이 발생
한 전쟁은 한반도 국가와 주변 국가들 사이의 전쟁이라고 할 수 있
다2). 여기서 그중 일부를 살펴보고자 한다.

───────────
　2) 고대에서 현대에 이르기까지 한국은 중국, 요동세력·국가, 일본 등으로부터 총
　　 912회의 침략을 당하거나 전쟁을 치렀다는 견해도 있다. 문대근. 한반도 통일과

(1) 고조선과 연·한의 전쟁

사료에 의하면 고조선은 연나라 소왕(昭王)시기(기원전 311년
~기원전 279년)에 연나라의 침공을 받아 서부의 2천여 리의
땅을 잃은 후부터 쇠약해졌다. 기원전 109년 가을 한무제의 조
선 침공으로 기원전 108년 여름 우거왕이 피살되고 왕검성이
함락되면서 고조선은 멸망하고 말았다. 고조선의 일부 지역에는
한나라의 군현이 설치되었는데 그 중 낙랑군은 400여 년간 존
속하기도 하였다.

(2) 고구려와 수·당의 전쟁

수나라와 고구려의 전쟁은 모두 4차였다. 581년에 수립된 수나
라는 589년에 중국을 통일하였다. 수나라와 고구려는 598년,
612년, 613년, 614년에 모두 4차의 전쟁을 실행하였다. 제1차
전쟁에 동원된 수나라 군은 30만 명, 제2차 전쟁에 동원된 수나
라 군은 113만 3800명, 제3차 전쟁에 동원된 수나라 군은 35만
명이었지만 수나라는 성공하지 못하였다. 614년의 제4차 전쟁
에서도 패배한 수나라는 618년에 멸망하고 말았다.

당나라와 고구려의 대규모 전쟁은 모두 3차였다. 618년에 성립
된 당나라는 644년부터 668년까지 고구려와 3차의 대규모 전쟁
을 치렀다. 제1차는 644년 6월부터 645년 9월까지이고, 당태종
이 직접 원정군을 거느렸지만 성공하지 못하고 말았다. 당나라
는 647년부터 659년까지 고구려와 수차례 소규모 전쟁을 하였
고 660년에 나당연합군은 백제를 멸망시켰다. 당나라군은 661

중국. 서울 : 늘품플러스, 2009. p85.

년에 고구려에 대한 제2차 대규모 전쟁을 발동하였으나 662년
사수 전투에서의 완패를 계기로 철퇴하지 않을 수 없었다. 665
년 연개소문이 사망하자 당나라는 666년에 고구려에 대한 제3
차 대규모 전쟁을 발동하여 668년에 드디어 신라군과 함께 평
양성을 함락시켰다.

여기서 부언하고자 하는 것은 기원전 108년 고조선이 한나라에
멸망된 원인 중의 하나가 고조선 지배층 내부의 분열이었던 것
처럼 668년 고구려가 나당연합군에 멸망된 원인 중의 하나도
고구려 지배층 내부의 분열이었던 것이다.[3]

(3) 고려·조선과 요·원·청의 전쟁

한반도 국가는 중원에 건립된 국가들과 전쟁을 치렀을 뿐만 아
니라 요동에 건립된 국가들과도 여러 차례 전쟁을 치렀다.

992~1019년 고려와 요나라(거란) 사이에 전개된 전쟁은 보통
3차로 나뉘어 고찰된다. 제1차는 992~993년의 전쟁이고, 제2
차는 1010~1011년의 전쟁이며, 제3차는 1018~1019년의 전
쟁이다. 그 결과, 고려는 외교력과 군사력에 의하여 요나라의 영
토 확장을 저지시키고 국토를 확대하였기에 승자로 평가받지만
송나라 연호의 정지와 요나라 연호의 사용이란 결과를 접수하
지 않을 수 없게 되었다.

1231~1273년 고려와 원나라(몽골) 사이에 전개된 전쟁은 모

---

3) 중국의 유명한 역사학자 범문란(范文瀾, 1893~1969년)은 다음과 같이 지적하였
다. "唐对高丽用兵，比对别国显得费力，足见统一团结的小国可以对抗统一的大
国。泉氏兄弟争夺权位，内部分裂，泉男生为唐军作向导，引唐军灭自己的国
家。分裂的小国为统一的大国所灭，那是很自然的。" 范文瀾. 中国通史第三册.
北京 : 人民出版社, 1978. p.352.

두 9차였다. 고려는 강화 천도, 왕의 출륙과 입조의 거부 등으로 저항하였고, 삼별초의 항쟁은 1273년까지 지속되었지만 결국 몽골군의 강력한 타격으로 항복할 수밖에 없었다. 고려의 대몽 항복으로 원나라와 고려의 관계는 중한 관계사에서 나타난 보통의 조공책봉관계와는 다른 양상을 띠어, 고려는 완전히 몽골에 복속된 국가들과는 좀 달랐지만 몽골의 고려내정 간섭은 극도로 심각한 정도에 달했던 것이다.

1627년 1~3월에 일어난 정묘호란(丁卯胡亂)과 1636년 12월~1637년 1월 기간에 일어난 병자호란(丙子胡亂)은 조선과 후금·청나라 사이에 벌어진 전쟁이다. 이 2차의 전쟁은 임진왜란을 거쳐 나약해진 조선이 바야흐로 부흥하고 있는 만주족 세력과는 전혀 상대가 되지 못함을 보여주었다. 그래도 정묘호란에서 조선은 후금과의 강화조약을 통해 '형제지맹' 관계를 맺게 되었지만 병자호란에서 조선은 불과 두 달만에 국왕 인조가 삼전도(三田渡)에서 청태종에게 삼배구고두례(三拜九叩頭禮)를 하고 청나라에 투항하고 말았다.

(4) 조선과 일본의 전쟁

19세기 말의 청일전쟁이 발발하기 300년 전, 즉 1592~1598년의 임진왜란은 일본, 조선과 명나라가 명운을 걸고 실행한 7년간의 대규모 국제 전쟁으로서 그 영향력은 당시의 동북아시아 국제질서를 개편할 정도였다. 우선 전쟁을 발동한 일본의 도요토미(豊臣) 정권이 무너지고 도쿠가와 이에야스(德川家康) 정권이 수립되었다. 명나라는 1644년에 이자성 농민군과 청나라에 의해 멸망되었다. 임진왜란의 주요 전장이었던 조선은 명나라의 지원으로 존속되기는 하였지만 엄청난 인명 피해와 재산 피해, 문화 피해로 인해 그 후의 활약적인 발전이 불가능하게 되었다.4),5) '정명가도(征明假道)', '가도입명(假道入明)'의 명분을 내건 일본의 요구에 대해 당시의 조선은 두 가지 선택이 가능했다. 하나는 동의하는 것이고 다른 하나는 거절하는 것이었다. 동의할 경우, 일본이 말한 대로 조선이 제공하는 교통로를 통해 조선에 피해를 가하지 않으면서 곧바로 명나라를 쳤을 수도 있고, 아니면 별로 대가를 치루지 않고 조선을 점령한 후 조선을 발판으로 명나라를 쳤을 수도 있었다. 거절할 경우, 조선은 한반도에서 일본과의 전쟁이 불가피하게 되고, 그 결과는 승리나 실패가 모두 가능한 것이었다. 결국, 조선은 거절하였고, 명나라와 함께 일본 침략자와 싸워, 일본 침략자를 한반도에서 몰아냈지만 엄청난 대가를 치렀다.

위에서 설정한 전쟁 형태들이 '한반도 전쟁'의 기본 형태라고 하면, 실제상 현실적으로 전개되는 전쟁 형태는 복합적인 형태로 나타나는 경우가 많다. 예를 들면 당−고구려 전쟁은 현실적으로는 당·신라와 고구려·백제·일본 등과의 전쟁이었다. 임진왜란 때도 일본에 대항한

---

4) 이렇게 중대한 전쟁이었지만 아직까지 그 성격에 대해서는 이해를 달리하고 있다. 김시덕 고려대 교수는 "한국인들은 명나라를 치려 하니 길을 비켜달라는 당시 도요토미의 주장은 명분에 불과하고 실제로는 조선을 정벌하려고 했다고 생각한다. 하지만, 일본인은 최종 목적지가 진짜 명나라였다고 믿는다."고 말했다. 문소영. "동북아 힘의 재편", 임진왜란을 말하다.
http://www.seoul.co.kr/news/newsView.php?id=20120121017007.
5) 김시덕교수는 "중화가 일본을 여러 번 침략했다며 도요토미 히데요시가 전쟁을 결심하는 장면과 조선처럼 가난한 나라를 쳐서 무엇에 쓰겠느냐는 인식이 전기와 소설 여러 곳에 나온다"고 소개 했다. 허진석. "임진왜란 일으킨 日의 진짜 목적은…", http://news.donga.com/Culture/New/3/07/20120119/43419741/1

것은 조선과 명나라였다. 임진왜란은 한국인들에게는 일본과 한국과
의 전쟁이었으나, 일본인들에게는 궁극적으로는 명나라 침략을 위한
것이었고, 명나라인들에게도 일본의 궁극적인 목적은 명나라 침략으
로 이해되어 있었다. 이렇게 임진왜란은 일본과 조선 사이의 전쟁인
동시에 일본과 명나라 사이의 전쟁이기도 하였다. 3국은 모두 자국의
이익을 위하여 전쟁에 임하였던 것이다. 명나라의 지원은 조선의 존
속에 결정적 기여를 하였고, 조선의 항일은 전장이 명나라로 확대되
지 않도록 하여 명나라는 피해를 줄일 수 있었다. 이러한 복합성은 6
·25전쟁에서 더욱 뚜렷이 나타났다.

2 한반도 6·25전쟁의 발발

6·25전쟁에 대한 연구는 끊임없다. 장기간 관건적인 자료의 결여로
애를 먹던 6·25전쟁 연구가 1990년대에 들어서서 소련·러시아의 비
밀 자료가 공개되면서 새로운 전기를 맞게 되었다. 물론 중국과 북한
의 비밀 자료가 아직 공개되지 않은 상황에서 일부 사안에 대한 연구
는 시간을 기다릴 수밖에 없다고 할 수 있다. 여기서는 본문의 취지에
의하여 북한이 어떻게 6·25전쟁을 일으켰는가를 살펴보고자 한다.

1945년 제2차 세계대전이 끝난 후, 미국이나 일본, 소련이나 중국
은 한반도에서 전쟁이 일어나는 것을 바라지 않았고, 자국이 그러한
전쟁에 참여하는 것도 바라지 않았다. 소련군은 1948년 12월 북한으
로부터 완전 철수했고, 스탈린은 김일성이 일으키려는 남침 전쟁에
대하여 오랫동안 거부하는 태도를 보였었고, 전쟁 중에서도 자국의
개입이 세상에 알려지는 것을 몹시 꺼려했다. 사실상 제2차 세계대전

의 악몽에서 금방 깨어났다고 할 수 있은 소련은 전쟁보다 평화가 필요되는 시기였다. 중국은 더욱 그러하였다. 제2차 세계대전이 끝난 후에도 4년간을 더 싸워 20세기 전반기를 줄곧 전쟁으로 보내온 중국은 평화를 희망하고 있었다. 6·25 전쟁 발발 직후 중국 지도부가 한반도 전쟁 참여 여부를 놓고 고민한 것을 보면 중국도 얼마나 그 전쟁이 일어나지 않기를 바랐었는가를 알 수 있다. 미국도 한반도에서 전쟁이 일어나는 것을 바랄 이유가 없었다. 미국은 1949년 6월말 군사고문단 500명을 남기고 한국에서 완전 철수하였고, 미국 국무장관 딘 애치슨(Dean Gooderham Acheson, 1893~1971년)은 1950년 1월 12일 워싱턴 내셔널 프레스 클럽에서 열린 전미국신문기자협회에 참석하여 '아시아의 위기'라는 제목으로 연설하면서, 스탈린과 모택동의 영토적 야심을 저지하기 위하여 태평양에서 미국의 지역방위선을 알류샨 열도 - 일본 - 오키나와 - 필리핀을 연결하는 이른바 '애치슨 라인'으로 한다고 말하였다. 한국과 타이완, 인도차이나반도가 미국의 방위에서 제외되었다[6].

　그러면 당시 도대체 누가 한반도 전쟁이 일어나는 것을 바라고 있었는가? 그것은 한반도의 북과 남이었다. 특히 김일성과 이승만이었다. 사실상 6·25 전쟁이 발발하기 전에도 남북 사이의 무력충돌은 그치지 않았다. 1949년 1월 18일부터 1950년 6월 24일까지 남북 간에 총 874회의 전투가 일어났었다는 통계도 있다.[7] 결국 이승만은 그렇게 떠들어대던 '북진통일' 전쟁을 일으키지 못했지만 그렇게도 '평화통일'을 떠들어대던 김일성은 드디어 남침전쟁을 일으키고 말았다.

　그러면 김일성은 어찌하여 남침전쟁을 일으킬 수 있었는가?

---

6) 애치슨 선언. http://ko.wikipedia.org/wiki, 2011-06-24 열독.
7) 한국 전쟁. http://ko.wikipedia.org/wiki, 2011-06-24 열독.

(1) 한민족의 통일 염원

6·25전쟁이 일어나게 된 가장 근본적인 원인은 한민족의 한반도 통일에 대한 간절한 갈망과 관련되어 있다. 676년 통일신라 수립 후 한민족은 1200여 년간 줄곧 통일을 유지하면서 살아왔다고 할 수 있다[8]. 심지어 1910~1945년 기간 중 일본 식민지가 된 상황에서도 한반도 남북 사회가 분열된 것은 아니었다. 그러므로 1945년 후의 분열은 한민족에게는 절대로 접수할 수 없는 일이었다. 때문에 1945년 광복 이후 한반도 통일을 위한 노력은 그치지 않았다. 그리고 남북한에 두개 정권이 수립된 후에도 모두 통일을 분투 목표로 삼고 있었다. 김일성이나 이승만은 모두 한민족이 통일되고 한반도가 통일되기를 희망했다. 이승만의 북침이나 김일성의 남침은 모두 한민족·한반도를 통일하려는 목적을 추구하는 것이었다.

(2) 북한의 적화통일 주장

냉전구도 속에서 남북통일은 일방이 다른 일방을 먹어버리는 식의 통일일 수밖에 없었다. 김일성은 적화통일을 주장했고, 이승만은 자유민주주의에 의한 통일을 주장했다. 북과 남에서 최고 권력을 장악한 김일성과 이승만은 자기가 주장하는 이념과 자기가 장악한 권력이 한반도 전체로 확산되기를 추구하면서 수단과 방법을 가리지 않고 한반도 통일을 실현하려 하였다. 평화적 통일의 시도가 실패한 상황에서 전쟁은 불가피한 선택이었다.

---

8) 단, 900년부터 936년까지의 36년간은 후삼국 시대라 불리는 분열 시기였다.

(3) 북한의 전력 우위

남을 훨씬 초월한 북의 전력이 김일성의 남침을 가능케 하였다. 1950년 당시 북한은 13.5만여 명의 지상군을 확보하고 있었고, 남한의 병력은 정규군 6.5만여 명, 해양경찰대 4천여 명, 경찰 4.5만여 명이었다. 북한군은 소련제 T-34/85형 탱크 242대, 야크 전투기와 IL폭격기 200여 대, 각종 중야포와 중박격포로 무장하고 있었다. 반면, 남한군은 육군은 탱크와 기갑 차량(장갑차)이 전무했으며, T-34형 탱크를 격파할 수 있는 대전차 화력이 전무, 공군은 연습기 20대가 고작이었다.[9] 특히 남한군이 전투경험이 거의 없음에 비교하면, 북한군에는 중국인민해방군 출신으로 전쟁경험이 있는 조선족 군인이 5만여 명 있었고, 사병들뿐만 아니라 지휘관들도 있었다[10]. 때문에 북한은 전쟁 초기 승승장구로 전진할 수 있었다. 6월 25일 새벽 4시에 38선을 넘은 북한군은 6월 28일 서울을 점령하였고, 8월에는 부산 – 대구 지역을 제외한 한반도 전체가 북한의 통제 하에 들어갔다. 이는 당시의 남한이 전력상에서 얼마나 나약하였는가를 보여주기도 한다.

(4) '미국의 불개입'

미국의 개입 여부에 대한 오판은 스탈린의 지지 획득에 기여하였다. 스탈린은 미군이 아직 한반도에서 철수하지 않았을 때에

---

9) 한국전쟁, http://ko.wikipedia.org/wiki, 2012-06-25 열독.

10) 위와 같음. 중국어로는 아래의 자료를 참조하기 바란다. 그중 북으로 돌아간 조선족 군인 숫자는 5만 명으로 되어 있지 않다. 沈志华.斯大林、毛泽东与朝鲜战争再议——根据俄国档案文献的最新证据.
http://www.zghq.org/html/2009-07/710.html, 2012.6.25 열독.

는 김일성의 남침통일 방안에 동의하지 않았다. 스탈린이 김일성의 남진 방안에 동의한 것은 미군이 철수하고 미국 정부가 애치슨 라인을 발표한 후였다. 김일성은 1950년 4월 모스크바를 비공식적으로 방문해 '1~3개월이면 통일시킬 수 있다'고 스탈린을 설득해 승인을 받아냈다.11) 미국이 개입하지 않을 것이라는 김일성의 예측은 잘못되었지만, 미국이 참전하지 않을 경우 1~3개월 내에 남한 전역을 점령할 수 있을 것이라는 그의 판단은 그 후의 사실에 의해 증명될 뻔하였다.

(5) '남조선 인민봉기'

'남조선 인민봉기'에 대한 그릇된 예언도 스탈린의 지지 획득에 기여하였다. 김일성이나 박헌영은 조선인민군의 남진은 남로당 원들의 협력으로 남한 내 진보세력과 인민들의 호응을 얻어 남한 정권을 파멸시키게 되리라고 믿었다. 그러나 현실은 그렇게 전개되지 않았다. 박헌영이나 김일성은 남로당의 힘, 남한 좌익의 힘에 대한 그릇된 판단에 의거하여 남침을 결정하였고 스탈린을 성공적으로 설득하기도 하였다.12)

---

11) 박인호. "김일성, 스탈린에 '3개월 내 통일 가능' 설득 전쟁 승인". http://www.dailynk.com/korean/read.php?cataId=nk00100&num=57875, 2012-06-25 열독.

12) 남한 인민 봉기에 대한 기대가 어떻게 김일성의 남침통일 전략에 작용하였는가는 아래의 자료를 통해 충분히 알 수 있다. (1) 박헌영은 6·25 직전인 1950년 5월 17일, 평양 모란봉극장에서 열린 당(黨)·정(政) 간부와 북한군 주요지휘관 연석회의에서 "인민군이 서울만 점령하면 남로당원 20만 명이 들고 일어나 인민군을 환영하고 진격의 길을 열어 남조선 전 지역을 해방시킬 것이다. 인민군의 진격은 해방된 지역을 향한 승리의 행진이 될 것이다"라고 큰소리 쳤다. (2) 1950년 11월 7일 압록강 연안 만포진에 설치되었던 임시 소련대사관에서 북한의 1인자 김일성과 2인자 박헌영 사이에 살기등등한 고성이 이어지고 있었다. 김일성이 "당신이

6·25전쟁이 시작될 때 그것은 한반도 남북 간의 전쟁이었다. 즉 한반도 국가 사이의 전쟁이었다. 그러나 6월 26일 유엔 안보리의 한국 문제 검토, 한국 정부의 요청에 의한 유엔군의 참전, 그리고 북한 정부의 요청에 의한 중국인민지원군의 참전 등을 거치면서 6·25전쟁은 남북 간의 전쟁으로부터 국제전으로 전환하였다. 1950년 7월 14일에 한국 국군의 지휘권이 미군에게 넘어갔고, 12월초 중북연합사령부가 설립되면서 북한군의 작전 지휘권은 실제상 중국인민지원군에게 넘어갔다.

북·소·중 3자간의 관계를 보면, 각국은 자국의 이익을 우선순위에 놓고 타국과 협상을 하였음을 알 수 있다. 북한은 소련과 중국의 지지가 없을 경우 대남 전쟁을 할 수 없었기 때문에 김일성은 소련과 중국의 지지 확보를 위해 모든 수단과 방법을 강구하였다. 결과적으로 김일성은 소련과 중국의 지지를 확보하여, 특히 소련으로부터 무기를, 중국으로부터 병력을 지원 받아 남침 전쟁을 일으켰고 3년간 전쟁을 실행할 수 있었던 것이다. 소련은 미국과의 정면충돌을 피하는 전제하에서 김일성이 전쟁

들고 일어난다고 했던 20만 명의 남로당 빨치산들은 다 어디로 가버린 거냐?"라고 고함치자, 박헌영은 "어째서 낙동강에 군대를 다 내려 보냈나?"하며 날카롭게 응수했다. 그러자 김일성은 책상 위에 있던 잉크병을 박헌영에 던지며 "야 이 자식아! 전쟁이 잘못 되면 나뿐 아니라 너도 책임이 있어!"하며 핏발을 세우며 악을 써 댔다고 한다. (3) 김일성은 1954년 12월 23일 조선인민군 군·정 간부들을 모아 놓고, "우리는 박헌영의 거짓말에 속았다. 남조선에 당원이 20만 명은 고사하고 1000명이라도 있어서 부산쯤에서 파업을 했더라면 미국놈들이 발을 붙이지 못하였을 것이다. 남반부의 군중적 기초가 튼튼하고 혁명세력이 강하였더라면 미국놈들은 우리에게 덤벼들지도 못하였을 것이다"라고 하면서 박헌영을 비판하였다. 유명덕, 남에서 되살아나는 박헌영의 예언, 2010-09-05. http://www.konas.net/article/article.asp?idx=22812. 결국 박헌영은 '미제국주의의 고용간첩 박헌영, 리승엽 도당의 조선민주주의인민공화국 정권 전복 음모와 간첩 사건'의 피의자로 1953년에 체포되고 1955년 12월 3일에 기소되고 12월 15일 판결 받았으며, 그 후 처형당했다.

에서 이길 경우 소련에 유리하고, 김일성이 전쟁에서 패할 경우에도 소련에 별로 해가 되지 않게 하기 위하여 모든 노력을 다하였다. 그리고 중국은 '항미원조(抗美援朝)' 전쟁에서 엄청난 대가를 치렀지만 전장이 한반도에 국한되게 함으로써 피해를 어느 정도 줄일 수는 있었고, 특히 북한 지역이 남한과 미군에 점령되는 결과로 인해 발생 가능한 피해를 미연에 방지할 수가 있게 되었다. 완충지대 확보는 당시로서는 매우 중요한 의미를 갖는 것으로 평가되었다.

3 향후 가능한 '한반도 전쟁'의 시나리오

위의 토론에 의하여 향후 가능한 '한반도 전쟁'의 시나리오를 살펴볼 수 있다. 그중 일부는 이론적으로나 현실적으로 모두 가능하지만 다른 일부는 이론적으로는 가능하지만 현실적으로는 불가능할 것이다.

이전 시대와는 달리 오늘날의 국가 주권 개념과 세계질서 속에서 한반도 국가들의 동의를 거치지 않은 상황에서 외부 국가들이 자기의 이익을 위해 한반도를 전장으로 이용하는 현상은 생기지 않을 것이다.

또한 이전 시대와는 달리 오늘날 한반도 국가와 주변 국가들 사이에 전쟁이 일어날 가능성은 크지 않다. 중국과 북한, 중국과 남한 사이에는 영토 문제가 존재하지 않기 때문에 중국과 한반도 국가들 사이에 영토 문제로 인한 전쟁은 일어나지 않을 것이다. 그리고 해양 자원의 이용과 관련된 문제도 이들 상호간의 협상을 통해 평화적으로 해결될 수 있을 것이다. 혹시 당분간 해결되지 못한 문제가 있어 약간의 충돌이 발생할 가능성은 있다 하더라도 그러한 문제들로 인해 상호간의 전면전으로 치닫지는 않을 것이다.

일본과 한국 사이에 존재하는 해양 자원 이용과 관련된 문제도 협상을 통하여 평화적으로 해결할 수 있을 것이지만 독도 소유권을 둘러싼 분쟁은 전쟁으로 발전할 가능성이 어느 정도 존재하는 것이다. 역시 독도 문제로 인해 한·일 양국 간에 충돌이 발생할 가능성은 존재하지만 단순히 독도 때문에 한·일 양국이 전면전을 할 가능성은 크지 않다고 생각된다.

그리고 한반도 남이나 북이 러시아와 전쟁을 할 가능성도 거의 없다. 북한과 미국의 관계를 보면 남한을 배제한 상황에서 미국이 단독으로 북한과 전쟁을 할 가능성은 별로 없다. 가령 북한과 한·미 사이에 전쟁이 발생한다면 그것은 결코 단순히 북한과 미국 사이의 전쟁인 것이 아니라 남북한의 충돌과 전쟁을 전제로 하는 전쟁에서 남한을 지지하기 위하여 미국도 참여하는 전쟁일 것이다.

위의 상황들을 고려하여 여기서는 아래의 몇 개 사항만 토론해 보려고 한다.

1) 북한 내전

오늘 현실에서 한반도 국가 내부의 전쟁은 남한 내부의 전쟁과 북한 내부의 전쟁으로 나뉜다고 할 수 있다. 그런데 한국은 민주체제를 실행하고, 한국의 국군은 '정치적 중립성'을 지켜야 하기 때문에 군사 정변이 발생할 가능성이 극히 적고, 내전이 발발할 가능성은 더욱 희박하다. 특히 김영삼 대통령 시기에 군내 사조직의 해체 등을 경과하면서 한국에서 군사 정변의 발생 가능성은 더욱 희박해졌다.

그러나 북한에서 내전이 발생할 가능성은 존재한다[13]. 여러 가지 원인으로 인한 내전일 것이다. 예를 들면 식량난으로 인한 국민 반항, 대규모 탈북자 발생과 그에 대한 탄압에 대한 국민 반항, 정치 세력의 분열로 인한 군의 분열과 대립, 군 자체의 분열과 대립 등이 내전의 원인이 될 수 있을 것이다.

북한에서의 내전이 내전에 그칠 경우, 그 어떤 방식으로든지 평화 상태로 복귀할 것이다. 문제는 북한에서의 내전이 외세의 개입을 초래할 가능성이 크다는 데에 있다. 북한 내부 세력이 친중, 친한, 친미, 또는 친러 등 세력으로 분화되어 한국, 중국, 미국, 또는 러시아 등 주변국의 개입을 초래할 가능성이 있다. 주변국 모두가 개입한다고 할 수는 없지만 서로 대립되는 두 세력을 지지하는 주변국의 개입만으로도 북한 내전이 장기화될 수 있다[14]. 이는 또한 북한 내전이 국제전으로 전환할 가능성도 시사하는 것이다.

국제 사회의 공정한 개입은 북한 내부 문제 해결에 기여할 수 있지만, 국제 사회가 편향적으로 개입할 경우 북한 내부 정세는 더욱 복잡해지고, 심지어는 해결할 수 없는 방향으로 나아갈 수도 있을 것이다. 오늘날 현재 가장 공정한 외부 개입은 유엔의 개입일 것이다.

2) 남북 전쟁

통상 '남북 전쟁'이란 말은 남북이 실전 상태에 처해 있음을 표현하기도 한다. 현재의 남북 관계가 당분간 휴전으로부터 실전으로의 전환 가능성이 별로 크지는 않지만 그 가능성이 늘 존재하는 것도 사실이다.

---

13) 북한 체제변화 전망에 대한 필자의 아래 글을 참조하기 바란다. 박창근. 중국의 개혁개방과 신동북아질서. 서울 : 인터북스, 2010. p.319-338

14) 박창근. 중국의 개혁개방과 신동북아질서. 서울 : 인터북스, 2010. p.279-338

하지만 남북 관계의 실전 상태로의 전환이 남북 간의 분계선 때문일 가능성은 크지 않다. 남북 간의 지상 군사분계선은 확정된 상태이고, 해상분계선은 아직 분쟁이 존재하지만 그것이 남북 간의 전면전을 유발할 정도는 아니다. 한·미 측의 북방 한계선과 북한측의 해상분계선은 그 차이가 매우 크지만 남북 간의 전면전은 어디까지나 한반도 전체의 통일을 염두에 두고 일어나게 될 것이다.

그럼 현재의 휴전상태가 실전상태로 전환함에 있어서 도대체 누가 도발 주체가 될 것인가?

현재의 한반도 상황에서 남과 북의 행태를 1950년 6·25전쟁 직전과 비교하면 매우 재미있는 현상을 발견할 수 있다. 1950년대 당시 무력통일을 실현할 전력을 보유하지 못한 남이 '북진통일'을 떠들어 댄 반면에 남보다 훨씬 강력한 전력을 보유한 북은 평화통일을 떠들어댔었다. 그런데 오늘 현재 무력통일을 실현할 전력을 보유하지 못한 북이 공공연히 '서울 불바다' 발언을 하는 반면에 사실상 북보다 훨씬 강력한 전력을 보유한 남은 대화와 평화통일을 주장하고 있다.

그러나 남이 북에 대한 선제공격을 할 가능성은 별로 없다. 1인당 GDP가 이미 2만 불을 상회한 남이 훼멸적인 결과를 초래할 가능성이 있는 전쟁을 선호하리라는 것은 논리적으로 성립될 수 없다. 하지만 북한이 전쟁을 일으키고 선제공격을 선호할 가능성은 존재한다. 북한의 어려운 경제상황은 국민들을 전쟁에 동원하기에 비교적 적합하며, 주변국의 참여를 고려하지 않는 상황에서 단순히 남과 북이 상대한다고 할 때, 북이 기습작전으로 남을 이길 가능성이 있는 것도 사실이다. 남한이 아무리 전력상에서 북한보다 우세라 하지만 한반도의 면적이 워낙 작아 북한이 보유한 무기로 단시간 내에 서울 등 남한의 대도시와 군사시설에 결정적 타격을 주는 것은 가능하기 때문이다.[15]

그러나 북한은 재래식 무기에 의한 남북 사이의 1:1의 대결에서도 남한을 이기기가 수월치 않을 것이다. 경제력, 전력, 인력 등 측면에서 북한은 남에 너무 뒤져 있기 때문에 남한이 일단 북한의 기습을 저지하고 전쟁의 장기화 국면 형성에 성공한다면 북한은 필패하게 될 것이다. 만약 북한의 기습에 남한만이 아니라 국제사회가 공동으로 대응한다면 피해를 최대한 줄일 수 있을 것이다.

3) 북한과 한·미의 전쟁

북한이 핵무기를 보유하지 않은 상황에서는 남과 북의 1 : 1 대결을 하나의 시나리오로 설정하여 이론적으로 검토할 수 있다. 즉 미국의 개입을 고려하지 않은 남북 전쟁도 하나의 시나리오로 설정하여 고려할 수 있다. 그러나 남한과 미국이 군사동맹을 결성하고 있는 상황에서 남북만에 의한 남북 전쟁은 사실상 불가능하다. 즉 한반도에서 북한의 남침은 필연적으로 북한과 한·미 사이의 전쟁을 현실화시킨다. 실제상 일본, EU 등도 한·미를 도와 전쟁에 개입할 것이다.

북한이 핵무기를 보유한 상황에서는 남북 전쟁에 대한 시나리오 설정 자체가 무의미하게 된다. 왜냐하면 북한의 핵무기 보유는 필연적으로 핵무기가 없는 남한으로 하여금 미국의 핵우산을 도입하도록 하기 때문이다. 북한은 핵무기를 개발하여 대남 비대칭 전력의 확보를 통한 전력상의 비교 우위를 꾀하지만, 만약 북한의 핵무기 사용이 가능케 된다면 남북 사이의 전쟁은 그에 대한 접근 방식 자체를 개변시킬 것이다. 여기서 강조되어야 할 것은 북한의 핵무기는 대미용이나 대일용이기에 앞서 우선 대남용이라는 것이다. 북한 핵무기의 기술수

---

15) 남북한의 전력에 대해서는 다음을 참조하기 바란다.
　　1. 대한민국 국군. http://ko.wikipedia.org
　　2. 조선인민군. http://ko.wikipedia.org

준이 낮아서 그러한 것이 아니라 북한이 핵무기를 개발한 우선 목적
이 바로 남한에 대한 핵위협이나 핵타격에 있다고 할 수 있는 것이다.

북한이 핵무기에 의한 대남 선제공격을 실행하리라 판단될 경우 그
피해를 줄이기 위하여 한·미는 미국 핵우산에 의한 대북 선제공격을
단행할 것이다[16]. 미국은 전술 핵무기 차원에서 F-15E 전투기, B-52
폭격기, B-2 스텔스 폭격기, 핵잠수함으로부터 발사한 크루즈 미사일
등을 사용할 것이라고 한다.

그런데 한·미의 대북 선제공격은 발생 가능한 북한의 대남 선제공
격에 대한 대응으로서 북한의 선제공격에 의한 피해를 줄이도록 함으
로써 절대적인 전쟁 피해를 줄이는데 기여할 수 있지만 북한 핵무기
에 의한 대남 선제공격이 발생하기 전에 실행하는 대북 선제공격이기
때문에 충분하지 못한 정보에 기초한 그릇된 판단에 의한 대북 선제
공격일 가능성도 배제할 수 없다. 그런데 그것은 훼멸적인 타격일 것
이다. 이러한 점을 고려한다면 북한의 핵보유는 결코 북한에 유리한
것이 아니다. 사실상 북한의 핵무기는 북한에 이로운 것이 아니라 해
로운 것임에 틀림없다.

4) 중·북과 미·한 사이의 전쟁

1950년대의 남북 대결이 국제전으로 전환하였던 것처럼 향후의
남북 대결도 국제전으로 전환할 수 있다. 위에서도 토론하였던 것처
럼 북한과 한·미 사이의 전쟁으로 전환할 수도 있지만, 중국이 북한
을 지지하여 참전할 경우 중·북과 미·한 사이의 전쟁으로 전환할
수도 있다.

---

16) 한미 '핵우산 보장 구체화' 연합사령관에 하달,
   http://www.chosun.com/politics/news/200610/200610190143.html.

중·북 관계는 미·한 관계와 비슷하여 모두 혈맹관계이다. '북중우호협력상호원조조약'(1961년)에 의하면 북한이 미국이나 미·한의 공격을 받았을 때 중국은 '즉각 자기의 모든 힘을 다하여 군사적 및 기타 원조를 제공하여야 한다'. 그러나 이는 북한이 한·미에 대한 선제공격을 실행했을 때에도 중국이 '즉각 자기의 모든 힘을 다하여 군사적 및 기타 원조를 제공'할 의무를 갖게 된다는 것을 의미하는 것은 아니다. 이 경우 한반도에서의 전쟁은 중·북 대 미·한의 전쟁이 아니라 북한 대 미·한의 전쟁이 될 것이다.

만약 미·한이 대북 선제공격을 단행할 경우 중국은 북한을 지원해야 할 의무를 이행하게 된다. 그러나 중국이 미·한의 공격을 받는 북한에 제공하는 원조의 규모나 시일 등은 여러 가지 요인의 제약을 받게 된다. 예를 들면, 미·한의 공격 규모, 북한의 저항 능력, 중국의 경제 상황, 중국의 전력 상황, 중국과 북한의 관계, 중·북 양국의 승리 전망, 북한을 지지하는 기타 국가들의 지원 상황 등이다. 중국이 북한에 대한 지원 제공의 선결조건은 미·한과의 전쟁 결과 북한의 존속이 가능하리라는 것이다. 가령 중국의 판단에서 미·한과의 전쟁 결과 북한의 존속이 불가능하게 된다면 중국은 북한에 대한 지원 규모를 최소화하거나 지원하지 않을 수도 있게 된다.

여기서 중국의 대북 지원에 영향 주는 또 하나의 요인은 러시아일 것이다. 1950년 당시 김일성은 스탈린과 모택동의 지지를 전제로 남침을 단행하였다. 그런데 모택동의 김일성에 대한 지지는 스탈린의 김일성에 대한 지지를 전제로 하였고, 스탈린의 김일성에 대한 지지는 모택동의 김일성에 대한 지지를 전제로 하였다[17]. 미래의 한반도

---

17) 沈志华. 斯大林、毛泽东与朝鲜战争再议——根据俄国档案文献的最新证据。
http://www.zghq.org/ html/2009-07/710.html

남북 대결에서 러시아의 향배가 중국의 대북 지원 여부나 지원 규모 등에 큰 영향을 줄 것이다. 만약 러시아가 북한을 침공하는 한·미에 대항하여 북한을 지원할 경우 중국의 대북 지원 가능성과 규모도 커지지만, 만약 러시아가 미·한과의 대결이 싫어 대북 지원을 하지 않을 경우, 중국은 홀로 북한을 지원하여서는 미·한에 대한 승리가 어렵다고 판단하고 대북 지원을 하지 않거나 형식적으로 조금만 할 수도 있다. 결국 북한은 멸망하고 말 것이다.

위의 토론에서 알 수 있다시피 목전 상황을 보면 그 어떤 형식의 '한반도 전쟁'도 수월히 발생할 수가 없다. 그러나 그 어떤 상황에서도 '한반도 전쟁'이 발생하지 않으리라고 단정할 수는 없다. 특히 북한 측으로부터 나오는 위협 공갈적인 말들을 들어보면 그러하다. 때문에 '한반도 전쟁'을 막기 위한 노력은 지속되어야 할 것이다.

4   김대중·노무현 정부와 이명박 정부의 대북 정책의 비교

한반도를 다룰 때, 김대중·노무현 정부의 대북정책은 햇볕정책으로, 이명박 정부의 대북정책은 대북 강경정책으로 불리고 있다. 여기서는 결코 이 두 정책에 대하여 자세한 비교를 하고자 하는 것이 아니다[18]. 본문의 취지와 관련하여 포괄적인 논의를 해보고자 한다.

---

18) 류길재. MB정부 대북정책을 노무현 정부와 비교한다면?
http://www.pressian.com/article/article.asp?article_num=10100702144049&Section=05, 2010-07-05 열독.

1) 김대중·노무현 정부의 햇볕정책

한국에서 '햇볕정책'은 비유적인 표달 방식으로서 공식적인 명칭은 대북 '포용정책' 또는 대북 '화해협력정책'이다. 김대중 전 대통령이 창도한 것이다. 노무현 전 대통령 시기에는 '동북아평화번영정책'이란 개념이 이용되면서 남북 간의 평화협정 체결이 대북정책의 목표로 간주되었다. 하지만 일반적으로 김대중·노무현 정부의 대북정책은 햇볕정책이라 불리기도 한다.

햇볕정책이 남북관계 개선에 기여한 것은 사실이고, 그 시기에 남북관계가 개선되었던 것도 사실이다. 그러나 햇볕정책의 실행과 관련되는 또 하나의 사실은 북한이 남한과의 관계개선이라는 기회를 이용하여 남한으로부터 경제지원과 자금지원을 받는 동시에 핵개발을 암암리에 추진하여 성공시켰다는 것이다.

너무나 어처구니없이 북한은 김대중 전 대통령의 햇볕정책을 충실히 실행하던 노무현 전 대통령의 재직기간 중인 2006년 10월 9일에 제1차 핵실험으로 햇볕정책에 '보답'하였고, 그것도 성차지 않아 노무현 전 대통령의 상중(喪中)인 2009년 5월 25일에 제2차 핵실험으로 햇볕정책을 '기념'하였다. 한반도의 평화를 지향한 햇볕정책은 북한의 핵개발에 이용되었다.

때문에 '햇볕정책'은 '실패하였다'는 비판에서 자유로울 수 없게 되었다. 햇볕정책이 북한의 핵개발에 이용된 가장 중요한 원인은 당시의 남한 지도자들이 김정일은 결코 핵개발을 포기할 인간이 아니라는 것을 사전에 모르고 있었기 때문이다. 그러나 김정일 국방위원장은 자기의 행동으로 핵무기를 포기하지 않는다는 것을 보여주었다. 즉 북한의 김정일 국방위원장이 살아 있는 한, 햇볕정책은 결코 북한의 핵개발 포기, 남침 적화 통일 정책의 포기, 그리고 한반도 전쟁의 억지 등 목표를 달성시킬 수 있는 정책이 아니라는 것을 보여주었다.

2) 이명박 정부의 대북 강경정책

지난 2008년부터 남북 관계는 충돌과 대치로 일관되어 왔다[19]. 쌍방이 관계개선을 시도한 적도 있었지만 결국 성공하지 못하고 말았다. 일부에서는 김대중·노무현 정부의 햇볕정책이 '성공적이었다'는 견해에 의하여 이명박 정부의 대북 정책은 '잘못되었다'고 평가하고 있다.

이명박 정부 출범 당시의 대북정책인 '비핵·개방·3000 구상'은 워낙 강경정책이 아니었지만 북한측에 의해 완전히 무시되었기 때문에 성공을 위한 아무런 시도도 할 수가 없었다. 그 근본 원인은 김정일 국방위원장이 '3000'을 위하여 비핵화와 개방을 실행하리라고 기대하였기 때문이다. 그가 '3000'을 좋아할 가능성이 없는 것은 아니지만 '비핵·개방'을 전제로 한 '3000'은 수용할 수 없었던 것이다.

결국 '비핵·개방·3000 구상'은 성공이 불가능한 남한 측의 기대사항이 되고 말았다. 북한측은 2008년 7월 11일 한국인 박왕자 피살사건과 8월 27일 북한인 원정화의 위장 탈북에 의한 간첩행위, 2009년 4월 5일 장거리 로켓(광명성 2호를 탑재한 은하 2호 로켓) 발사와 5월 25일 제2차 핵실험, 2010년 3월 26일 천안함 피격사건과 11월 23일 연평도 포격사건, 2012년 4월 13일 장거리 로켓(광명성 3호 위

---

19) 필자는 2008년 8월에 중국 동제대학 아태연구센터와 한국 국제뇌교육종합대학원대학교 아시아 평화연구소 공동 주최로 열린 '동북아 평화, 협력 및 발전' 제1회 학술교류에서 발표한 논문 '신동북아질서와 한반도 남북관계'에서 남북관계가 합작단계를 넘어 '충돌과 대치'로 표현되는 새로운 주기적 순환을 시작한다고 추측할 수 있음을 제기하였고 그 후에는 더욱 명확히 설명하기도 하였다. 박창근. 중국의 개혁개방과 신동북아질서. 서울 : 인터북스, 2010. p.236-278.

성을 탑재한 은하 3호 로켓) 발사 등으로 이명박 정부에 회답하였다. 이 과정을 읽는다면 이명박 정부의 대북 강경정책으로의 선회는 아주 자연스러웠다는 것을 알 수 있다.

지난 5년간 남북관계는 충돌과 대치로 일관되어 왔다. 북한의 장거리 미사일 발사와 핵실험에 대하여 유엔을 비롯한 국제사회는 제재를 가하였고 남한과 미국은 한·미 동맹의 강화와 대북 강경정책의 실행을 추진하였다. 특히 지난 수년간 한·미 합동 군사훈련은 사상 최대 규모에 달하였다. 이명박 정부의 한반도 평화와 안정에 대한 기여는 주로 북한으로 하여금 대남 군사도발을 선불리 할 수 없도록 아래와 같은 정보를 북한에 전달한 것이라고 할 수 있다. (1) 북한이 '서울 불바다' 등을 운운하지만 한국은 경제력[20] 뿐만 아니라 전력도 북한보다 훨씬 강대하다는 것[21]), (2) 북한의 군사적 도발에 대하여 한·미는 단호히 대응할 것이라는 것[22]), (3) 북한의 핵무기에 의한 도발에 한·미는 핵무기로 선제타격을 할 수도 있다는 것[23]), (4) 북한 측의 그 어떤 목표물에 대해서도 한·미는 정확히 타격을 가할 능력을 보유하고 있다는 것[24]), (5) 한·미는 북한의 가능한 도발에 대하여 대응

---

20) 남북한 경제력 차이 무려 37배 '비교 안된다'.
http://www.nocutnews.co.kr/show.asp?idx=1681503, 2011-01-05 열독.

21) 국정원이 청와대에 보고한 남북한 군사력 비교, "남한 단독으로도 10% 우세 주한 미군 포함하면 압도적 우세". 新東亞, 2010-03-01 통권 606호(p.286~292).
http://shindonga.donga.com/docs/magazine/shin/2010/03/02/201003020500019/201003020500019_1.html.

22) 북한 도발에 대한 한미 고강도 대응책이 뜻하는 것,
http://m.world.kbs.co.kr/current/current_is
sue_detail.htm?lang=k&current_page=1&no=4. 2011-11-01 열독.

23) "北핵공격 조짐 보이면 핵·미사일 시설 선제타격",
http://news.chosun.com/site/data/html_dir/2012/05/ 03/2012050301616.html?related_all.

24) "김정은 집무실 창문까지 정확히 타격",
http://www.newtimes.co.kr/news/articleView.html?idxno=30888, 2012-04-20 열독;

방안을 작성해 놓고 있다는 것25) 등이다.

만약 북한이 자신들의 전쟁 도발이 자멸로 이어진다는 것을 알게 된다면 한반도는 어느 정도의 긴장한 분위기 속에서도 전쟁의 발발로 나아가지는 않을 것이다. 이러한 의미에서 이명박 정부의 대북정책은 훼멸적인 한반도 전쟁의 발발 억제와 '물리적 평화'의 연속에 중대한 기여를 하였다고 평가할 수 있다. 또한 가령 북한이 선제도발 한다 하여도 한·미 양국은 효과적인 대응에 의해 훼멸적인 전쟁의 한계적인 전쟁으로의 전환, 승리의 보장과 전쟁 피해의 최소화에 기여를 할 수 있게 된 것이다.

결론적으로 만약 김대중·노무현 정부의 햇볕정책이 초래한 것이 표면적인 평화 분위기의 형성과 실질적인 전쟁위험의 증대였다고 한다면 이명박 정부의 대북정책이 성취한 것은 표면적인 긴장 분위기의 조성에 가리어진 실질적인 평화정착 가능성의 증대라고 할 수 있다. 겉에 나타난 것만 보지 말고 속에 숨어있는 것도 보아야 할 것이다.

5 한반도 전쟁이 없다면 북한에서 '경제 제일주의'도 가능

1994년 7월 8일 김일성 사망시 많은 사람들은 그의 '돌연 사망'에 놀라움을 금치 못하였다. 그러나 2011년 12월 17일 김정일이 사망하였을 때에는 놀라는 사람이 별로 많지 않았다. 왜냐하면 2008년 8월에

軍, "北, 서울 때리면, 전력 동원해 즉각 평양 때린다." http://news.chosun.com/ site/data/html_dir/2012/04/02/2012040200448.html?Dep0=twitter.

25) 김용석. 북한의 무력공격에 대한 군사적 대응방안. 시대정신 2011년 봄호. http://www.sdjs.co.kr /read.php?quarterId=SD201101&num=464, 2011.7.1 열독.

그의 건강에 이상이 발생하였다는 것을 모두 알고 있었기 때문이다.

현재의 상황을 보면 김정일 사망 직후 북한 체제의 돌연 붕괴나 권력 공백으로 인한 혼란과 내전은 그 동안 많은 사람들이 우려하였었지만 이제는 일단 모면하였다고 할 수 있게 되었다. 그러나 아직은 김정은에 의한 실질적인 권력 승계가 완성되었다고 할 수는 없기 때문에 세인들이 큰 관심을 보이고 있는 것은 여전히 향후 북한의 향방이다. 직접 남한과 관련되는 것은 주로 아래의 3개 문제이다.

1) 김정은 체제의 안정과 변화

김정은이 순조롭게 '당, 국가와 군대'의 권력을 승계할 것인가 하는 문제이다. 김정일 생전에 김정은이 이미 후계자로 지정된 상황에서 김정은에 의한 권력 승계가 제대로 안 된다 것은 북한에 정치적 혼란, 심지어는 내전이 발생할 수 있음을 의미하기 때문이다.

결국 김정은은 2012년 4월 11일에 조선노동당대표자회의에서 당 제1비서로 추대되었고, 4월 12일에는 국방위원회 제1위원장으로 추대되었으며, 4월 15일 김일성 출생 100주년 기념열병식 행사를 통하여 '김정은 체제'의 수립과 '김정은 시대'의 개막을 대내외에 알렸고, 2012년 7월 18일에는 공화국 원수로 진급하였다. 이는 김정은에 의한 권력 승계가 형식적으로는 이미 완료되었음을 의미하는 것이기도 하다. 그러나 실질적인 권력승계가 완료되었는가는 아직 지켜봐야 한다.

예를 들면, 중국에서 1976년 9월 모택동 사후 얼마 안 되어 화국봉이 국무원 총리 (모택동 생전에 화국봉은 이미 이 직에 임명되었음), 중국공산당 중앙위원회 주석, 중국공산당 군사위원회 주석 등 정·당·군의 최고직위를 모두 차지하여 권력 승계가 완성된 듯하였지만

1980년에는 총리직을, 1981년에는 중국공산당 중앙위원회 주석직과 중국공산당 군사위원회 주석직을 내놓고 말았다. 김정은이 얼마 동안 이나 현재의 직무들을 보유하겠는가는 아직 지켜봐야 한다.

김정은 체제가 안정을 유지하는 것이 한반도에서 돌발 사태의 발생을 피면케 한다는 데서는 긍정적인 의미가 있다고 해야 할 것이다. 그러나 안정만이 최선인 것은 아니다. 등소평 재임 시기의 중국 상황을 보면 안정이 유지되면서 변화가 발생하여 중국공산당의 최고직을 맡고 있던 화국봉, 호요방, 조자양이 차례로 실각하기도 하였다. 때문에 북한의 현황을 보아도 안정만이 최선이라고 생각할 것이 아니라 '안 정속의 변화, 변화속의 안정'이 동시에 추진되어야 할 것이다. 한국을 포함한 국제사회는 북한의 긍정적인 방향으로의 변화와 안정을 동시에 적극적으로 유도해야 할 것이다.

2) 북한의 자칭 '핵보유국'과 남북대화

세인들이 관심을 보인 또 하나의 문제는 김정은 시대의 북한이 핵무기를 포기할 것이냐 아니면 계속 보유·발전시킬 것인가 하는 문제이다. 그런데 지난 5월 30일 북한의 대외선전용 웹사이트 '내나라'는 4월 13일 북한최고인민회의에서 개정된 헌법 전문을 처음으로 공개하였다. 그 서문에는 김정일이 북한을 "불패의 정치사상 강국, 핵보유국, 무적의 군사강국으로 전변시켰다"고 적혀 있는데 이는 북한이 헌법에 '핵보유국'임을 명기하였다는 것을 의미한다.26) 이는 물론 국제사회의 인정을 받지 못하고 있다.27)

---

26) 北 새 헌법 '핵보유국' 명기, http://news.donga.com/Politics/3/00/20120531/46642922/1.

27) 北, 헌법에 핵보유국 명기. 美는 불인정, 마크 토너 미 국무부 부대변인은 이날 북한 개정헌법과 관련한 한국 언론과의 질의응답에서 "미 정부는 북한을 '핵보유국

그러나 국제사회의 인정 여부에 대해 북한은 별로 대수롭지 않게 생각한다. 그리고 국제사회가 제재를 실행해도 북한은 핵무장을 철수하려 하지 않는다. 오히려 핵무장으로 남한을 위협하기도 한다. 이제는 헌법에 북한이 '핵보유국'이라는 말도 실어놓았다. 이 모든 것은 북한이 김정은 시대에도 핵무장을 수월히 해제하지 않으리라는 것을 보여준다. 그러나 김정일이 사망하고 김정은이 승계한 현 시점에서 남북 대화를 위한 노력은 필요하다고 생각된다.

(1) 북핵의 방치는 일본, 남한, 심지어 소수 아세안 국가들의 핵무장화를 자극할 수 있어 한반도는 물론 동아시아 지역에 엄중한 사태가 벌어질 수 있기 때문에 국제사회는 계속 단합하여 북핵 폐기를 위해 힘써야 할 것이다.

(2) 한·미가 북핵에 대한 대책을 마련한 기초상에서 국제사회가 북한으로 하여금 핵무장이 정치·경제·군사적으로 해로울 뿐이라는 것, 심지어 핵무장으로 인한 체제붕괴도 가능하다는 것을 알도록 한다면 북한은 핵폐기를 선택할 수 있을 것이다.

(3) 남북관계는 김정일의 사망과 김정은의 승계를 계기로 '선 핵폐기 후 대화'의 기존 틀에서 벗어나 핵폐기 문제와 남북 경협, 이산가족 상봉 등도 의사일정에 넣은 남북대화의 재개를 시도함이 바람직할 것이다.

(4) 남북관계의 특수성을 고려한다면 남북 사이에는 별로 성과가 없는 대화라도 유지되는 것이 그렇지 않은 것보다 남북관계의

(a nuclear power)'으로 절대로 받아들이지 않을 것이라는 입장을 오랜 기간 유지해 왔다"고 밝혔다.
http://article.joinsmsn.com/news/article/article.asp?total_id=8333762&ctg=1004. 2012-08-01 열독.

수시 조절과 돌연적인 악화의 방지, 그리고 새로운 개선 기회
의 포착 등에 유익할 것이다.

(5) 남북대화의 주도권은 남한에 있기 때문에 대화를 위한 대화,
악행에 보상 주는 교류, 업적을 쌓기 위한 협력, 정치적 목적을
위한 대화 등은 삼가고 한반도 안정, 평화와 발전에 유익한 모
든 대화, 교류와 협력을 추진해야 할 것이다.

3) 북한의 개혁개방과 남북협력

북한은 1970년대에 자본주의국가로부터의 외자도입, 1980년대에
합영법 실행, 1990년대에 나선 자유무역지구의 설립 등을 시도하였
고, 김일성 사후에는 2000년대에 '경제관리개선'의 추진, 금강산관광
지구와 개성공단의 설치 등을 통하여 '개혁개방'을 실행하는 것처럼
보였지만 결국은 다시 폐쇄·수구의 옛날로 돌아가고 말았다.

그럼 김정은 체제하에서 북한이 개혁개방을 추진할 수 있을까?

김정은이 여러 모로 김정일과 다른 모양새를 보여주고 있는 것은
사실이고, 북한에서 이러저러한 변화가 일어나고 있는 것도 사실이
다. 김정은의 모란봉악단의 시범 공연 관람, 부인과 동반으로 여러 행
사에 참석하는 모습, 북한 여성들이 착용하는 복장의 다양화, 전 인민
군 총참모장 이영호의 숙청, 농촌에서 협동농장 분조 규모의 축소 등
은 북한에서 정말 개혁개방이 시작되는 것이 아닌가 하는 생각을 갖
게 한다.[28] 특히 북한이 "우리식의 새로운 경제관리체계를 확립할 데
대하여"라는 제목으로 발표한 '6·28방침'은 비교적 체계적인 '개혁

---

28) 안드레이 란코프(국민대 교수, 북한학). 김정은의 북한, 변화는 시작됐다.
http://news.chosun.com/site/data/html_dir/2012/07/29/2012072901452.html?r_ra
nking

개방' 방안인 것 같다.[29]

지난 8월 2일 김정은은 왕쟈루이 중국공산당 중앙위원회 대외연락부장을 만난 자리에서 '경제를 발전시키고 민생을 개선하여 조선 인민들이 행복하고 문명한 생활을 누리게 하는 것이 조선노동당의 분투목표'라고 말했다고 중국 신화통신은 전했다[30]. 이는 향후 북한이 경제발전을 중요시하는 방향으로 국책을 조정하지 않는가를 고려하게 하는 대목이라고 할 수 있다. 한반도 전쟁 위험이 없어진다면 북한에서 '선군정치' 대신에 '경제 제일주의'가 실행될 수도 있을 것이다.

하지만 북한은 자기들이 개혁개방을 한다는 것은 부인한다. 물론 초기단계에서 개혁개방한다고 떠들어대는 것이 가장 중요한 것은 아니다. 특히 중국에서 등소평이 모택동의 잘못을 공개적으로 비판하면서 개혁개방을 추진할 수 있었던 것과는 달리 김정은은 김일성이나 김정일의 '잘못'을 공개적으로 비판할 수 있는 입장이 아님을 고려한다면 그 정도는 이해할 수 있는 것이라고 생각된다. 물론 아직은 북한이 어디까지 나아갈 수 있을까 하는 데에 대하여 단언할 수 있는 상황이 아니다.

---

29) 전문은 아직 보지 못하였지만 그중에 들어있다는 아래의 내용들만 보아도 1970년대 말 중국 개혁개방 초기의 상황을 연상시킨다. '6·28방침'에 의하면, 개인들이 상점이나 식당, 미용원과 이발소, 사진관 등의 사업을 하는 것이 허용되며, 기업소 운영도 국가가 투자를 하면 생산과 판매는 기업이 책임지는 방식을 도입하고, 특히 가격이 시장에 의해 책정되는 것을 허용한다. 농촌에서는 협동농장 분조 규모를 10~25명에서 4~6명으로 축소하고(사실상 가족규모로 하는 것이라고 할 수 있지 않을까?), 계획 생산물을 국가 7 대 농장원 3으로 분배하며, 초과 생산량은 농장원이 차지한다. 서비스 및 무역 분야에서 국가기관 및 편의협동기관 명의로 개인자본을 투자하는 것이 합법화된다고 한다. 방송문장 : 6·28방침과 개혁개방 가능성. http://rfchosun.nbx.kr/news/6835. 2012-07-20, 조선의 오늘과 래일.

30) "在谈到国内情况时, 金正恩说, 发展经济、改善民生, 让朝鲜人民过上幸福、文明的生活, 是朝鲜劳动党的奋斗目标。" 新华网平壤8月2日电:金正恩会见王家瑞表达发展经济改善民生系目标. http://world.huanqiu.com/regions/2012-08/2983646.html.

그리고 북한이 개혁개방을 추진함에 있어서 남한과의 교류와 협력이 불가피하게 될 것이다. 남한과의 교류와 협력이 없는 한, 북한의 개방은 중국만에 대한 개방이고 전 세계에 대한 개방이 될 수 없다. 북한이 중국 외의 세계에 대해서도 개방하려면 남북교류와 협력은 그 불가결의 선결조건이 될 것이다.

남북한은 이 기회를 잘 이용해야 할 것이다. 남북 간의 교류와 협력은 자원 자주 원칙, 시장경제 원칙, 상호주의 원칙, 정경분리 원칙 등이 준행되어야 할 것이다.

맺음말

지난 수년간 북한은 조금만 여의치 않은 일이 생기면 그것을 북한에 대한 '선전포고'라고 공격하여 왔다. 2009년 4월 18일 북한인민군 총참모부 대변인은 남한이 대량살상무기 확산방지구상(PSI)에 전면적으로 참여하면 이를 "선전포고"로 간주한다고 밝혔다[31]. 2010년 1월 24일 북한인민군 총참모부는 북한의 핵공격이 예상되면 선제 타격하겠다는 김태영 전 한국 국방장관의 발언에 대해 '선전포고'라고 비난했다[32]. 2011년 6월 20일 조평통(조국평화통일위원회)은 "북인권법을 끝내 조작하는 경우 우리 제도와 인민에 대한 공식 선전포고로, 제2의 표적사건으로 간주하고 무자비하고 단호한 대응에 나설 것"이

---

31) 북한 총참모부 'PSI는 선전포고' 거듭 경고.
   http://issue.chosun.com/site/data/html_dir/2009/04/20/2009042000711.html
32) 김태영 선제타격 발언 … 북 "선전포고 간주" 반발.
   http://news.sbs.co.kr/section_news/news_read.jsp?news_id=N1000701625, 2010.1.25

라고 경고했다[33]. 2012년 3월 21일 북한 중앙통신은 '2012 서울 핵 안보정상회의'(3월 26~27일)에서 북핵 문제와 관련하여 그 어떤 '성명 발표' 따위가 있으면 곧 북한에 대한 '선전포고'로 간주한다고 하였다[34]. 그러고는 '서울 불바다' 공갈 협박이 뒤따른다.

그런데 이러한 북한측의 위협에 대한 남한측의 반응은 이제는 담담한 편이다. 오늘의 한국은 1950년대의 한국이 아니고, 오늘의 한국군은 1950년대의 한국군이 아니다. 북한의 대남 도발은 한·미 연합군의 강력한 응징을 받게 될 것이다. 중국과 러시아는 북한의 대남 도발에 외면할 것이다. 북한의 도발은 바로 북한의 멸망일 것이다. 때문에 만약 북한지도부가 정상적인 사고방식을 갖고 있다면 대남 군사도발을 할 수 없을 것이다.

전쟁을 할 수 없게 된다면 할 수 있는 것은 평화뿐이다. 이렇게 어쩔 수 없어 받아들이는 평화지만 역시 전쟁보다는 좋은 것이다. 남한, 그리고 한반도 주변의 모든 국가, 나아가서는 세계 각국과 국민들은 모두 환영할 것이다. 북한 국민들도 환영할 것이다. 이러한 평화라도 실현된다면 그것을 토대로 북한의 개혁개방과 경제개발이 본격적으로 시작될 수도 있지 않겠는가고 상상해 보게 된다.

'한번 속으면 속인 사람의 잘못, 두 번 속으면 속은 사람의 잘못'이란 말이 있지만, 기왕에 김일성-김정일 체제하의 북한에 여러 번 속은 적이 있는 남한 정부와 국민들은 한 번 더 속더라도 김정은 체제하의 북한이 새 출발을 할 수도 있지 않겠는가고 기대해 보는 것이 바람직하지 않겠는가고 생각해 본다.

---

33) 북한 "인권법 제정은 선전포고·제2표적사건".
   http://news.chosun.com/site/data/html_dir/2011/06/20/2011062001789.html?Dep0=twitter
34) "北核 거론 땐 선전포고로 간주"
   http://news.mk.co.kr/newsRead.php?year=2012&no=180371&url=n, 2012.03.21.

21世纪朝鲜半岛能否阻止战争?

朴昌根(复旦大学国际问题研究院 / 同济大学亚太研究中心)

[中文提要] 就朝鲜半岛而言, 压倒一切的重中之重是防止战争, 争取和平。为此, 首先需要研究朝鲜半岛战争共有哪些形态, 然后研究这些战争形态在历史和当前的表现。作者认为朝鲜半岛战争可分为朝鲜半岛国家内部战争、朝鲜半岛国家之间战争、朝鲜半岛上发生的外部国家之间战争以及朝鲜半岛国家与外部国家之间战争。作者考察这些形态的历史表现, 剖析6·25战争赖以爆发的若干直接理由, 进而对将来可能发生的朝鲜半岛战争形态进行预测与分析。本文还对金大中·卢武铉政府和李明博政府的对北政策进行比较, 指出这两种政策对朝鲜半岛和平的正面与负面影响。作者认为, 朝鲜有可能在不远的将来发生积极的变化, 而朝鲜发生积极变化的先决条件是在朝鲜半岛上阻止战争, 实现和平。

7

"한반도 신뢰프로세스",
성공할 수 있을까?

※ 이 글은 2014년 8월 5일에 완성하여 2014년 8월 15일 한국 청주시에서 중국 동제대학 아태연구센터와 한국 국제뇌교육종합대학원대학교 아시아평화연구소의 공동 주최로 열린 제6회 '동북아 평화, 협력과 발전' 학술교류회에서 발표한 것이다. 회의 논문집 <동북아평화, 협력 및 발전 제6차 학술교류(东北亚和平、合作与发展第六次学术交流)>, p.19-35.

머리말

미국의 아태지역 재균형 전략에 따른 아태지역, 특히 동아시아 지역에 대한 관심과 관여의 증대, 일본의 헌법 재해석에 의한 집단적 자위권 허용 및 그에 따른 재무장의 추진, 중일·한일 간의 역사 및 영토 문제를 둘러싼 갈등의 심화, 남중국해에서 중국과 베트남·필리핀 등과의 분쟁 및 미국과 일본의 개입, 이 모든 것은 동아시아 정세를 날이 갈수록 복잡해지게 하고 있다.

한반도 정세도 대단히 불안한 실정이다. 한반도 주변의 4강은 그 누구도 한반도에서 손을 떼려고 하지 않는다. 한반도가 오늘날 그런대로 거시적인 안정을 유지하는 것은 한국이 안정적으로 미국과의 혈명관계를 유지하는 동시에 1992년 한중 수교 후 중한 관계가 꾸준히 업그레이드되어 왔기 때문이라 할 수 있다. 하지만 한반도에는 불안정 요인들이 다수 존재하고 있다. 그 중에서 정치적 불안정, 경제난과 핵위기에 처해 있는 북한은 한반도 불안정의 가장 중요한 요인이다. 2011년 말 3대 세습에 의한 김정은 정권 출범 후 북미관계의 긴장상태가 지속되는 동시에 중북관계에 불편함이 나타났고, 이러한 기회를 이용하여 북한과 러시아는 접촉을 강화하고 있으며, 일본과 북한은 관계 개선을 추구하고 있다.

북한의 불안이 한반도 불안으로 전환함에서 가장 중요한 중간 결과는 남북관계의 불안이다. 지난 40여 년간 남북관계를 보면 쌍방이 관계개선을 위해 일련의 노력을 한 것도 사실이다. 1972년의 '7·4남북공동성명', 1990년대 초의 '남북기본합의서'와 '한반도 비핵화 공동선언', 2000년의 '6·15공동선언'과 2007년의 '10·4공동선언' 등은 남북이 공동으로 노력하여 만든 합의로서 남북관계개선에 기여를 하였지만 결국 한반도 평화를 실현함에는 실패하였다. 2011년 12월 북한 김정일 국방위원장의 사망에 의한 김정은 정권의 출범과 2013년 2월 남한 박근혜 정부의 출범을 맞아 한반도 남북관계의 미래 발전에 새로운 기회가 마련되지 않았냐고 기대하는 사람들이 적지 않았다. 하지만 2013년 남북관계는 여전히 이명박 정부 시기와 마찬가지로 충돌과 대치가 지속되었다.

그럼 박근혜 정부는 남북관계의 개선을 위해 어떻게 접근하고 있는가? 박근혜 정부의 접근방식이 과연 성과를 거둘 수 있을까? 남북 간의 대립을 타개할 돌파구는 어디서 찾아야 할까? 이 글에서는 이와 관련된 일련의 문제들에 대하여 두루 토론해 보고자 한다.

1 박근혜 정부의 대북정책 내용과 실행 관련

1) 박근혜 정부는 어떤 대북정책을 실행하고 있는가?

류길재 한국 통일부 장관의 설명에 의하면 박근혜 정부의 대북정책은 "튼튼한 안보를 바탕으로 남북 간 신뢰를 형성함으로써 남북관계를 발전시키고, 한반도에 평화를 정착시키며, 나아가서 통일기반을 구축하려는 정책"으로서 통상 "한반도 신뢰프로세스"라 한다. 한국 정부는 한반도 신뢰프로세스의 목표, 추진원칙, 추진기조, 추진과제 등을 설명하기도 하였다.[1]

---

[1] 한국 정부의 대북정책 목표는 '남북관계 발전, 한반도 평화정착, 통일기반 구축'이고, 추진원칙은 '균형 있는 접근, 진화하는 대북정책, 국제사회와의 협력'이며, 추진기조는 "① 튼튼한 안보에 기초한 정책추진, ② 합의 이행을 통한 신뢰 쌓기, ③ 북한의 '올바른' 선택 여건 조성, ④ 국민적 신뢰와 국제사회와의 신뢰에 기반"이고, 추진과제는 "① 신뢰형성을 통한 남북관계 정상화, ② 한반도의 지속가능한

이런 설명을 듣고도 이해하기 힘든 점이 적지 않다. 우선 '한반도 신뢰프로세스' 설명에 이용된 위의 여러 개념은 내용상 중첩되는 부분이 너무 많다. 다음으로 안보 바탕과 남북간 신뢰 형성 사이의 관계에 대한 설명이 부족하여 어떻게 해야 "튼튼한 안보를 바탕으로 남북간 신뢰를 형성"하겠는가 하는 것 등은 이해하기가 너무 힘들다.

2) 박근혜 정부는 국제사회와의 신뢰 형성을 위해 어떤 노력을 하였는가?

박근혜 대통령과 한국 정부는 "한반도 신뢰프로세스"의 실현에는 국제적 지지가 불가결하다고 여기고 많은 노력을 하여 미국, 중국, 러시아 등 국가들의 지지를 얻게 되었다. 이는 박근혜 대통령이 2013년 5월 6일부터 10일까지의 미국 방문에서 오바마 미국 대통령과의 회담[2]), 2013년 6월 27일부터 30일까지의 중국 방문에서 시진핑 중국 주석과의 회담[3]), 그리고 2013년 11월 13일 한국을 방문한 푸틴 러시

평화추구, ③ 통일 인프라 강화, 한반도 평화통일과 동북아 평화 협력의 선순환 모색"이다. 출처 : 한국 통일부 "국민과 함께 하는 한반도 신뢰프로세스" 정책설명, http://www.trustprocess.kr/sub/learn_text.asp, 2014-07-05 열독;
류길재 장관, 한반도 신뢰프로세스 기자간담회. 2013-08-21.
http://www.trustprocess.kr/sub/learn_video_2.asp?vodtop=OK#subTitle

2) '한미동맹 60주년 공동선언'(2013-05-07)에는 다음과 같이 실려 있다. "우리는 한반도 구성원 모두에게 더 나은 그리고 더 안전한 미래를 만들고, '공동비전'에 기초하여 한반도의 항구적인 평화와 안정을 구축하는 한편, 비핵화, 민주주의와 자유시장경제 원칙에 입각한 평화 통일을 이루기 위해 노력해 나갈 것을 다짐한다. 이러한 맥락에서 한미 양국은 동맹에 기초하여, 박 대통령이 주창한 한반도 신뢰프로세스 등을 통하여 북한이 국제사회의 의무를 준수토록 함과 동시에, 한반도 평화와 번영을 증진시키기 위해 지속 노력해 나갈 것이다." 출처 : '한미동맹 60주년 공동선언' 채택, http://www.hyundaenews.com/sub_read.html?uid=5889

3) '한·중 미래비전 공동성명'(2013.6.29)에는 다음과 같이 실려 있다. "한국 측은 한반도의 긴장을 완화시키고 지속가능한 평화를 구축하기 위한 '한반도 신뢰프로세

아 대통령과의 회담4)에서 체결한 공동성명을 통해 확인할 수 있다. 그리고 박근혜 대통령은 유럽 방문, 중앙아시아 방문, 인도 방문 등을 통해 '한반도 신뢰프로세스'에 대한 이들 지역 국가들의 지지를 확보하는 데에 성공하였다. 결국 박근혜 정부는 '한반도 신뢰프로세스'에 대한 광범위한 국제 공조를 형성하는 데에 성공하였다는 것을 알 수 있다.

3) 박근혜 정부는 북한과의 신뢰 형성에서 성과가 있었는가?

'한반도 신뢰프로세스'의 성공적인 실행 여부는 남북 간의 신뢰 형성이 성공하는가 실패하는가에 의해 결정된다. 유감스럽지만 한국은 '한반도 신뢰프로세스'의 가장 중요한 상대자인 북한으로부터의 지지는 아직도 유도해 내지 못하고 있다. 아래의 예를 보자.

2013년 5월 15일, <조선중앙통신>은 '한반도 신뢰프로세스'를 "대결적 본색을 가려 보려는 교활한 술책", "종족 대결 정책", "동족 압살 야망의 발로"라고 비난했다.5)

스' 구상을 설명하였다. 이에 대해 중국 측은 박근혜 대통령이 주창한 '한반도 신뢰프로세스' 구상을 환영하고, 남북관계 개선 및 긴장 완화를 위하여 한국 측이 기울여온 노력을 높이 평가하였다." 출처 : [전문]한·중 미래비전 공동성명 및 부속서, http://www.newsdaily.kr/news/articleView.html?idxno=67833

4) '한국-러시아 공동성명 최종 합의문[전문]'(2013-11-13)에는 다음과 같이 실려 있다. "박근혜 대통령은 남북한 간 신뢰 구축을 통하여 평화를 확보하기 위한 '한반도 신뢰프로세스' 구상의 내용을 설명하였다. 이에 대해 푸틴 대통령은 공감을 표시하고, 러시아연방이 남북관계 정상화와 역내 안보 및 안정의 중요한 조건인 한반도 신뢰구축 노력을 적극 지지한다고 언급하였다." 출처 : 한국·러시아 공동성명 최종합의문[전문], http://www.daehanilbo.co.kr/news/articleView.html?idxno=24173

5) 북한, 박근혜 정부 '한반도 신뢰프로세스' 본격 비난, http://blog.ohmynews.com/tongtii/500937, 2013-05-16

2013년 6월 24일, 재일본조선인총연합회 기관지 <조선신보>는 '한반도 신뢰프로세스'가 "핵포기와 개방을 요구하고 흡수통일을 노리고 있는 것"으로서 이명박 정부의 '비핵·개방·3000 구상'보다 더 적대적이고 대결적이라고 비난하였다.6)

2013년 10월 24일, 북한 노동당 기관지 <노동신문>은 박근혜 정부의 '한반도 신뢰프로세스'는 "본질에 있어 체제 대결과 북침 야망을 실현하려는 반통일 대결 정책"이라고 주장하면서 박근혜 정부의 대북정책이 이명박 정부의 '비핵·개방·3000 구상'과 아무런 차이가 없다고 비난하였다.7)

그 외에도 북한은 한국의 '한반도 신뢰프로세스'에 대하여 각종 비난을 아끼지 않고 있다. 북한의 신뢰를 얻지 못하는 한국의 '한반도 신뢰프로세스'는 성공하기가 수월치 않을 것이지만 박근혜 정부는 계속 북한의 신뢰를 얻기 위해 노력하기로 하였다.

4) 박근혜 대통령의 '드레스덴 구상'이란?

박근혜 대통령은 2014년 3월 27일 한국 대통령으로서는 처음으로 구동독지역의 드레스덴(Dresden)을 방문, 28일 드레스덴공대에서 정치법률분야 명예박사학위를 받고 발표한 '한반도 평화통일을 위한 구상' 제하의 연설에서 한반도 평화통일 기반 구축을 위한 3대 제안, 즉 "남북한 주민들의 인도적 문제 우선 해결", "남북 공동번영을 위한 민생 인프라 구축", "남북 주민 간 동질성 회복"을 제출하였다. 이것

---

6) 일본, 조선신보 '한반도 신뢰프로세스' 비난 보도,
   http://www.womannews.net/detail.php?number=7665, 2013-06-24
7) 북한 노동신문 '한반도 신뢰프로세스' 또 비난,
   http://www.ajunews.com/kor/view.jsp?newsId=20131024000309

이 바로 '드레스덴 구상'이다.8)

'드레스덴 구상'의 구체적 내용을 보면 그중의 많은 조치는 북한 국민들에게 유익한 것들이다. 사실상 일부 조치는 이미 실행중이다. 그리고 일부 조치는 아직 실행되지 못하고 있지만 북한만 동의하면 쉽게 실행할 수 있는 것들이다.

5) 북한은 '드레스덴 구상'을 어떻게 평가하는가?

'드레스덴 구상'이 북한 국민들에게 크게 유익하지만 북한은 이 구상을 받아들이지 않고 각종 비난을 아끼지 않고 있다.

2014년 4월 1일 북한은 <노동신문>, <조선중앙통신>, <조선중앙TV> 등 관영 매체들을 동원하여 박근혜 대통령의 '드레스덴 구상'을 원색적으로 비난하고 나섰다.9)

북한 <노동신문>은 "제 코도 못 씻는 게 남의 부뚜막 걱정한다고

---

8) 박근혜 대통령의 '드레스덴 구상'에는 다음과 같은 내용이 포함된다. ① 남북한 주민들의 인도적 문제 우선 해결. 이산가족 상봉의 정례화; UN과 함께 '임신부터 2세까지 북한의 산모와 유아에게 영양과 보건을 지원하는' '모자패키지(1,000days) 사업' 추진. ② 남북 공동번영을 위한 민생 인프라 구축. 남북 협력에 의한 '복합농촌단지' 조성; 북한 인프라 건설(교통, 통신 등)에 대한 한국의 투자, 한국에 의한 북한 지하자원 개발에 대한 북한의 허용; 나진·하산 물류사업 등 남·북·러 협력사업; 신의주 등 지역의 남·북·중 협력사업. ③ 남북 주민 동질성 회복. '순수 민간 접촉이 꾸준히 확대될 수 있는 역사 연구와 보전, 문화예술, 스포츠 교류 등'의 장려; 북한 인력 경제교육; 미래세대 교육프로그램 공동개발. 박근혜 대통령은 이런 구상의 실현을 위해 '남북교류협력사무소' 설치, 남·북·유엔이 함께 남북 간의 비무장지대에 'DMZ세계평화공원' 조성을 제안하기도 하였다. 출처 : [풀영상] 박대통령, 드레스덴에서 '통일 독트린' 연설, http://news.naver.com/main/read.nhn?mode=LPOD&mid=tvh&oid=437&aid=0000034718, 2014.3.28
9) 북한, 한국 박근혜 대통령 '드레스덴 제안' 맹비난, http://m.voakorea.com/a/1883706.html, 2014-04-01

참으로 가소롭다. 박근혜가 오물처럼 쏟아낸 망발과 추한 행실은 혐오감과 환멸감부터 자아낸다"고 막말을 쏟아냈고, 특히 박근혜 대통령을 지칭해 "치마를 두르고 60이 넘도록 정치를 배웠다는 게 고작 악담질하는 것뿐이니 나이를 헛먹었다", "괴벽한 노처녀", "가벼운 혓바닥", "비루먹은 암캐 같은 ×" 등 욕설을 마구 퍼부었다.[10]

2014년 4월 12일 북한의 최고 권력기구인 국방위원회는 박근혜 대통령의 드레스덴 구상을 '흡수통일' 논리라며 조목조목 비난했고, '드레스덴 선언'은 "나라와 민족의 이익은 덮어두고 몇 푼 값도 안 되는 자기의 몸값을 올려보려고 줴친(떠든) 반통일 넋두리"라고 매도했다.[11]

북한의 이러한 어처구니없는 욕설은 박근혜 대통령의 '드레스덴 구상'도 '한반도 신뢰프로세스'와 마찬가지로 당분간은 북한 정부의 동의를 얻기 어려울 것이라는 것을 보여 준다. 하지만 한국 측의 민간 지원에 대하여 북한은 그것들이 명의상 '드레스덴 구상'과 관계있는 것이 아니라면 사실상 거부하지 않는 실정이다.[12]

6) 지난 1년여 동안 '한반도 신뢰프로세스'는 어떤 성과가 있었는가?

10) '드레스덴 구상'에 오물 쏟아낸 망발,
http://ffnk.net/board/bbs/board.php?bo_table=news&wr_id=638&page=1&page=1, 2014-04-02
11) 北 국방위, 드레스덴 구상 비난 … "흡수통일 논리". 북한이 언론 매체를 통해 이 구상을 비난한 적은 있지만 공식 기관이 이 구상에 대한 공식적 입장을 밝힌 것은 이번이 처음이라 한다.
http://media.daum.net/society/nation/seoul/view.html?cateid=100004&newsid=20140412072006513&p=yonhap
12) 北, 대북지원 활동 '드레스덴 무관 확인' 요구,
http://www.yonhapnews.co.kr/northkorea/2014/07/23/1801000000AKR20140723075700043.HTML

지난 1년여 기간 중 박근혜 정부는 '한반도 신뢰프로세스'의 추진 과정에서 아직 북한과의 전반적인 합의 달성에는 성공하지 못하였지만 일부 사항에서는 긍정적인 성과를 취득하였다고 평가할 수 있다.

우선 한반도 통일에 대한 관심이 커졌다. 박근혜 대통령이 2014년 1월 6일 기자회견에서 "통일은 대박"이라면서 한반도 평화와 통일시대 준비의 중요성을 강조한 이후 통일교육의 고조가 형성되어 한국 국민들의 통일에 대한 인식이 대폭 제고되었다. 그리하여 장기간 "통일 비용" 등을 운운하면서 통일의 소극적인 면을 과대평가하던 데로부터 통일의 긍정적인 면을 제대로 인식하게 되면서 국민들의 통일공감대 형성과 관련 국가들로의 통일공감대 확산에 기여하였다는 것을 알 수 있다. 2014년 7월 15일 박근혜 대통령을 위원장으로 하는 통일준비위원회의 발족은 한반도 통일 준비가 더욱 힘 있게 추진되리라는 기대를 갖게 하기도 한다.13)

다음은 개성공단 정상화를 위한 남북합의서의 타결이다. 2013년 4월 3일 북한이 남측 근로자 출경제한을 일방적으로 선포함으로 시작된 개성공단 사태는 5월 3일 남측 잔류 인원 7명의 귀환으로 벼랑끝으로 몰렸었는데 8월 14일 '개성공단 정상화를 위한 남북합의서'의 극적인 타결로 해결되었다. 박근혜 정부가 북한의 벼랑끝 전술에 굴복하지 않고 원칙을 지키면서 도출해 낸 합의라는 것이 긍정적으로 평가되고 있다.14)

---

13) 통일준비위원회 명단 보니…위원 50명 중 2/3이 민간, 국회의원은 몇 명?,
　　http://news.chosun.com/sit e/data/html_dir/2014/07/15/2014071501896.html
14) 남성욱. '한반도 신뢰프로세스' 첫 걸음 시작됐다. <통일한국> 2013년 9월호 p.8
　　~9; 이상만 등 : (특별좌담)개성공단, 그리고 향후 남북관계는? <통일한국> 2013
　　년 9월호 p.20~25; [전문] 남북 개성공단 정상화 합의서,
　　http://newspim.com/view.jsp?newsId=20130814000869.
　　합의한 5개항의 내용은 다음과 같다. ① 남과 북은 통행 제한 및 근로자 철수 등에

또 하나는 제19차 남북 이산가족 상봉행사가 성사되었다는 것이다. 2010년 10월 제18차 남북 이산가족 상봉 이후 2010년 말 북한의 연평도 포격 사건으로 중단된지 3년 4개월만인 이번에 상봉한 곳은 북측의 금강산이었고, 상봉한 남북 이산가족들은 총 813명 규모였다. 상봉기간은 2월 20∼25일, 그중 남측 신청자가 북측 가족을 만난 1차 상봉은 20∼22일, 북측 신청자가 남측 가족을 만난 2차 상봉은 23∼25일이었다. 남북이 정치적으로 여전히 대립되어 있는 상황에서 이산가족 상봉이 이루어졌다는 것은 인도주의가 남북관계 개선에서 특수한 역할을 한다는 것을 알 수 있다.

마지막으로 최근 한국 정부가 민간단체의 대북지원을 폭넓게 허용, 남북 간 접촉이 활발해지고 있으며 북측은 남측으로부터의 지원을 받아들이고 있다. 물론 '드레스덴 구상'과의 연관성 여부를 따지면서 경우에 따라 지원 물자 수령을 거부하기도 하지만 경제난에 시달리는 북한으로서는 한국 민간단체의 지원을 무작정 거부할 수 없는 실정이므로 향후 점차 확대되어 갈 것이라 추측할 수 있다.15)

의한 개성공단 중단사태가 재발되지 않도록 하며, 어떠한 경우에도 정세의 영향을 받음이 없이 남측 인원의 안정적 통행, 북측 근로자의 정상 출근, 기업재산의 보호 등 공단의 정상적 운영을 보장한다. ② 남과 북은 개성공단을 왕래하는 남측 인원들의 신변 안전을 보장하고 기업들의 투자자산을 보호하며, 통행·통신·통관 문제를 해결한다. ③ 남과 북은 개성공단 기업들에 대해 국제적 수준의 기업활동 조건을 보장하고, 국제적 경쟁력이 있는 공단으로 발전시켜 나간다. ④ 남과 북은 상기 합의사항을 이행하기 위하여 '개성공단 남북공동위원회'를 구성·운영하며, 산하에 필요한 분과위원회를 둔다. ⑤ 남과 북은 안전한 출입 및 체류, 투자자산 보호를 위한 제도적 장치를 마련하며 개성공단 기업들이 설비정비를 하고 재가동할 수 있도록 적극 노력한다.

15) 北, 대북지원 활동 '드레스덴 무관 확인' 요구, http://www.yonhapnews.co.kr/northkorea/2014/07/23/1801000000AKR2014072 3075700043.HTML

2 '한반도 신뢰프로세스' 실행에서 고려해야 할 문제들

1) '주면 변한다'와 '안 주면 변한다'는 어떻게 이해해야 할까?

한국 정부나 국제사회의 대북 정책을 고찰해 보면 2가지 사고방식이 있음을 알 수 있다. 하나는 '주면 변한다'는 것이고 다른 하나는 '안 주면 변한다'는 것이다. 김대중-노무현 정부의 대북정책은 전자에 의한 것이고, 대북 제재로 북핵폐기를 유도하려는 대북정책은 후자에 의한 것이다.

위의 2가지 사고방식이 완전히 그릇된다고 할 수는 없지만 위의 사고방식에 의한 대북정책으로 북핵폐기를 실현하려던 노력은 모두 실패하였다. 북한은 지난 20여 년간 꾸준히 핵개발을 추진하여 3차례의 핵실험을 단행하였고 핵무기의 질을 점차 높여가고 있다.16) 이는 사물의 발전 변화에서 내적 원인이 얼마나 중요한 역할을 하는가를 보여주는 실례라고 할 수 있다.17)

---

16) 북한의 제1차 핵실험은 노무현 전 대통령의 재직 기간 중인 2006년 10월 9일에 하였고, 제2차 핵실험은 노무현 전 대통령의 상중(喪中)인 2009년 5월 25일에 하였으며, 제3차 핵실험은 이명박 전 대통령의 임기 말, 박근혜 현 대통령의 취임 직전인 2013년 2월 13일에 하였다. <조선중앙통신>은 이날 핵실험이 성공하였다고 하면서 "이전과 달리 폭발력이 크면서 소형화, 경량화 된 원자탄을 사용해 높은 수준에서 안전하고 완벽하게 진행된 이번 핵시험은 주위 생태환경에 그 어떤 부정적 영향도 주지 않았다는 것이 확인됐다"고 보도하였다.
http://www.ohmynews.com/NWS_Web/View/at_pg.aspx?CNTN_CD=A000183 3707, 2013-02-12

17) '주기', '안 주기'와 변화의 관계를 검토할 때 모택동의 다음과 같은 말이 생각난다. "유물 변증법은 외적 원인은 변화의 조건이고 내적 원인은 변화의 근거이며 외적 원인은 내적 원인을 통하여 작용하는 것이라고 인정한다. 계란은 적당한 온도를 받으면 병아리로 변하지만 온도가 돌멩이를 병아리로 변하게 할 수는 없다. 왜냐하면 양자의 근거가 같지 않기 때문이다." 原文 : "唯物辩证法认为外因是变化的条件, 内因是变化的根据, 外因通过内因而起作用。鸡蛋因得适当的温度而变

주나 안 주나 일정 기간 중 변하지 않는 것이 있는 것은 사실이지만 주나 안 주나 변하는 것이 있는 것도 사실이다. 주는 것을 가지면 가진 것을 쓰느라고 변하게 되고, 주는 것이 없으면 있을 것이 없어 변하게 된다. 1990년대 이후의 북한을 보면 정치, 경제, 사회, 군사, 사상, 심경 등 여러 면에서 크고 작은 변화를 겪으면서 향후 발전 방향에 여러 가지 시나리오를 생산해 놓았다.18)

2) 한반도 전쟁 가능성은 어떠한가?

'한반도 신뢰프로세스'의 3대 목표 중의 하나가 '한반도 평화정착'이다. 한편, 한반도 평화는 '한반도 신뢰프로세스'가 실행될 수 있는 전제조건이기도 하다. 그러므로 '한반도 신뢰프로세스'를 추진하기 위해서는 우선 한반도 전쟁 가능성에 대한 올바른 판단이 있어야 한다.

남북으로 갈라져 있는 한반도에는 늘 전쟁 위험이 존재한다. 냉전시대의 '소·중·북 북3각'은 해체되었지만 '미·일·한 남3각'은 여전히 존재하고, 한국 군사력이 북한보다 절대적 우위인 현시점에서 그 어떠한 유형의 '한반도 전쟁'도 수월히 일어날 수 없다.19)

1950년에 김일성이 스탈린과 모택동의 지지, 그리고 미국이 한반

化为鸡子, 但温度不能使石头变为鸡子, 因为二者的根据是不同的。" 毛泽东 : 毛泽东选集(合订一卷本). 北京 : 人民出版社, 1966. p.277-278.

18) 박창근. 최근 북한 내부정세의 특징과 전망. 독일통일 20주년 기념 한반도 '바른 통일'을 위한 국제세미나 발표 논문. 논문집 <한반도 통일환경과 바른 통일을 위한 방향 모색>, [한국]평화문제 연구소, 2010-10-15., p.3-34.

19) 박창근. 21세기 한반도 전쟁, 저지할 수 있을까? 회의논문집 <동북아 평화, 협력 및 발전 제5회 학술교류>, [한국]국제뇌교육종합대학원대학교 아시아평화연구소, [중국]동제대학 아태연구센터. 2012-08-15, p.22-44.

도 전쟁에 개입하지 않으리라는 판단을 전제로 6·25전쟁을 발동하였다는 것을 고려하면서 한반도 현황을 살펴본다면, 북한이 선제 남침 전쟁을 발동할 경우, 북한은 한·미와 국제사회의 강력한 반격에 직면하는 한편, 중국이나 러시아의 지지는 받지 못할 것이다. 20) 북한이 핵무기를 보유하고 있는 상황에서 대남 전쟁 발동 조짐이 확인될 경우 한·미의 선제공격이 가능케 되며 이렇게 일어난 전쟁에도 중국과 러시아는 단독으로는 개입하려 하지 않을 것이다.

때문에 오늘날 동북아 정세를 보면 북한의 도발이 없으면 한반도 전쟁도 없다. 중국이나 러시아의 지지가 없는 상황에서 '자살 행위'로 판단되는 북한에 의한 대남 전면전은 발생할 가능성이 거의 없지만 국지전은 가능하다. 그런데 천안함 사건을 경과하면서 북한의 선제공격에 대한 강력한 보복을 고려하는 한국을 보복을 우려하는 북한이 감히 건드리지 못하고 있는 것도 사실이라 할 수 있다.

3) 북한의 핵폐기는 가능할까?

주지하다시피 이명박 정부가 '비핵·개방·3000 구상'을 실현할 수 없은 것은 북한의 비핵화를 전제로 이 구상을 추진하려 하였는데 김정일 북한 정부가 비핵화를 거부하였기 때문이다. 김정은 북한 정부도 현재 비핵화를 거부하고 있다. 때문에 만약 박근혜 정부의 '한반도 신뢰프로세스'와 '드레스덴 구상'이 북한의 비핵화를 전제로 한다면 이명박 정부 대북정책의 전철을 밟게 될 것이다.

---

20) 1961년 7월 11일에 체결된 '조중 우호협력상호원조조약' 제2조에는 "일단 일방 체약국이 어느 한 국가 또는 수 개국 합동무장의 진공을 받았을 때 다른 일방 체약국은 즉각 자기의 모든 힘을 다하여 군사적 및 기타 원조를 제공하여야 한다."고 적혀 있다. 하지만 북한이 한국을 선제 진공하여 한국의 반격을 받을 경우 중국은 위의 조약 내용을 이행할 '의무'가 없게 된다.

북한 핵폐기는 여러 가지 방안이 있을 수 있다. 예를 들면, 북핵을 제거하려는 전쟁에 의한 핵폐기, 핵보유를 주장하는 정권의 붕괴에 의한 핵폐기, 핵보유의 경제적 부담에 의한 핵폐기, 핵폐기의 합리성 이해에 의한 핵폐기 등이 있다. 시간적으로는 남북통일 전의 핵폐기일 수도 있고, 남북통일 후의 핵폐기일 수도 있다. 어느 시나리오가 현실화 될지는 현재로서는 그 누구도 알 수 없는 일이다.

특히 박근혜 정부 임기 내에 북핵폐기가 성사될 가능성은 거의 존재하지 않는다. 2012년 4월 13일 개정 통과된 북한헌법에는 북한이 '핵보유국'이라고 명시되었고, 2013년 2월 13일 제3차 핵실험을 단행하였고, 2013년 3월 31일 조선노동당 중앙위원회에서는 '경제건설과 핵무력건설의 병진노선'21)을 채택하였다. 그리고 최근 북한군 총정치국장이 미국 본토에 대한 핵공격을 공언하는 것22) 등을 보면 북한은 근본상 핵폐기 자체를 고려도 하지 않을 뿐만 아니라 핵무기의 소형화·경량화·다종화를 위해 더욱 노력한다는 것을 알 수 있다.

---

21) <조선중앙통신>은 2013년 3월 31일 이날 채택된 '경제·핵무력 건설 병진노선'이 김일성 주석과 김정일 국방위원장 등이 구현했던 '독창적인 경제 국방 병진 노선의 빛나는 계승'이라고 의미를 부여하고 "항구적으로 틀어쥐고 나가야 할 전략적 노선"이라고 보도했다. 출처 : 北黨중앙위 전원회의, 경제·핵무력 병진노선 채택(종합), http://www.yonhapnews.co.kr/politics/2013/03/31/0511000000AKR20130331068052014 HTML?template=2085

22) 북한군 서열 1위인 황병서 군 총정치국장이 정전협정 체결 61주년인 2014년 7월 27일 평양 금수산태양궁전 앞에서 열린 결의대회 연설에서 "미제가 핵 항공모함과 핵 타격수단으로 우리의 자주권과 생존권을 위협하려 든다면 우리 군대는 악의 총본산인 백악관과 펜타곤을 향하여, 태평양 상의 미제 군사기지와 미국 대도시들을 향해 핵탄두 로켓을 발사하게 될 것"이라고 말했다고 조선중앙TV가 7월 28일 보도했다. 출처 : 북한군 총정치국장 "자주권 위협하면 美 본토 핵공격", http://www.yonhapnews.co.kr/northkorea/2014/07/28/1801000000AKR2014072 8043000014.HTML

때문에 북한 핵폐기를 현 정부 임기 내의 목표로 삼을 것이 아니라 북한 핵폐기는 하나의 긴 과정이 되리라는 인식을 바탕으로 먼저 북한 핵폐기를 위한 로드맵을 작성한 후 임기 내에 할 수 있는 과제를 설정하여 추진해야 할 것이다. 북한 핵폐기를 위한 과제만 추진할 것이 아니라 '한반도 신뢰프로세스'에서 추진하려는 다른 과제들도 함께 추진해야 할 것이다.

4) 남북 간의 기존 협의 이행은 가능할까?

박근혜 대통령은 새누리당 비상대책위원회 위원장 시절인 2012년 2월 28일 '2012 핵안보정상회의 개최기념 국제학술회의' 기조연설에서 "한반도 신뢰프로세스는 첫째, 서로 약속을 지키는 것부터 시작해야 한다"며 "지금까지 남북 간, 그리고 북한이 국제사회와 합의한 '7·4공동성명', '남북기본합의서', '6·15선언', '10·4선언' 등 기존의 약속들은 기본적으로 존중(尊重)돼야 한다"고 했다.[23]

류길재 통일부 장관도 '한반도 신뢰프로세스'를 설명할 때, "신뢰는 서로가 함께 쌓아가는 것"이라면서 '7·4 남북공동성명', '남북기본합의서', '6·15 공동선언', '10·4 정상선언' 등 과거에 합의한 약속은 존중되고 준수되어야 한다고 역설했다. 그리고 무엇보다도 남북 간에 대화가 있어야 하며 정치적 상황과 상관없이 인도적 지원과 이산가족, 납북자, 국군포로 문제 등 현안을 해결해야 한다고 주장하면서 북한이 약속을 존중하고 협력적 자세를 보이는 것이 신뢰 형성에 필요하다고 강조했다.[24]

---

23) 金成롱. [要約]박근혜 후보의 安保觀 : 大選후보 3인은 국가안보를 어떻게 보는가 (3), 2012.10.22.
   https://www.chogabje.com/board/view.asp?C_CC=AZ&C_IDX=47791&cpage=1

한국측의 위의 태도에 북한은 아직 명확한 태도 표시가 없다. 북으로서는 '남북기본 합의서'와 '한반도 비핵화 공동선언', 그리고 '10·4선언' 제4항 (핵폐기 관련)[25]이 실행상 어려운 것으로 인정될 수 있다. 그러나 기존 합의 실행에서 북측만 어려움을 느끼는 것이 아니다. 남으로서는 '6·15 공동선언' 제2항(남북 통일 방안 관련)[26], '10·4 선언' 제5항 중 '공동어로구역' 설정[27] 등이 실행상 어려운 것으로 인정될 수 있다.

합의가 이루어진 후 이미 수년 내지 수십 년이 지났고 쌍방의 정상도 모두 바뀐 오늘날 기존 협의의 모든 내용을 문자 그대로 실행한다는 것은 쌍방 모두에게 불가능한 것이다. 바로 이러하기 때문에 남북 쌍방이 다시 마주 앉아 기존 협의의 이해와 문제점, 새로운 정세와 관련된 수정과 보완 등에 대하여 협의하는 것이 필요할 것이다. 기존 합의와 현실을 동시에 모두 존중하는 것이 문제 해결에 직면하여 취해야 할 올바른 태도이다.[28]

---

24) 이활웅. 류길재 새 통일부 장관의 주목할 만한 발언, 2013-03-12.,
http://www.tongilnews.com/news/articleView.html?idxno=101748

25) '10·4선언' 제4항에는 한반도 핵문제에 대하여 '남과 북은 한반도 핵문제 해결을 위해 6자회담, 9·19 공동성명과 2·13 합의가 순조롭게 이행되도록 공동으로 노력하기로 하였다.'고 적혀 있다. 출처 : 남북관계 발전과 평화번영을 위한 선언, http://ko.wikipedia.org, 2014-07-10 열독.

26) '6·15 공동선언' 제2항에는 다음과 같이 적혀 있다. "남과 북은 나라의 통일을 위한 남측의 연합제 안과 북측의 낮은 단계의 연방제 안이 서로 공통성이 있다고 인정하고 앞으로 이 방향에서 통일을 지향시켜 나가기로 하였다." 한국 통일부. 남북대화 제67호('99.10~'01.4), p.26.

27) '10·4선언' 제5항 중에는 다음과 같이 적혀 있다. "남과 북은 해주지역과 주변해역을 포괄하는 서해평화협력특별지대를 설치하고 공동어로구역과 평화수역 설정, 경제특구건설과 해주항 활용, 민간선박의 해주직항로 통과, 한강하구 공동이용 등을 적극 추진해 나가기로 하였다." 출처 : 남북관계 발전과 평화번영을 위한 선언, http://ko.wikipedia.org, 2014-07-10 열독.

28) 이명박 정부 시기의 '5·24 조치'는 남북 합의가 아니라 남측에서 일방적으로 취한

5) 북한의 '경제관리개선'은 어떻게 이해해야 할까?

북한이 개혁개방을 할 수 있냐 없냐 하는 논의가 그치지 않는다. 하지만 2002년 7·1 경제관리개선조치와 2012년 6·28 경제관리개선 방침의 실행으로 북한에서는 실질적인 '변화', '변혁'이 발생하고 있다고 할 수 있다.

중앙계획지표의 축소, 경제주체의 자율성 확대, 그리고 평균주의의 타파와 경쟁체제의 도입은 시장경제의 형성 발전에 활력을 부여하고 있다. 유통분야에서는 기존 계획 경제적 상업유통망 외에 새로이 형성된 장마당 형태의 농민시장과 '종합시장'이 북한 국민생활과 경제 운영에서 역할을 확대하고 있다. 지방·공장·기업·하부 단위의 자율성과 능동성이 증대되어 생산 자료의 취득, 생산과정의 조직, 생산결과의 배분 등 경제 시스템의 운영방식에서 적지 않은 변화가 발생하고 있다. 농업경영에서 협동농장 분조규모가 10~25명에서 4~6명으로 줄어 농업경영단위의 소형화 또는 가족단위화로의 변화가 발생하고 있다.[29] 정치·군사적 원인으로 유엔의 제재를 받는 상황에서도 대외무역 등 대외 경제교류가 추진되고 있다.

'나진선봉자유무역지대', '개성공단', '신의주특구'에 이어 작년 11월 13개 경제 개발구를 설치하였고, 올 7월에 또 6개 경제 개발구를 신설하였다(그림 7.1).[30] 이 모든 것은 그 동안 북한이 비록 '개혁개

조치이다. 당시로서는 불가피한 조치였지만 '한반도 신뢰프로세스'의 실행을 위해서는 향후 어느 한 시점에서 해제되어야 할 것이다. '5·24 조치'의 해제는 남북관계의 총체적 상황, '5·24 조치'의 원유가 되었던 사안들에 대한 북한 측의 사과나 모종의 향후 보증 등을 종합적으로 고려하여 결정해야 할 것이다.

29) 김영윤. 계획경제와 멀어지는 북한. 월간북한, 2012년 10월호, p.37-45.

30) 참조 : 北, 경제개발구 급속 확대···대외경협 의지 과시,
http://www.yonhapnews.co.kr/northkorea/2014/07/24/1801000000AKR20140724
088500014.HTML

방'이란 용어는 안 쓰지만 실질적인 '변화', '변혁'이 이미 북한식으로 시작되어 북한식으로 진행되고 있다는 것을 의미한다. 북한의 특이한 사정을 고려한다면 그 전망은 아직 정확히 예측할 수 있는 것이 아니지만 중요한 것은 변화가 이미 시작되었다는 것이다.

그림 7.1 북한 19개 경제개발구·신의주 특구

(출처 : http://www.yonhapnews.co.kr/northkorea/2014/07/24/1801000000AKR201
40724088500014.HTML)

6) 북한의 '경제관리개선'에 대한 제언은?

2002년 7·1 경제관리개선조치와 2012년 6·28 경제관리개선방침의 실행으로 추진되고 있는 북한의 경제관리개선은 그 동안 아주 복잡한 정치적 사건들을 겪는 등 원인으로 그 성과가 기대에 못 미쳤지만 이미 시작되어 지속되고 있다는 것이 의미 있다고 할 수 있다.

우선 밝히고 싶은 것은 북한의 '경제관리개선'이 바로 북한식 '개혁개방'일 수도 있지만 북한이 '개혁개방'이란 용어를 싫어하기 때문에 여기서는 '경제관리개선'이란 개념을 직접 사용하려 한다. 중요한 것은 명칭이 아니라 내용이다. 북한의 '경제관리개선'이 어느 정도 발전하여 새로운 용어를 사용하는 것이 필요된다면 누가 권고하지 않아도 그렇게 될 것이다.

그럼 중국식 개혁개방의 시각으로 고찰할 때 북한식 경제관리개선에 대하여 어떠한 제언을 할 수 있을까? 이는 많은 연구를 필요로 하는 연구과제이다. 하지만 여기서는 간략하여 몇 가지 제언을 해 보고자 한다. 두 나라의 사정이 다르기 때문에 일국의 경험을 그대로 타국에 적용하는 것은 합당하지 않지만 어느 정도 참고할 수는 있지 않겠는가고 생각한다.31)

1) 북한의 '경제관리개선'은 우선 국민들의 노용의욕을 고양시켜 모든 국민들이 잘 살아보려고 분투하는 분위기가 형성되고, 일을 부지런히 하면 잘 살 수 있는 여건이 조성되며, 국가와 국민이 일체가 되어 노력할 때에야만 성공할 수 있다. 개혁개방 초기의 중국인들은 외국, 홍콩, 타이완과의 비교에서 전통적 사회주의 계획경제 체제의 가장 큰 실패가 국민들의 노동 의욕과 적극성을 고양시키지 못한 데에 있다는 것, 그리고 낙후와 빈곤의 근원이 게으름에 있고 가난에서 벗어나려면 부지런히 일해야 한다는 것을 인식하게 되었으며 이런 자성을 통해 생긴 신심과

31) 박창근. 중국 개혁개방 30년. 중국의 개혁개방과 신동북아질서. 서울 : 인터북스, 2010. p.21-91.

결심은 중국 개혁개방이 성공할 수 있은 가장 위대한 원동력이
되었다.

2) 북한의 '경제관리개선'은 사상해방 운동이어야 한다. 기존의
'사상 쇠사슬'에 얽매여 폐쇄적 사고방식에서 벗어나지 못한다
면 '경제관리개선'이 잘 될 수 없다. 개혁개방이 시작되던 1978
년 전후 중국에서 가장 많이 사용된 용어가 '사상해방', '실사구
시', '진리 기준' 등이었다. 그리고 당시 중국인들이 중국을 정
적 폐쇄 시스템에서 동적 개방 시스템으로 발전시키려 하면서
'시스템과학', '시스템이론', '시스템공학' 등을 도입 · 연구하여
개혁개방에 활용하였던 것도 특기할 만한 일이다.32)

3) 북한의 '경제관리개선'은 계획경제 체제로부터 시장경제 체제로
의 전환이어야 한다. 그러나 이는 단숨에 완수되는 것이 아니므로
로드맵을 작성하고 각 단계에 적합한 산업정책과 관련 경제정책
을 제정해야 할 것이다. 중국 경제의 시장화는 중앙집권적 계획경
제(1978.12 이전)에서 출발하여 '계획경제 위주, 시장조절 위부'
단계(1978.12~1984.10), '계획 있는 상품경제 단계'(1984.10~
1992.10)를 거쳐 '사회주의 시장경제체제'(1992.10 이후)로 발전
하였다.

4) 북한의 '경제관리개선'은 농촌에서는 농업경영의 가족단위화를
보급 · 정착시키고, 도시에서는 자유무역지대 · 특구 · 개발구 등에
서 국영기업 경영의 자율화, 일부 공기업의 민영화, 외국인 투자
기업의 증가, 민영경제의 활성화, 금융 · 자본시장의 개발과 개
방, 인구유동 · 고용 · 취업 자유의 획기적 증대, 국제시장으로의

---

32) 朴昌根 : 系統学基础. 成都 : 四川教育出版社, 1994; 系統学基础(修订版). 上海 :
上海辞书出版社, 2005; 시스템학. 서울 : 범양사출판부, 1987.

대규모 진출, 노무수출의 증가, 국내시장의 개방, WTO 가입 등이 점진적·연속적으로 추진되어야 할 것이다. 중국의 개혁개방은 농촌에서 시작되어 도시로 확산되었으며, 도시에서의 개혁개방은 점에서 선으로, 선에서 면으로 확산되어 나갔던 것이다.

5) 북한의 '경제관리개선'은 해외자본의 도입과 투자의 활성화가 추진되어야 성공할 수 있다. 북한은 재외동포 자본의 유치를 위한 노력, 특히 한국자본 유치를 위한 노력을 강화해야 할 것이다. 투자환경 개선에 따라 북한은 해외직접투자의 새 허브가 될 것이다. 중국의 개혁개방 초기 주로 도입한 것은 해외중국인 자본이었다. 1979~2005년 기간 중 해외중국인 대중국 직접투자가 해외 대중국 총 직접투자에서 차지한 비율이 2/3 정도였다는 것은 시사하는 바가 많다고 할 수 있다.

6) 북한의 '경제관리개선'은 외국 선진 과학기술과 선진 경영기법, 그리고 경제개발 경험의 학습과 도입에 노력해야 가속화할 수 있을 것이다. 제2차 세계대전이 끝난 후 독일, 일본, 홍콩, 타이완, 싱가포르, 한국, 중국 등은 경제개발에 성공한 실례를 보여준다. 중국이 개혁개방 과정에서 이들 국가나 지역의 개발모델을 참조하였던 것처럼 북한도 그리하는 것이 유익할 것이다. 특히 한국의 개발모델[33]은 전세계가 인정하는 성공적인 개발모델로서 중국도 상당히 중요시하였던 것이다 .

7) 북한의 '경제관리개선'은 정부 주도로 추진되기 때문에 경제의 고속성장을 주축으로 정부와 시장의 관계, 국가의지와 국민의 자원 동참·창의성 간의 관계, 정치 사회 안정과 경제성장의 관

---

33) 朴昌根 : 韩国产业政策. 上海 : 上海人民出版社, 1988; 解读汉江奇迹. 上海 : 同济大学出版社, 2012。

계, 국가경쟁력 증대와 국민생활수준 향상의 관계 등을 합리적
으로 원활하게 처리하여야 할 것이다. 중국의 개혁개방을 보면
중국 지도부는 이 모든 복잡한 과제들을 처리함에 있어서 지도
집단에 의해 형성된 고도의 재능과 수준을 과시하여 비교적 순
조롭게 개혁개방을 이끌어 나갔던 것이다.

8) 북한의 '경제관리개선'은 '경제관리개선' 방법론에 대한 연구도
병행하여 '경제관리개선'을 유력하게 추진하는 동시에 '경제관
리개선' 과정에서 생길 수 있는 역효과를 가급적 최소화해야 할
것이다. 중국의 경우 우선 전략적 차원에서 경제의 고속성장을
위한 명확한 방향과 목표에 따라 체계적으로 개혁개방을 추진
하였다. 중국은 급진적·돌변적 방식을 지양하고 점진적·단계
적 방식으로 추진하였고, 현실을 존중하면서 현실을 개혁하였
다. 예를 들면, 기득권자들의 기득 이익을 강제 박탈하는 것이
아니라 보호해 주면서 경제개발을 추진하였기에 정치 사회의
안정을 유지하면서 고속 성장을 이룩할 수 있었다.

9) 북한의 '경제관리개선'은 원활한 국제관계와 남북관계 정립에
의해서만 성공이 가능하다. 장기간 국제사회로부터 제재를 받는
상황에서는 '경제관리개선'이 제대로 추진될 수 없다. 특히 동족
의 나라인 한국과 화해·교류·협력하지 못하는 북한은 타국 경
제인들이 마음 놓고 투자할 수 있는 곳으로 인정될 수 없다. 중국
이 개혁개방에 성공할 수 있은 중요한 요인의 하나가 바로 미국
을 비롯한 세계 대국들과의 관계, 주변국들과의 관계 조절을 통
해 개혁개방에 유리한 국제 환경을 조성하였기 때문이었다.

10) 북한의 '경제관리개선'은 정부와 국민이 일심으로 경제개발과
경제성장에 주력하여야 성공할 수 있다. 김일성 시대의 '경제·
국방 병진노선'은 초기에는 성공적이었지만 결국은 북한의 경

제파탄으로 막을 내렸고, 김정일시대의 '선군정치 노선'은 북한 역사상 경제상에서 가장 참담한 시기의 기록이었다. 이제 막 시작된 김정은 시대의 '경제·핵무력 건설 병진노선'도 성공 가능성이 희박하다고 할 수밖에 없다. 북한이 핵무기와 미사일 개발을 지속할 경우, '경제관리개선'에 의한 경제운영은 초기에는 기존 체제의 개선 효과가 경제회복과 경제성장으로 나타나겠지만 얼마 안 지나서, 경제건설에 투입될 수 있는 국내자원의 부족과 유엔 등의 제재로 인해 필요되는 국제자원의 부족으로 또다시 곤궁에 빠질 것이다. 때문에 북한의 정확한 출로는 한반도 평화 및 안전보장 집단체계 수립을 전제로 핵개발 포기, 군비축소와 병력 감축을 단행하고 경제개발과 성장에 주력하는 것이다. 중국 개혁개방의 성공에는 1980년대 병력 100만 명 감축을 시작으로 1990년대에 병력 50만 명을, 2000년대에 병력 20만 명을 감축하여 400만 명이던 병력을 230명으로 감축한 것[34]도 한 몫을 하였던 것이다.

3 '한반도 신뢰프로세스'의 실행과 중국 조선족

1) 중국 조선족이란?

중국에서 '조선민족'이란 말은 한국에서의 '한민족'이란 말과 같다. 그중에는 '조선반도'('한반도')에서 사는 '조선민족'('한민족') 구성원

---

34) 李宣良、张泪泪 : 改革开放后的3次大裁军
http://www.chinamil.com.cn/site1/jbzsc/2007-07/19/content_893598.htm

들과 기타 국가나 지역에서 사는 '조선민족'('한민족') 구성원들이 포함된다. 중국에서는 '조선족'이란 말로써 중국 국적의 '조선민족'('한민족') 구성원들을 가리킨다.35)

때문에 중국에서 사는 '조선민족'('한민족') 구성원은 3부류가 있다. 제1부류는 중국 조선족이다. 제2부류는 조선민주주의인민공화국 국적 소지자인 '재중 조선인'인데, '재중 조교'는 중국에 정착하여 사는 '재중 조선인'에 속한다. 제3부류는 대한민국 국적 소지자로서 '재중 한국인'인데 1992년 중한 수교 이후 그 인구가 급증하고 있다. 그리고 중국에 숨어 사는 '탈북자'가 있는데 그들은 중국에서 합법적 지위가 없고 그 숫자도 통계 불가능한 상태이다.

중국 조선족은 1990년 제4차 인구조사에서 1,920,597명, 2000년 제5차 인구조사에서 1,923,842명, 2010년 제6차 인구 조사에서 1,830,929명으로 중국 55개 소수민족 중 제14위를 기록하는 것으로 집계되었다. 놀랍게도 2000~2010년 10년간에 중국 조선족 인구가 92,913명 감소하였다는 것이다.36)

중국 조선족은 중국 56개 민족 중 가장 선진적인 소수 몇 개 민족 중의 하나로서 중국 조선족의 중국내 위상은 아래와 같이 개괄할 수 있다. ① 평균 문화교육수준이 가장 높다. ② 구성원 대다수가 자기 민족의 말글을 안다. ③ 중국 기타 민족들로부터 예의, 슬기, 위생, 근면성 등에서 높이 평가 받는다. ④ 20세기 중국 혁명과 건설에서 많은 기여를 하였다. ⑤ 중국의 당·정·군 고위직에서 활약하는 조선족

---

35) 6·25 전쟁과 그 후 수십 년간 대립하여 온 남북 관계로 인해 남에는 '조선', '조선인', '조선민족' 등 용어에 대한 반감과 혐오감을 갖고 있는 사람들이 아주 많고, 북에는 '한국', '한국인', '한민족' 등 용어에 대한 반감과 혐오감을 갖고 있는 사람들이 아주 많다. 남북 국민들의 민족대단결에 기초한 통일의 실현은 이 모든 용어들에 대한 반감과 혐오감이 사라질 때야만 가능할 것이다.

36) 中国历次人口普查资料

간부들이 적지 않다. ⑥ 과학기술과 문화교육 분야에서 가장 활약하는 민족 중의 하나이다.[37]

중국 조선족은 정치적으로는 중국 국민이고, 혈통적으로는 '조선민족'('한민족')의 구성원이며, 문화적으로는 중한·중조 문화를 공유한다. 때문에 중국 조선족은 중화민족의 구성원인 동시에 '조선민족'('한민족')의 구성원이기도 하다. 이것이 바로 중국 조선족의 정체성이다.

2) 중한 교류와 협력에서 중국 조선족의 역할은?

중한관계가 중한 수교 20여 년 동안에 왜 기적적으로 발전할 수 있었는가 하는 것은 수많은 사람들이 정답을 찾기 위해 고민하는 문제이다. 이에 대한 더욱 심도 있는 연구가 진행되어 정답이 나오겠지만, 근 200만에 달하는 중국 조선족의 존재가 그 중요 요인 중의 하나라는 데에는 별로 이견이 있을 것 같지 않다.

(1) 통역으로서의 활약. 중한 인적 교류가 시작될 때 통역으로는 중국어를 아는 한국인 통역, 한국어를 아는 재한 화교 통역, 그리고 중국 조선족 통역이 있었는데, 그중 대다수는 중국 조선족 통역이었다.

(2) 문화전달자로서의 활약. 조선족 통역들은 중국인에게는 한국문화를, 한국인에게는 중국문화를 소개하는 등 중한 양국 국민들의 상호이해에 크게 기여하였던 것이다.

(3) 중개인으로서의 활약. 한국 기업에게는 중국 외자도입정책, 중

---

37) 박창근. 남북통일 과정에서의 중국 조선족의 역할. 중국의 개혁개방과 신동북아질서. 서울 : 인터북스, 2010. p.476-500.

국 투자환경, 중국 기업실황 등을 소개해 주었고, 중국 기업을 위해서는 한국자본유치 등에 기여하였다.

(4) 한국어 교육자로서의 활약. 현 단계에서 중국내 정규 (대)학교 한국어 교육에서 가장 중요한 역할을 하는 것은 조선족 교수 · 교사들이다.

(5) 한국 연구자로서의 활약. 역사적인 원인으로 인해 중국 한국학 연구의 초창기에 한국 연구에 종사한 중국학자들 중 한국어를 아는 학자들은 주로 중국 조선족 학자들이었다. 오늘 현재도 적지 않은 조선족 한국연구자들은 한국학 연구에서 활약하고 있다.

(6) 한국에서 일하는 조선족 노무자, 중국내 한국 기업에서 일하는 조선족 회사원, 그리고 창업에 성공한 조선족 기업인들은 중한 양국 기업의 경제활동에서 막대한 역할을 하고 있다.

그 외에도 수많은 중국 조선족인들이 한국 관련 중국 기업이나 부문, 그리고 프로젝트에서 활약하고 있다. 중한 수교 이후 단기간에 중한 교류와 협력이 급속도로 추진될 수 있은 것은 중국 조선족이 있었기에 가능하였던 것이다.

3) '한반도 신뢰프로세스' 실행에서 중국 조선족의 역할은?

동북아 지역에 사는 '조선민족'('한민족')의 현황을 보면 북한인들은 외국(일본, 한국, 중국 등) 방문 자체가 어렵고, 한국인들은 북한 방문이 어렵고, 재일 동포들은 일부는 한국 방문이 어렵고 다른 일부는 북한 방문이 어렵지만 중국 조선족은 남북한과 일본을 '자유롭게' 방문할 수 있다. 이러한 상황은 '한반도 신뢰프로세스' 실행 과정에서

중국 조선족이 특수한 역할을 할 수 있을 것임을 시사해 준다.[38)]

(1) 중국 조선족은 향후 더욱 활성화 될 중북·남북 교류 협력에서 지난 20여 년간 중한 교류 협력에서 하였던 것과 비슷한 역할을 할 수 있을 것이다. 중국 조선족을 통한 중북 교류 협력과 중국 조선족을 통한 남북 교류 협력은 중국 조선족을 통한 중한 교류 협력처럼 급속히 추진될 것이다.

(2) 중국 조선족은 북한의 '경제관리개선'에서 특수한 역할을 할 수 있을 것이다. 북한 진출이나 북한과의 비즈니스가 아직은 주로 북한 정부기관을 통해야만 가능한 것은 사실이므로 정부 대 정부, 기업 대 정부의 협력을 중요시해야 함은 물론이지만 정치·행정 논리에 의해 운영되던 북한 경제가 시장기제의 도입으로 경제논리의 영향이 무시할 수 없게 되면서 북한과의 교류 협력도 북한 정부 기관을 통하지 않고 기업이나 회사를 통해 어느 정도 직접 진행할 수 있게 되었다. 특히 북한 중소기업이나 영세기업일 경우는 그러하다. 시장논리에 의한 중국 조선족 기업의 성공적인 북한 진출, 그리고 중국 조선족 기업을 통한 한국 기업의 성공적인 북한 진출은 북한 '경제관리개선'의 강력한 촉매로 작용할 수 있을 것이고 '한반도 신뢰프로세스' 실행에서 하나의 돌파구를 마련할 가능성도 있을 것이다.

(3) 중국 조선족은 한반도 통일에서 특수한 역할을 할 수 있을 것이다. 한민족 구성원으로서의 역사의식이 살아있는 한, 중국 조선족은 그 집단의식에서는 중국 정부나 '조선반도'('한반도') 남북 쌍방의 남북통일에 대한 태도에 구애 받지 않고 남북의

---

38) 위와 같음.

정치구도나 체제, 이념, 이익을 초월하여 거의 무조건적으로 남
북통일을 지지하게 된다. '조선반도'('한반도') 남북이 통일을
추구할 뿐만 아니라 중국 정부도 '조선반도'('한반도') 남북의
자주 평화 통일을 지지하는 현시점에서 중국 조선족은 자기의
기대를 행동으로 전환시킬 수 있으며 또한 마땅히 그렇게 해야
할 것이다.

(4) 중국 조선족은 중화민족의 구성원으로 중국의 중요한 자원일
뿐만 아니라 '조선민족'('한민족')의 구성원으로서 '조선'과
'한국'의 중요한 자원이기도 하다. 그런데 개혁개방 이후 중국
조선족의 대이동으로 수많은 중국 조선족인들이 농촌에서 도
시로, 소·중 도시에서 중·대 도시로, 중국에서 외국으로 이동
하였고 현재도 이동하고 있다. 그런데 이들 새터에 새로이 정
착한 중국 조선족의 다음 세대는 대다수가 '우리말 벙어리',
'우리글 문맹'이 되어 가고 있다. 동서 통일을 이룩한 '통일 중
국'과 남북통일을 이룩한 '통일 한국'이 서로 협력 발전하는
21세기 통일 중국-통일 한국의 시대에서 한국어가 글로벌 경
쟁력의 중요한 요인이 될 것임에도 그 시대 중국 조선족의 주
력으로 자라나는 다음 세대가 한국어(조선어)를 모르게 된다는
것은 당사자들의 손실일 뿐만 아니라 중국과 한국 모두에게 거
대한 손실이 아닐 수 없다. 그러므로 새 정착지 조선족 자녀들
에 대한 민족어 교육은 그들 자신의 경쟁력 강화와 관련된 그
들 학부모들의 중요한 선택 사항일 뿐만 아니라 관련 국가 정
부에서 관심해야 할 중요한 전략적 사항이기도 하다.

맺음말

아직도 토론해야 할 문제들이 많다고 생각되지만 이번 기회에는 이 정도로 마치려 한다. 아래에 몇 개 사항을 다시 강조하고 싶다.

첫째, 박근혜 정부의 '한반도 신뢰프로세스'의 추진이든 '드레스덴 구상'의 실시든 한반도에서 전쟁이 억지되고 평화가 정착되어야만 가능하다. 한반도 전쟁 억지와 평화 정착은 한미동맹의 강화에 의해서만 가능하다. 북한이 자기가 개발한 핵무기를 자랑하면서 '핵무기에 의한 서울 불바다'를 공언하는 것을 보면 대응책은 한국의 핵무기 자체 개발이 아니라 미국 핵우산의 보호라는 것을 알 수 있다.

둘째, 박근혜 정부의 '한반도 신뢰프로세스'의 추진과 '드레스덴 구상'의 실시에 대한 방법론적 실용 연구가 심화되어야 할 것이다. '한반도 신뢰프로세스'와 '드레스덴 구상'에서 제기된 제안들 중에는 아주 훌륭한 제안들이 수두룩하다. 문제는 어떻게 실행하는가에 있다. 특히 북한이 아직 적극적으로 호응하지 않는 상황에서 어떻게 해야 그 제안들을 현실로 전환시키겠는가를 연구하여야 할 것이다. 예를 들면 남북 쌍방이 10여 년 전부터 논의해 온 '비무장지대(DMZ)'의 평화적 이용 방안은 박근혜 정부 출범 후 '비무장지대(DMZ) 세계평화공원' 조성으로 확정되면서 세계적인 관심거리가 되었는데 이런 구상이 현실화된다면 한반도 평화와 남북 교류 협력에 큰 기여를 하게 될 것이다.[39] 이 구상이 이미 유엔과 미국, 중국의 지지를 받아낸 것으로 전해졌으므로[40] 이제 북한의 동의만 얻으면 성공이 가능하다.

---

39) 朴대통령 "DMZ 세계평화공원 조성 북한에 제안",
   http://news.donga.com/Main/3/all/20130815/57036 129/1

40) [단독]"中도 DMZ 평화공원 구상지지",
   http://news.donga.com/3/all/20130716/56469445/1

과연 북한이 동의할까? 필요되는 일들을 하나씩 차근차근 해 나가는 것이 중요하다고 생각된다.

셋째, 위에서도 강조했지만 중국 조선족은 지난 20여 년간 중한 관계 발전과 교류 협력에서 중요한 역할을 하였던 것처럼 향후에는 더 나아가서 중북 관계 발전과 교류 협력, 남북 관계 발전과 교류 협력에서도 중요한 역할을 하여야 할 것이다.

(2014-08-05)

[中文摘要]

"朝鲜半岛信任进程"能否成功？

在本文中，将讨论与"朝鲜半岛信任进程"的理解与落实有关的15个问题，阐述作者对这些问题的见解。

Ⅰ. 关于朴槿惠政府对朝政策的内容与实施：1. 朴槿惠政府实行什么样的对朝政策；2. 朴槿惠政府为建立与国际社会的信任关系做了哪些努力；3. 朴槿惠政府在建立与朝鲜的信任关系方面取得了哪些成果；4. 朴槿惠总统"德累斯顿倡议"是什么；5. 朝鲜如何评价"德累斯顿倡议"；6. 过去一年多期间"朝鲜半岛信任进程"取得了哪些成果。

Ⅱ. "朝鲜半岛信任进程"的落实需要考虑的若干问题：7. 如何理解"供则变"与"不供则变"；8. 朝鲜半岛有无可能爆发战争；9. 朝鲜有无可能弃核；10. 南北之间既定协议有无可能得到履行；11. 如何理解朝鲜"经济管理改善"；12. 对朝鲜"经济管理改善"有何建言。

Ⅲ. "朝鲜半岛信任进程"的实施与中国朝鲜族：13. 中国朝鲜族是谁；14. 中国朝鲜族在中韩交流与合作中起何作用；15. 中国朝鲜族将在"朝鲜半岛信任进程"的实施中起何作用。

(2014-08-05)

부록

화동 조선족 주말학교:
회고와 전망

※ 필자는 '상하이 조선족 주말학교 : 어제·오늘·내일'(2013-11-18)이란 제목의 글을 발표한 적이 있다. 그 후의 자료를 추가하여 이 글을 만들어 본다. '화동 조선족 주말학교'란 이름이 사용되었음에 유의하기 바란다.

머리말

한반도 밖의 우리 민족 구성원들이 민족 정체성을 보전함에 가장 중요한 것은 민족 고유 언어를 대대손손 이어가는 것이다. 중국에서 최고의 평균 문화교육 수준을 자랑하는 조선족의 상황1)을 보면 비록 그 동안 곡절은 있었지만 1970년대까지는 우리말글 교육을 제대로 실행하여 구성원의 절대 다수가 자기 민족어를 알고 있었다. 이는 한 민족의 역사에서 보면 하나의 기적으로 평가할 만한 일이기도 하다.

그러나 1970년대 말부터 개혁개방이 추진되면서 중국 조선족 사회에서는 대규모 인구 이동이 발생하여 다수의 조선족 인구가 농촌에서 도시로, 소도시에서 대·중 도시로, 중국에서 외국으로 이동하면서 조선족 인구가 비교적 집중되어 있던 연변조선족자치주와 동북 3성에서도 조선족 인구의 급감으로 민족어 교육은 심각한 위기에 처하게 되었다. 이들 지역 민족어 교육의 요람이었던 조선족 학교가 80% 정도 폐교(정확한 통계인지는 좀 더 확인이 필요하지만)되었다고 한다.2)

비록 규모가 크게 위축되었어도 위의 지역들에 남아 있는 조선족인들은 남아 있는 조선족 학교를 이용하여 민족어를 배울 수 있다. 심각

---

1) "朝鮮族聚居地区基本普及了高中教育。延边有5所大学(为了进入国家21世纪100所大学行列, 现合并为1所), 朝鮮族每千人中有大学文化程度人口44名(汉族14名, 少数民族平均是6名)。朝鮮族男性文盲率为4.69%, 是中国各民族中最低的。在中国各民族的文化教育程度综合指数中朝鮮族最高, 为8.55(满族为6.37、蒙古族为5.58、汉族为5.47、藏族为1.82)。只有200万人口的朝鮮族拥有用本民族文字图书的出版社4个(全国出版社只有1000余个)、新闻社(报社)4个、朝鮮文杂志十多种。一些城市还有朝鮮民族图书馆、文化馆、广播电台、电视台。朝鮮族的科学技术人才较多, 占在业人数的10%以上。" "在中国各民族的生活水平综合指数中朝鮮族最高, 为71.2, 满族为67.1, 汉族为63.4, 哈尼族为38.3等。"
출처 : http://item.jd.com/1058202713.html, 2015-02-24 열독.

2) 이석호. 중국 동북3성 조선족 인구 감소… 조선족 학교 80% 폐교.
출처 : http://blog.hani.co.kr/kh99/45840. 2013-02-24 열독.

한 것은 베이징, 칭도, 상하이 등 도시의 상황이다. 조선족 인구가 급
증하였지만 우리 민족 교육 기관이 거의 없는 이들 도시의 조선족 어
린이들은 그 대다수가 민족어를 전혀 모르고 있다.

일례로 상하이를 보면 1953년에 35명, 1964년에 245명, 1982년에
462명, 1990년에 734명이던 상하이 조선족 인구는 2000년에 5120명
으로, 2010년에는 22257명으로 급증하였다. 그 중 5～14세 어린이
숫자가 얼마인지는 정확히 모르지만 2010년 현재 중국 조선족 인구
중 5～9세 연령조의 비율 2.53%와 10～14세 연령조의 비율 2.8
0%3)를 상하이 조선족에 적용할 경우 전자는 563명, 후자는 623명이
므로 5～14세 어린이 인구는 1186명이다. 현재는 1500～2000명 정
도 되리라고 추정할 수 있겠다. 그 중 우리말을 아는 어린이 숫자가
얼마인가에 대한 정확한 통계는 없지만 화동 조선족 주말학교 입학
신청을 한 상하이 조선족 어린이들의 90% 이상이 우리말글을 모르는
것으로 집계되어 있다. 사실상 상하이 주변 도시들인 소주, 가흥, 무
석, 소흥, 곤산 등 지역 조선족 어린이들의 상황도 별로 차이가 없으
리라 생각된다.

우리말·우리글은 이들 지역 조선족 어린이들로부터 점점 멀어져
가고 있다. 조선족 학교가 없을 뿐만 아니라 조선어를 쓰지 않는 가정
이 많아지고 있으며, 심지어 '조선어 무용론'까지 확산되고 있다. 결
과적으로 '한국어 세계화'가 추진되고 있는 이 시점에 중국 조선족 사
회에서는 '우리말 벙어리', '우리글 문맹'이 양산되고 있다.

이에 대한 대안은 무엇일까? 여러 가지 연구가 실행되고 있지만 아

---

3) 이 2개 비율은 아래의 참고문헌에 의한 것이다. 박광성. '글로벌화'와 '대도시화'
과정 속에서의 중국 조선족 민족교육. 조글로, 2014-02-04.
http://www.korean3040.com/bbs/board.php?bo_table=0601&wr_id=13010,
2015-02-24 열독.

직 좋은 대안이 없는 것 같다. 이에 필자는 가장 현실적인 대안은 현 단계에서는 조선족 주말학교를 기본으로 다양한 교육방식을 도입하는 것이라고 생각한다.[4]

실제로 화동 지역 조선족의 현실을 보면, 비록 그 규모가 아직 아주 작지만 조선족 주말학교가 '우리말 벙어리', '우리글 문맹'의 확산을 막는 가장 중요한 일종의 민족어 교육 기관으로서 개설·활용되고 있다. 우리 민족어 교육은 말로만 그 중요성을 강조하여서는 의미가 없다. 이론적인 연구에만 그쳐서도 가치가 없다. 또한 이론적으로 별로 심오한 연구가 필요되는 것도 아니다. 중요한 것은 각종 방법과 수단으로 우리 민족의 미래를 이끌어나갈 어린이들에게 우리 민족어를 배워주는 것이다. 이에 2011년부터 화동 조선족 주말학교를 설립하여 '교장'을 맡고 있는 필자는 우리 민족 주말학교를 설립·운영하고 있는 세계 각국의 관련 인사들과 교류하기 위하여 화동 조선족 주말학교를 소개해 본다.

1 설립 취지

화동 조선족 주말학교에 자기의 자녀를 보내는 학부모들의 동기를 통해 화동 조선족 주말학교의 설립 취지를 고찰해 볼 수 있다. 학부모들이 자녀를 조선족 주말학교에 보내는 동기는 우선 주로 그들로 하여금 우리말글을 배우게 하려는 데에 있다. 아래의 4측면에서 그 당위성을 살펴 볼 수 있다.[5]

---

4) 박창근. 상하이 조선족의 우리말 교육 어찌 하면 좋을까? 이글은 처음에는 http://www.chinavill.com(알림·동호·동문, 2013-01-21)에 실렸고, 그 후에는 http://blog.naver.com/parangsae14/220268556521(2015/02/10)에 실렸다.

첫째는 우리 민족 정체성의 보전을 위해서이다. 주지하다시피 민족 고유 언어의 상실은 민족 전통 문화의 단절을 의미하며, 나아가서는 민족 정체성의 실종으로 이어진다. 특히 보편성을 띤 고유 종교가 없는 우리 민족의 정체성을 보전하는 가장 중요한 내용과 수단은 우리 민족의 후손들이 대대손손 우리말을 하고 우리글을 사용하도록 하는 것이다. 중국에서 타민족 구성원이 조선어를 배워 조선족이 되는 것은 아니지만 조선어를 모르는 조선족 구성원은 타민족에게 수월히 동화될 수 있다. 때문에 우리 민족어의 습득은 우리 민족 정체성의 보전에 절대 필요한 것이다.

둘째는 우리 민족 전체 및 다수 구성원들의 글로벌 경쟁력 강화를 위해서이다. 농경민족으로서의 중국 조선족은 '벼농사 기술'을 민족 경쟁력으로 이용한 시기가 있었다[6]. 그러나 개혁개방과 산업화가 추진되어 도시로 이동하는 조선족 인구가 증가하면서 중국 조선족의 비교우위는 중국 56개 민족 중 평균 문화교육 수준이 제일 높은 민족이라는 것으로 나타났다. 특히 한중 수교 후 급속도로 성장하는 중한 무역에서 중국 조선족의 경쟁력은 민족어를 바탕으로 생산된 것이다. 그러나 교역액 3000억불 규모를 눈앞에 두고 있는 이 거대 시장을 둘러싼 중국인, 한국인, 중국 조선족 사이의 경쟁이 백열화되면서 한국어를 아는 중국인과 중국어를 아는 한국인은 급증하는 반면, 중국 조선족 중에는 '우리말 벙어리', '우리글 문맹'이 급증하고 있다. 이런 상황이 지속될 경우, 조선어를 앞으로 형성된 조선족 기성세대의 비교 우위를 조선족 차세대가 상실하게 되리라는 것은 불 보듯 뻔하다.

---

5) 박창근. 복단구시연수학원 조선어반 설립 3주년 기념 및 제3회 상하이 조선족 어린이 장기자랑 모임 개회사(2014-07-06). 출처 : 조선족 어린이들의 우리말글 학습의 당위성, http://blog.naver.com/parangsae14/220259851897

6) 리수봉 마국광 기자. 조선족의 벼농사 공헌 영원히 빛난다.
http://hljxinwen.dbw.cn/system/2011/07/21/000379790.shtml

때문에 우리 민족어의 습득은 우리 민족 경쟁력의 수호에 절대 필요한 것이다. 민족어를 앎은 조선족의 민족적 경쟁력 수호에 기여할 뿐만 아니라 조선족 구성원 개개인의 경쟁력 강화에도 유익하다. 대한민국의 세계적 위상이 높아짐에 힘입어 현시대는 우리 민족 역사상 우리말의 세계적 위상이 가장 높은 시대이다. 우리말은 상당히 쓸모 있는 언어로 평가되고 있다. 이러한 우리말은 중국 조선족에게 있어서는 자기 민족어인 동시에 외국어이기도 하다. 때문에 우리 민족어의 습득은 대다수 조선족 자녀들 개개인의 경쟁력 강화에 필요한 것이다. 예를 들면, 그들의 취직에 도움이 될 것이다.

셋째, 조선족 가정의 삶의 질 향상을 위해서이다. 화동 지역에는 여러 분야에서 성공한 조선족 인사들이 많다. 개인의 삶을 고려할 때 그들은 별로 유감이 없다. 하지만 자녀를 포함한 가정을 고려할 때는 그렇지 못한 경우가 적지 않다. 자녀가 우리말과 문화를 모르고, 후손들이 이민족에게 동화된다는 것이 그들의 마음속에는 영원한 아픔으로 남아 있게 된다. 이 과정에서 불화와 충돌이 발생하는 경우도 적지 않다. 예를 들면, 3대가 함께 생활하는 가정일 경우, 우리말만 하는 조부모, 중국어와 한국어를 아울러 하는 부모, 중국어만 할 줄 아는 자녀들 상호간에는 의사소통이 잘되지 않아 일상생활에서 불편할 뿐만 아니라 장구적으로는 세대 간의 갈등도 생길 수 있게 된다. 이런 결과를 미연에 방지할 수 있는 방안이 바로 자녀들에게 우리말을 배워주는 것이다.

넷째, 조선족 가정에서 경제적으로 교육 투자 효과를 최대화하기 위해서이다. 조선족 자녀들이 가장 쉽게 배워 낼 수 있는 말은 단군 조선 이래 전승되어 온 우리말이고, 가장 쉽게 배워 낼 수 있는 글은 세종대왕 이래 전승되어 온 우리글이다. 생리학적으로 우리 민족 자녀들이 다른 민족 자녀들보다 쉽게 우리말을 배워 낼 수 있는가 하는 것은 연구를 필요로 하는 과제이다. 그러나 예를 들면, 다른 민족 학생들은 우리말을 배울 때 'ㅅ, ㅊ, ㅆ'의 발음을 자꾸 혼동하지만 우리 민족 자녀들은 별로 어려움 없이 이 3자를 구별한다. 부부 사이의 우리말 사용, 자녀들에 대한 부모들의 우리말 사용, 부모와 친척·친구 사이의 우리말 사용, 그리고 기타 방식에 의한 우리말 사용은 자녀들의 듣기 능력 향상에 크게 기여할 뿐만 아니라 좋은 언어 환경을 조성하여 그들의 우리말 일상생활 용어의 축적에 기여하게 된다. 일상생활에서 우리말 언어 환경에 노출되어 있는 우리 민족 자녀들은 수시로 우리말을 사용할 기회가 있어 한 번 배워 놓으면 잊어버릴 근심도 별로 없다.

화동 조선족 주말학교의 설립 취지는 우리말 학습의 필요성에 국한되는 것이 아니다. 우리말 학습을 통한 전통 문화의 학습과 전승(傳承), 조선족 어린이들끼리의 만남, 주말학교를 통한 조선족 학부모들의 만남 등이 갖는 의미도 동시에 고려해야 할 것이다. 사실상 조선족 주말학교는 직·간접적으로 건전한 화동 지역 조선족 사회의 형성과 발전에 기여를 하고 있다.

지난 수년간 조선족 주말학교 운영을 보면, 다수 조선족 학부모들이 자녀를 주말학교에 보냄에서 부담으로 느끼는 것은 자녀들의 학습 부담이 아주 큰 상황에서 우리말을 배울 시간과 정력이 없다는 것이다. 중국 중소학교 교육의 현실을 보면 학생들의 학습 부담이 너무 큰 것은 사실이다. 그런데 이 때문에 자녀들에게 우리말을 배워주지 않는다는 것은 잘못된 판단이다. 대체적으로 조선족 자녀들을 아이큐가 높은 부류와 낮은 부류로 나누어 보자. 우리가 경험한 데에 의하면 아이큐가 높은 애들의 경우 중국어와 영어를 배우는 동시에 한국어를 더 배우는 것은 별로 부담이 되지 않는다. 한편, 아이큐가 낮은 애들의 경우 학교에서 가르치는 중국어나 영어에서 비교우위를 차지한다는 것은 거의 불가능하므로 차라리 중국어와 영어를 배우는 동시에 한국어를 잘 배우는 것은 중한 간에 형성된 대규모 시장에서 언어적 비교우위를 확보하여 활약할 수 있는 하나의 훌륭한 선택일 것이다.

요컨대 자녀들을 조선족 주말학교에 입학시킨 학부모들의 현명한 선택은 영원히 후회되지 않을 선택이다. 아울러 학부모들의 후회되지 않을 선택은 바로 자녀들의 원망하지 않을 운명이다. 현재 조선족 주말학교를 다니는 어린이들은 향후 부모들의 오늘의 선택에 무한한 경의를 표할 것이다.

2 조선족 주말학교

상하이 등 새로이 형성된 규모적 조선족 거주 지역에 조선족 교육기관을 설립하여야 한다는 논의가 지속되고 있다. 그 중에는 전일제 조선족 학교를 설립해야 한다는 논의도 포함된다. 그런데 필자의 조사에 의하면 상하이에 전일제 조선족 학교가 설립되어도 거기에 자녀를 보내겠다는 학부모는 별로 없다.

상하이에서 전일제 조선족 학교의 설립은 시기상조이다. 우선, 상하이 조선족 사회에는 아직 전일제 조선족 학교의 설립과 운영을 감당하려고 나선 교육자가 없다. 둘째, 소요되는 자금을 제공할 재력적·정신적 준비가 되어 있는 기업인이나 기업인 단체가 없다. 셋째, 다수의 상하이 조선족 학부모들은 아직 전일제 조선족 학교 교육에 대한 수용 준비가 되어 있지 않다. 넷째, 상하이 정부의 허가를 받으려면 상당한 노력과 시일이 소요될 것이다.

상하이 전일제 조선족 학교를 설립하려면 우선 이에 관심 있는 교육자, 수준 있는 학자와 재력 있는 기업인들로 구성된 준비팀을 구성하여 그 당위성과 가능성에 대한 참다운 조사와 심도 있는 연구를 선행하여야 할 것이다. 여기서 특히 상하이의 전일제 조선족 학교를 옛날 '인성학교'의 승계 학교로서 설립하려는 것은 실현 불가능한 허황한 생각에 지나지 않는다는 것을 지적하고 싶다.

상하이의 '인성학교'(1916~1935년, 1946~1981년)는 1916년 학생 4명으로 개교한 '상해기독교소학교'가 이듬해 '인성학교'로 개명하여 출범하였다가 1981년 학생 4명밖에 남지 않은 '상해조선인민인성학교'의 폐교로 막을 내렸다. '인성학교'는 그 발전의 제1단계에는 한국의 '독립운동을 전개하기 위한 인재 양성'에 주안점을 두고 있었고, 제2단계에는 점차 조선민주주의인민공화국 정부가 관장한 학교로 변모하였다. '인성학교'는 중국인에게는 중국 조선족의 학교가 아니라 외국인, 즉 '한국인'이나 '조선인'의 학교였다. 현재 '인성학교'의 승계학교는 1999년에 설립된 '상해한국학교'이다. 때문에 상하이에서 설립하려는 조선족 학교를 '인성학교'의 승계학교로 하려는 시도는 역사에 대한 무지에서 출발한 상당히 위험한 발상으로서 오해의 소지가 많고 상하이 조선족에게 엄청난 재난을 초래할 가능성이 있으므로 조속히 없어져야 한다. 상하이 조선족의 민족 언어 교육에 대한 토론이 전개되기를 바라는 마음에서 아래의 제안을 하는 바이다.

1) 유치원 적령기 자녀의 우리말 교육 : 조선족 유치원의 설립과 운영이 필요하다. 우리말을 주로 하고 한어를 동시에 배워주는 것이 바람직하다. 우리말 학습에 중요한 기초를 닦아 놓는 시기가 될 것이다.

2) 소학교 및 초급중학교 저급 학년 적령기 자녀의 우리말 교육 : 조선족 주말학교의 설립과 운영이 필요하다. 이 시기는 조선족 자녀들의 우리말글 학습에서 가장 중요한 시기가 될 것이다.

3) 초급중학교 고급학년 및 고급중학교 적령기 자녀의 우리말 교육
: 우리말 실력과 취미에 의해 조직된 각종 독서회가 이 시기 우
리말 교육의 좋은 방식이 될 것이다.

4) 우리말을 모르는 조선족 대학생 및 사회인을 대상으로 하는 우리
말 교육 : 각종 형식의 속성반, 예를 들면 학교 방학을 이용한 속
성반, 한국어능력시험에 대비한 보습반, 한국 유학을 선택한 자
녀들을 위한 속성반 등이 적합하다.

5) 여타 우리말 교육 방식 : 위와 다른 교육 방식도 시행해 볼 수 있
다. 예를 들면, 상하이 조선족의 단독 노력으로, 또는 연변 모
소학교와 상하이 모 소학교의 자매결연으로 상하이 모 소학교
내에 조선족 학급을 설립하는 방식도 시행해 볼 수 있다.

6) 전일제 조선족 학교 : 전일제 정규 조선족 학교 설립도 고려해 볼
수 있다. 하지만 이는 신중을 기해야 하는 일로서 상하이 조선
족 주류 사회의 지지와 조선족 전문가들의 참여가 있어야 성공
이 가능하다. 특히 상해시 정부의 허가와 지지가 필요되는 사업
이라 할 수 있다.

여기서 특별히 지적하고 싶은 것은 위의 각 단계의 우리말 교육은
주도 교육 방식 외에 다른 교육 방식이 결부되어 다양화·다원화한 조
선족 민족 언어 교육 체제를 구축해야 한다는 것이다. 상하이나 화동
지역 현황을 고려하면 조선족 자녀에 대한 우리말 교육에서 현재로는
조선족 주말학교가 가장 중요한 위치에 놓여 있다. 이러한 인식을 바
탕으로 상하이와 화동 지역에서의 조선족 주말학교 설립이 추진되어
지난 수년간 화동 조선족 주말학교 소속 학급들이 우후죽순처럼 상하
이와 주변 도시들에서 설립·운영되고 있지만 아직은 설립·운영의 시
행(試行) 단계에 처해 있다고 생각된다.

3 연혁

한국 재외동포재단에 등록되어 있는 '화동 조선족 주말학교'는 중국에서는 아직 독자적인 사단법인이 아니다. 그렇다고 불법적으로 설립·운영되는 교육기관도 아니다. 독자적인 사단법인 설립이 아직 시도되지 않은 상황에서 화동 조선족 주말학교는 합법적인 수속을 거쳐 설립된 기존 학원 내에 조선어반을 설립하는 방식으로 설립·운영되고 있다.

처음은 2011년 9월 17일, 연변조선족자치주 교육국과 상하이 양푸구 교육국의 지지와 허가, 복단구시연수학원의 지지와 협력, 그리고 상하이에서 활약하는 조선족 지성인들과 기업인들, 학부모들의 지지로 '복단구시연수학원 조선어반'이 공식 출범하였다. 같은 날 푸둥반이 설립되었고 11월에는 메이룽반이 설립되어 양푸구, 푸둥신구, 민항구에 각각 1개 학급씩 있게 되었다.

지난 4년 동안 화동 조선족 주말학교는 급속도로 발전하여 왔다. 오늘 현재 소속 학급 수는 초창기의 3개에서 20개로, 학생 수는 초창기의 30여 명에서 170여 명으로, 교사 수는 초창기의 2명에서 10여 명으로, 학급 분포는 초창기의 상하이 3개 구(양푸구, 푸둥신구, 민항구)에서 오늘 현재 상하이 3개 구(민항구, 푸둥신구, 숭쟝구)와 주변 5개 도시로 증가하였다.(표 8.1 참조)

이러한 변화를 감안하여 2013년 말부터 '화동 조선족 주말학교' 개념을 새로이 도입하여 '상하이 조선족 주말학교' 명칭은 화동 조선족 주말학교 본부, 또는 화동 조선족 주말학교 소속 상하이 분교 개념으로 사용하게 되었다.

상하이의 면적이 6340.6km^2(서울 면적의 10배 상회), 인구가 2347.46만명(2010년 11월), 그중 조선족 인구가 22,257명(2010년 11월의 통계, 현재는 근 3만 명)임을 고려하여 상하이 조선족 주말학교는 초창기부터 학생들이 거주지 근처에서 다닐 수 있도록 소속 학급 분포의 '소규모 다지역' 원칙을 실행하였다. '상하이 조선족 주말학교는 여러분의 거주지 근처에 있습니다.'는 슬로건은 학부모들의 열렬한 지지를 얻었다.

본부인 상하이 조선족 주말학교의 학급 분포를 보면 대체적으로 상하이 동부 지역에 3개 학급, 서부 지역에 8개 학급이 설립되어 있다. 좀 더 구체적으로 말하면, 동부 지역은 푸둥신구에 푸둥2012반, 푸둥2013반, 푸둥2014반이 설립되어 있다. 상하이 조선족 인구가 가장 집중되어 있는 곳은 서부 지역의 민항구이고 숭쟝구는 조선족 인구가 새로이 증가하고 있는 지역이다. 오늘 현재 민항구에 메이룽2011반, 진후이2012반, 진후이2013반, 진후이2015반, 신좡2014반이 설립되어 있고, 숭쟝구에는 다쉐청2015반, 쥬팅2013반, 쥬팅2014반이 설립되어 있다.

상하이 주변 도시들에 주말학교를 설립하는 사업은 2012년 소주시로부터 시작되었다. 당시는 상하이 조선족 주말학교에서 소속 학급을 신설·관리하는 방식을 채용하였다가 점차 관련 소주시 조선족 인사들이 자체 운영하는 방식으로 전환하였다. 가흥 분교는 그 지역에 자체적으로 설립된 주말학교가 화동 조선족 주말학교에 편입되는 방식에 의한 것이다. 무석 분교와 소흥 분교는 화동 조선족 주말학교에서 협조하고 그 지역 인사들이 주도하는 방식으로 설립·운용하고 있다.

표 8.1에서 보다시피 화동 조선족 주말학교는 지난 4년여 동안 획기적인 성장을 이룩하였다. 하지만 2015년 7월 현재 상하이 조선족 인구가 약 3만 명이라 할 때 5~14세의 조선족 어린이가 약 1500~2000명 정도 될 것인데, 화동 조선족 주말학교 본부의 학생 수는 100여 명밖에 안 된다. 즉 아직까지 화동 조선족 주말학교를 다니는 학생 수가 너무 적다. 대다수 적령기 조선족 어린이들이 우리말을 배우지 못하고 있다.

표 8.1 화동 조선족 주말학교 본부/분교 및 학급 일람 　　　(2015년 7월 현재)

상하이	본부(상하이 조선족 주말학교)	
상하이 민항구	메이룽2011반	闵行区梅陇镇社区学校 闵行区高兴路108号 2011년 11월 개설; 매주 토요일 오전 2시간 수업
	진후이반 장소 : 闵行区合川路2928号A幢3楼新乐坊（闵行中心）	
	진후이2012반	2012년 3월 개설; 매주 토요일 오전 2시간 수업;
	진후이2013반	2013년 9월 개설; 매주 토요일 오후 2시간 수업
	진후이2015반	2015년 5월 개설; 매주 토요일 오후 2시간 수업
	신쫭2014반	闵行区宝城路155弄名都新城俱乐部二楼 2014년 5월 개설; 매주 토요일 오전 2시간 수업
상하이 푸둥신구	장소: 浦东新区奥博教育培训中心 锦绣路888弄御景园会所	
	푸둥2012반	2012년 8월 개설; 매주 토요일 오후 2시간 수업
	푸둥2013반	2013년 3월 개설; 매주 토요일 오후 2시간 수업.
	푸둥2014반	2014년 3월 개설; 매주 토요일 오전 2시간 수업
상하이 숭쟝구	쥬팅반 장소: 沪亭北路涞坊路556弄28号225室	
	쥬팅2013반	2013년 9월 7일 개강; 매주 토요일 오전 2시간 수업
	쥬팅2014반	2014년 9월 6일 개강; 매주 토요일 오후 2시간 수업
	다쉐청2015반	松江区龙腾路1015弄6号606室 2013년 9월 7일 개강; 매주 토요일 오후 2시간 수업
강소성 소주시	소주 분교(소주 조선족 주말학교)	
	장소: 苏州工业园区雅戈尔雷迪森广场国际中心1909室	
	소주2015(1)반	매주 토요일 수업
	소주2015(2)반	매주 토요일 수업
강소성 무석시	무석 분교(무석 조선족 주말학교)	
	장소: 无锡新区红旗路红旗社区内 2楼	
	무석2014(1)반	2014년 9월 7일 개강; 매주 토요일 오후 2시간 수업
	무석2014(2)반	2014년 9월 7일 개강; 매주 토요일 오후 2시간 수업
강소성 곤산시	곤산 분교(곤산 조선족 주말학교)	
	곤산2015반	昆山北门路283号 2015년 3월 15일 개강, 매주 일요일 오전 2시간 수업
절강성 가흥시	가흥 분교(가흥 조선족 주말학교)	
	장소: 嘉兴市中山西路527号财富广场10楼1006室	
	가흥2012(1)반	2012년 3월 1일 개강; 매주 토요일 오전 2시간 수업
	가흥2012(2)반	2012년 3월 1일 개강; 매주 토요일 오전 2시간 수업
	가흥2015반	2015년 3월 7일 개강; 매주 토요일 오전 2시간 수업
절강성 소흥시	소흥 분교(소흥 조선족 주말학교)	
	소흥2014반	绍兴市柯桥区温渎路139号宝汇大厦701室 2014년 9월 21일 개강; 매주 일요일 오후 2시간 수업

그 원인은 크게 두 가지라 할 수 있다. 하나는 화동 조선족 주말학교에서 지난 4년 동안 많은 노력을 했음에도 아직 상하이에 우리말 배움터가 있다는 것을 모르는 학부모들이 많다는 것이다. 다른 하나는 아직도 우리말 학습의 당위성을 제대로 인지하지 못하는 학부모들이 많다는 것이다. 향후 이 두 측면에서 노력하여 더욱 많은 조선족 주말학교와 학급을 개설하고 더욱 많은 조선족 학생들을 모집해야 할 것이다.

학급 신설은 쉬운 일이 아니다. 관련 수속이 필요한 동시에 교실 임차, 교사 채용, 학생 모집 등 모두 쉽지 않다. 그럼에도 지난 수년간 각종 곤란을 극복하면서 조선족 인구 분포 상황에 근거하여 학급 신설을 추진함으로써 각 지역 조선족 어린이들은 상대적으로 가까운 거리에서 조선족 주말학교를 다닐 수 있게 되었다. 교통난이 심각한 상하이에서 보다 많은 어린이들이 거주지 근처에서 우리말을 배울 수 있는 기회를 갖게 된 것이다.

4 조직구도

화동 조선족 주말학교는 구조적으로 정규 학교와 크게 다르다. 조직 구도를 구축할 때 아래의 사항들을 고려해야 한다.

1) 느슨성 : 당 학교는 소속 분교들의 느슨한 연합체이고, 각 분교는 소속 학급들의 느슨한 연합체이다. 학급이 학교 운영에서 특별히 중요한 위치에 놓여 있다.

2) 업여성 : 당 학교는 전임 교사, 전임 직원이 없다. 즉 모든 교사

와 직원이 '업여'로 조선족 어린이들에 대한 우리말 교육에 종
사한다. 또한 우리말은 화동 지역 조선족 학생들이 의무교육 단
계에서 다니는 학교의 교과에 포함되어 있는 것이 아니다.

3) **분산성**: 현존하는 20개 학급은 상하이와 주변 5개 도시에 분산
되어 있다. 상하이의 11개 학급은 3개 구, 6개 곳에 분산되어
있다.

4) **소규모**: 각 학급의 학생수는 평균 10명 정도이다. 15명 정도 되
는 학급이 얼마 안 된다. 가장 적게는 학생수가 4명인 학급도
있다.

5) **불균형**: 조선족 학생수가 많지 않아 한 지역에 여러 개 학급을
설립할 수 없기 때문에 한 학급에서 수업하는 학생들 간의 연령
차이, 우리말 수준의 차이가 비교적 크다. 고도의 교수 예술이
수요되는 원인도 여기에 있다.

6) **불연속**: 1주 1회씩 수업하기 때문에 학생들의 학습 과정에서 기
억과 망각의 번복이 심하고 관련 인원들 간의 교류와 협력은 한
계가 있다.

7) **비주체**: 학생이 주로 5~14세의 어린이들이기 때문에 주말학
교 입학은 학생이 주체적으로 하는 것이 아니라 부모들이 대신
해 한다. 뿐만 아니라 학교의 제반 운영에서 학부모들의 역할
이 아주 중요하다. 모종 의미에서는 학부모들이 어느 정도 긍
정적으로 관여하는가에 따라 학생들의 학습 효과 및 학교 운영
효과가 현저히 다르다. 하지만 학생들의 주동성 양성도 중요시
해야 한다.

8) **불안정**: 주말 학교 학급의 존속, 학생의 구성, 학생의 수량, 교
사의 구성 등은 정규 학교에 대비하여 매우 강한 불안정성이 있
다. 이는 상하이나 화동 지역 조선족 사회의 역동적인 변화에

의한 것이기도 하지만 주말학교의 특성에 의한 것이기도 하다. 예를 들면 주말학교는 새 학기가 시작될 때마다 새로이 학생 모집을 해야 한다.

이러한 학교 운영에 적합한 안정적 조직구도의 구상과 구축은 쉽지 않다. 주말학교의 운영 관리에서 어떻게 하면 위의 요소들의 장점을 살리고 단점을 극복하겠는가 하는 것이 중요하다. 수년간의 모색을 거쳐 저희 주말학교는 '교장의 총괄, 교사들의 분담 관리, 학부모들의 자원 협력, 자문 교수들의 합리화 제의'를 기본적 운영 관리 요소와 기제로 하고 있다.(그림 부록.1 참조)

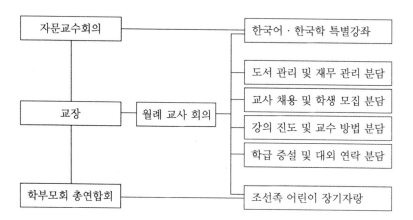

그림 부록.1 화동조선족주말학교 조직구도

이 구도에서 각 부문의 역할 분담은 비교적 명확하다고 할 수 있다. 교장은 주말학교 전체에 대해 총괄책임을 진다. 학급 담임 교사는 담당 학급의 운영을 구체적으로 책임진다. 월례교사회의는 교장의 사회 하에 전체 교사가 참가하여 매월 1회씩 열리는 회의로서 주말학교 운영의 주요 제도이다. 각 학급의 상황은 이 회의에서 보고되며 주말학교 관련 모든 중요 사항은 이 회의에서 검토 결정된다. 주말학교 제반 운영 관리에 관련되는 사항을 학급 증설 및 대외 연락, 교사 채용 및 학생 모집, 강의 진도 및 교수 방법, 도서 관리 및 재무 관리 등으로 나누고 관련 교사들이 분담하여 교장을 보좌한다.

5 교사진

화동 조선족 주말학교의 성공적인 운영을 가능케 하는 가장 중요한 요인 중의 하나는 우수한 교사진을 보유하고 있다는 것이다. 그들은 인격과 학력, 경력, 지식 구조 등에 의해 형성된 자질에서 주말학교 교사직에 적합하다. 특히 아래의 몇 가지를 강조하고 싶다.

하나는 책임감이다. 모든 교사들은 고도의 책임감으로 자기가 맡은 1개 또는 2개 학급에 대해 책임지고 있다. 어린이들에게 우리 민족어를 배워줄 뿐만 아니라 자기가 맡은 학급이 여러 면에서 훌륭한 학급이 되도록 노력하고 있다.

다른 하나는 자각성이다. 위로부터의 감독, 교사 상호간의 감독이 별로 없는 상황에서 제각기 독립적으로 수업을 하는 교사들의 고도의 자각성은 화동 조선족 주말학교가 정상적으로 운영됨에 있어서 무엇보다도 중요한 자질이다.

또 하나는 사명감이다. 교사들은 우리 민족의 미래를 위해 반드시 해야 한다는 사명감을 갖고 조선족 주말학교에서의 우리말 교육에 임하고 있다. 그들은 조선족 자녀들에 대한 사랑과 민족 교육 사업에 대한 애정을 갖고 우리 민족의 어린이들을 열심히 가르치고 있다. 경제

이익을 너무 따지는 오늘날 현실에서 저희 주말학교 교사들처럼 헌신적으로 일하는 교사들은 보기가 드물다. 특히 정규 학교가 아닌 학원에서 그러하다.

주말학교 교사들은 학생들의 출석, 숙제, 기말고시 등에서 정규 학교처럼 엄격히 요구하고 있다. 한 학급 내 학생들의 수준이 현저히 달라 2～3개 모둠별 수업을 해야 할 경우가 많아 강의 준비나 실제 강의나 모두 매우 힘들어도 마다지 않고 열심히 한다. 정상적인 수업을 따라가기 힘들어 하는 학생들에게는 교습료를 받지 않고 과외교습을 하기도 한다. 저희 주말학교 교사들은 강의만 하는 것이 아니라 학생 모집과 관리 등 학교 운영에도 참여하여 한 명의 학생이라도 더 모집하고, 한 명의 학생이라도 중도 퇴학하지 않도록 노력에 노력을 더하고 있다.

날로 커가는 저희 주말학교의 실정과 개혁개방 시대의 인구 유동성을 고려하여 저희 주말학교에서는 화동 조선족 주말학교 교사 인재풀을 조성하여 각종 변화에 대응하고 있다. 아직까지 교사의 부족으로 학급 신설이나 수업 중단이 발생한 적은 거의 없다. 다른 일부 국가들의 상황과는 달리 중국 조선족 사회에는 우리말 주말학교에 소요되는 교사직을 담당할 수 있는 우수한 인재들이 다수 축적되어 있다.

하지만 교사들의 지식수준과 교수 수준은 꾸준히 제고해야 한다. 이를 위해 시행하는 조치의 하나가 한국어·한국학 특별 강좌이다. 주말학교 교사들의 한국어·한국학 수준 향상, 나아가서는 상하이 조선족의 한국어·한국학 수준 향상을 위하여 대학 교수와 전문가들을 초청하여 2012～2013학년 제1학기부터 한국어·한국학 특별강좌를 시행하고 있다. 이미 5회 시행했다. 제1회 강좌 제목(강사 박창근 교수, 2012.11.4.)은 '요약 한국사'였고, 제2회 강좌 제목(강사 방수옥 교수, 2012.11.25.)은 '대국 요인과 조선반도'였으며, 제3회 강좌 제목(강사 김기석 교수, 2013.3.24.)은 '한국어 특징의 재인식'이었고, 제4회 강좌 제목(강사 고륙양 교수, 2013.5.19.)은 '한중 호칭어의 이동 및 그 사회적 요인', 제5회 강좌제목(강사 이선우 영사, 2014.11.30.)은 '한국 현행 교육 제도'였다. 청강자는 주로 저희 주말학교 교사들이고, 소수의 학부모와 대학생들이 참여하기도 한다. 향후 경우에 따라 학부모와 대학생 청강자 숫자를 어느 정도 늘릴 계획이다.

교사들의 수준 향상을 위한 또 하나의 중요한 조치는 한국 관련 기관에서 조직하는 여러 가지 교사 연수회에 참가하는 것이다. 한국 재외동포재단 등 기관의 도움으로 2014년부터 이 방면에서 적지 않은 활동에 참여하고 있다.

여기서 가장 중요한 것은 조선족 주말학교 운영과 수업에 대한 교사들의 관심과 탐구이다. 중국내 조선족 주말학교에서의 조선족 어린이들에 대한 우리말 교육은 중국 전일제 조선족 학교에서의 조선족 학생들에 대한 우리말 교육, 중국 대학교 한국어 학과에서의 타민족 학생들에 대한 우리말 교육, 중국내 한국인 주말학교에서의 한국 어린이들에 대한 우리말 교육 등과 현저히 다르다. 때문에 중요한 것은 중국내 조선족 주말학교를 위한 특수한 교육체제, 교육방식에 대한 개념의 정립과 실행이다. 화동 조선족 주말학교 교사들은 "실천－학습－실천" 과정을 번복하면서 자기의 수준을 높이는 동시에 주말학교의 수준도 높이고 있다.

또 하나 부언하고 싶은 것은 화동 조선족 주말학교에서는 아직까지 교사로 자원봉사자를 이용한 적이 없었다는 것이다. 향후 단기 자원봉사자는 활용할 수 있겠다고 생각되지만 장기 수업을 담당하는 교사에 자원봉사자를 채용하려고는 하지 않는다. 왜냐하면 주말학교의 건전한 운영을 위한 교사, 학부모, 학생들 사이의 돈독한 상호관계 형성을 위해서는 시간이 수요되며, 교수 질의 향상을 위해서는 학생들의

우리말 수준에 대한 투철한 이해가 필수적이라 생각되는데 자원봉사
자는 이러한 요구를 만족시키기 어렵기 때문이다.

6 월례 교사회의

화동 조선족 주말학교는 구조적으로 20개 학급이 상하이 3개 구와
주변 5개 도시에 나뉘어 있고, 경제적 원인으로 단 한 명의 직원도
채용하지 못하고 있다. 때문에 교장과 각 부문 책임자들이 어떻게 각
학급 상황을 포함한 학교 전체의 운영 상황을 파악하겠는가 하는 것
이 매우 중요한 과제이다.

학급 수가 적을 때는 교장이 각 학급 수업 현장을 돌아다니면서 상
황 파악을 할 수 있었지만 학급 수가 많아지고 분포가 광역화되면서
교장이 모든 학급의 수업 현장을 돌아보는 것은 거의 불가능하게 되
었다. 때문에 현재는 교장이 일부 학급을 직접 돌아보는 동시에 메일,
휴대 전화 등 통신 수단을 많이 이용하고 있다.

그런데 이러한 통신 수단에 의한 정보 수집과 정보 교환, 정보 처
리에는 한계가 있다. 하여 고안된 것이 월례 교사 회의이다. 교장의
사회로 1개월에 1회씩 열리는 월례 교사 회의는 화동 조선족 주말학
교 본부(상하이 조선족 주말학교)의 가장 중요한 운영 방식으로 자
리매김하고 있다. 각 학급 교사들은 이 회의에서 담임 학급의 상황
을 보고하고 상호간 교류하면서 존재하는 문제들을 검토하고 해결
방책을 강구한다. 이는 교사들이 저희 주말학교 운영에 참여하는 중
요한 조치이기도 하다. 또한 교장은 이 회의에서 여러 사항들을 처
리하기도 한다.

  각 학급 담임 교사들이 보고하는 내용은 개학 초기, 중기와 말기에 차이가 있다. 초기에는 주로 교실 임차, 신청 학생수, 교과서 발급, 학비 납부, 학생 출석 등 상황과 학부모회 정·부회장 명단, 학기 강의 진도 계획, 기타 특별 사항 등이다.

  중기에는 위 사항 중 변화가 발생한 내용에 대한 설명에 이어, 특히 중요한 것은 강의 진도와 학생 출석 상황에 대한 보고이다. 출석에 대해서는 매번 수업이 끝난 후 담임 교사가 교장에게 보고한 자료에 근거하여 학교 전체의 평균 출석률, 각 학급 출석률을 통보하는 동시에 출석률이 낮은 학급에 대해서는 그 원인에 대한 설명이 있게 된다. 강의 진도와 관련하여 강의 중의 애로점, 교과서에 존재하는 문제점, 학생들의 학습 열정, 학부모들의 요구 사항 등에 대한 보고와 검토가 실행된다.

  한 학기 마지막 월례 교사 회의에서는 학기 총화가 있게 되는데, 우선 각 학급 담임 교사들에 의한 담당 학급의 총화가 있고, 교장에 의한 전 학교의 총화가 있다. 특히 각 학급에서는 기말 시험과 관련하여 학생들의 학업에 대한 총체적 평가를 하게 된다. 그리고 다음 학기 학생 모집, 강의 진도 등에 대한 검토를 한다.

  그 외에도 학교 전체에 관련된 이슈들이 월례 교사 모임에서 검토된다. 매년 연말 행사로서 각 학급 단위로 조직하는 송년회가 있기 때문에 그전에 열리는 월례 교사 회의에서는 송년회와 관련된 논의가 있게 된다. 매년 1회씩 열리는 상하이 조선족 어린이 장기자랑 모임을 조직하기 위해서는 그 전 달 월례 교사 회의에서 관련 사항을 검토하기도 한다. 그리고 한 학년이 마감할 때는 이수증 발급 관련 사항도 검토되어 그 명단을 확인한다.

7 학부모회

　상하이의 현황을 보면 거의 모든 중소학교 학생들이 과외를 한다. 이런 과외는 주로 고등학교나 대학교 입시를 위한 것으로서 학생들의 부담을 크게 하는 것은 사실이나 해소할 방법은 아직 별로 없다. 저희 주말학교 학생들도 마찬가지다.

　학생들의 나이가 어리고 상하이 교통 사정이 복잡하기 때문에 학부모들이 학생들을 학교에 데려오고 데려가야 한다. 학생들이 수업할 때 학부모들은 보통 교실 밖에서 기다려야 한다. 때문에 학부모들은 각종 요인들을 종합적으로 고려하여 자녀의 주말학교 입학 여부를 결정한다. 그런데 화동 조선족 주말학교일 경우 수업시간이 주당 2시간, 한 학기 30시간(40교시)밖에 안 된다. 4년간 배운다 해도 320교시밖에 안 된다. 하지만 상하이에 있는 모 대학교 정규 한국어 학과 학생들의 4년간 한국어 수업 시간은 1772교시. 때문에 저희 주말학교의 제한된 수업 시간에 어린이들의 우리말 수준을 어느 정도까지 높일 수 있겠는가 하는 문제는 주말학교 측과 학부모들의 공동 관심사다.

　주말학교 내의 수업만으로는 시간이 역부족이다. 때문에 학생들의 우리말 수준을 높이기 위해서는 학부모들의 협력이 절대 필요하다. 학부모들이 우리말을 안다는 자원을 이용하여 자녀들의 우리말 학습에 유리한 기존 언어 환경을 활용하고 신규 언어 환경을 창조하여야 한다. 우선, 자녀들의 우리말 학습 필요성에 대한 학부모들의 인식을 높여 학부모들이 자녀들을 우리말 주말학교에 열심히 보내도록 한다. 둘째, 학부모들이 자녀들의 우리말 학습을 위해서라도 가정 내에서 부부간, 부모-자녀간 우리말을 사용하도록 권장한다. 셋째, 주당

1회씩 수업하기 때문에 자녀들이 주말학교에서 배운 지식을 잊지 않
도록 학부모들이 도와주어야 한다. 요컨대 학부모들은 각종 수단과
방법을 동원하여 자녀들의 우리말 사용(보기, 듣기, 말하기, 읽기, 쓰
기, 통역 등)이 가능한 기회를 만들어야 한다. 모종 의미에서는 조선
족 주말학교의 성공 여부는 학부모들의 참여도에 의해 결정된다고
할 수 있다.

학부모들의 주말학교 우리말 교육에 대한 참여도와 책임감을 높이
기 위하여 저희 주말학교에서는 학급별로 학부모회를 조직하여 운영
하고 있다. 학부모회는 회장·부회장의 책임으로 담임선생님을 협조
하여 당 학급의 운영에 참여하고 있으며, 담임선생님은 학부모회를
통해 학부모들의 의견과 요구를 수렴하여 학교 운영에 반영하고 있
다. 학부모회가 주말학교 운영에서 큰 역할을 한다는 것은 이미 입증
되어 있다.

학부모들의 저희 주말학교 운영에 대한 협조를 더욱 강화하기 위하
여 2013년 10월에는 상하이 조선족 주말학교 학부모회 총연합회를
설립하기도 하였다. 이 총연합회는 아직 제대로 역할하지 못하고 있
지만 향후 이 방향에서 계속 노력하여 나갈 것이다.

아무튼 주말학교 교장, 교사들과 학부모들이 일심협력하여 조선족
어린이들의 우리말 학습을 이끌어 나감에 있어 조선족 주말학교에서
의 학부모들의 역할은 다른 정규 학교에서보다 훨씬 큼을 강조하고
싶다. 메이룽2011반 학부모와 담임선생님이 공동으로 야유회를 조직
하거나 장기자랑 모임에서 출연하는 모습 등은 주말학교 운영에서 교
사와 학부모들이 어떻게 협력해야 할 것인가 하는 데에 하나의 성공
적 실례를 보여주고 있다. 이는 또한 2011년에 설립된 이 학급이 학
생들의 끊임없는 흐름 속에서도 계속 존속되어 온 비결을 보여주기도
하는 것이다. 물론 해결을 기다리는 문제도 있다. 예를 들면 이런 방

식의 학교 운영에서 어떻게 하면 모든 학생들의 우리말 수준을 효과적으로 높이겠는가 하는 문제 등이다.

8 학비

조선족 주말학교 운영과 관련하여 가장 많이 제기되는 문의 사항 중의 하나가 학생들로부터 학비를 받는가 안 받는가 하는 문제다.

조선족 주말학교가 중국 중앙 정부나 지방 정부의 의무 교육 체계에 편입되어 소요의 모든 운영 자금을 정부로부터 지급받는 경우에는 학생들로부터 학비를 받지 말아야 한다. 그렇지 않을 경우에도 흔히 조선족 주말학교 운영에 필요되는 자금을 조선족 개인이나 단체, 기업, 재단 등의 후원에 의뢰하는 데에 별 문제가 없으리라는 낙관적인 견해가 들려온다. 그러나 필자는 그렇게 생각하지 않는다. 경우에 따라 외부 후원에 의한 주말학교 운영은 수개월 또는 수년간은 가능하겠지만 장기적으로 볼 때 그것은 지속가능한 체제라고 하기 어렵다.

필자는 처음부터 '유료' 운영을 주장하여 왔다. 국공립학교 교육을 포함한 모든 산업이 시장경제 원리에 의해 운영되거나 시장경제 원리를 무시하지 못하는 상황에서 유독 조선족 주말학교 교육만을 '무료'로 운영해야 한다는 것은 합리성이 결여한 주장이다. 모든 공무원들도 급여를 받는데 유독 주말학교 교사들에게만 '무료 봉사'를 기대하는 것은 잘못된 발상에 의한 주장이다.

조선족 주말학교 운영에 소요되는 비용 중 인건비가 하나의 중요 항목이다. 조선족 어린이들에게 우리 민족어를 가르치는 노동은 충분히 존중되어야 하고 경제적으로 교사들에게 보상이 따라야 한다. 중국의 위대한 교육자이고 사학(私學)의 창시자인 공자도 학생을 모집할 때 '학비'를 받았다고 한다. 그리고 위나라 관학(官學)에서 학생을 가르칠 때 그의 급여는 연봉으로 '俸粟六万(斗)', 즉 무려 90톤의 좁쌀이었다고 한다. 매우 높았음을 알 수 있다. 저희 주말학교에서는 교사들에게 합리적인 급여를 주기 위하여 노력하여 왔고 향후에도 노력할 것이다.

주말학교 운영에 필요되는 기본 자금은 반드시 학부모들이 부담해야 한다는 것이다. 외부로부터의 지원이 전혀 없는 상황에서도 학비로 거둔 자금으로 교실 임차료, 교사 강의료, 학원 관리비 등 학교 운영에 필요되는 최저 기본비용의 지출이 가능해야 한다. 자원봉사에 의한 강의 등도 경우에 따라서는 필요하지만 장기적으로 보면 강의의 질을 보장하기 어렵다.

하여 저희 주말학교는 소정의 학비를 받고 있다. 그 당위성에는 학비 납부는 학부모들의 자녀 양성에 필요한 투자라는 점을 제외하고도 학교 운영에 대한 관심과 감독에 기여할 수 있다는 점도 포함된다. 이른바 '무료' 학교의 학부모들이 그 학교가 아무리 엉터리 운영을 하여도 전혀 관여하지 못하고 유일한 대안으로 자녀의 '퇴학'을 선택한다는 것은 '유료' 학교의 정당성을 반증한다고 할 수 있다.

물론 화동 조선족 주말학교의 학비는 이 지역에서 운영되는 다른 학원에 비해서는 아주 저렴하다. 초창기인 2011년 9월부터 2014년 7월까지는 한 학기(4개월)에 1인당 800원(RMB)이었고, 2014년 9월부터는 1인당 1000원(RMB)으로 인상하였다. 한 학급 학생수가 10명 좌우임을 고려하면 이는 상하이에서 아주 저렴한 표준이다. 거의 모든 학생 가정에 경제적으로 부담이 되지 않는다. 한편, 이러한 학비 표준에서도 가정 형편이 어려워 입학이 어려운 어린이가 있으면 조학금 지급이 가능하며 현재로서는 몇 명 학생들에게 조학금을 지급하고 있다.

이른바 '무료'인 모 조선족 주말학교와의 비교에서도 이 주말학교 학생수가 처음보다 많이 감소한 반면, '유료'인 화동 조선족 주말학교의 학생수가 꾸준히 증가하고 있는 현실은 '유료' 운영의 합리성을 보여주는 일례라고 할 수 있다.

'영리성'과 '비영리성'에 대한 그릇된 견해도 시정되어야 한다. '유료' 주말학교이면 영리적이고 '무료' 주말학교이면 비영리적이라는 견해는 잘못된 것이다. '유료' 학교는 영리적일 수 있지만 비영리적일 수도 있다. 예를 들면 중국의 국공립 대학교는 학비를 받지만 비영리적이다.

'무료' 학교는 흔히 비영리적이라 평가되지만 영리적일 수 없는 것도 아니다. 왜냐하면 여기서 '무료', '유료'라는 말은 단순히 학비 납부 여부에 의해 사용되는 것이기 때문이다.

화동 조선족 주말학교는 학비를 받지만 비영리적이다. 학비를 적게 받기 때문에 후원을 받아 수지 균형을 유지하고 있다. 그리고 초창기부터 오늘 현재까지 운영 책임자가 '자원 봉사자'로서 운영하는 현 체제는 지속가능한 체제라 할 수 없지만 현재로서는 부득이한 선택이다.

화동 조선족 주말학교 운영 현황을 보면 학급수의 증가와 분포지역의 확대, 교실 임차료의 인상 등으로 학비만으로는 학교 운영에 적자가 발생하게 된다. 부족한 부분은 회원들의 후원에 의해 설립 운영되는 중국조선족과학기술자협회(상해)후원회의 지원으로 보완한다. 재상하이 조선족 기업인(다수)과 학자(소수)로 구성된 이 후원회는 중국조선족과학기술자협회 상하이 지역 활동(학술교류회 개최, 상하이 조선족 대학생 장학금 발급 등)과 상하이 조선족 주말학교 운영(상하이 조선족 어린이 장기자랑, 상하이 조선족 어린이 도서관 운영, 교사 강의 보조금 지급 등)에 아주 큰 기여를 하고 있다. 오늘 현재까지 후원회 가입자는 16명이다. 그리고 상하이 다어우 수출입회사(사장 김철), 중국인민대학 상하이 조선족 동문회 등도 저희 주말학교에 후원의 손길을 펼쳤다.

2013년 5월 한국 민주평통자문회의 고양시 협의회의 후원금 50만원(한국 원화)을 시작으로 한국 측으로부터도 후원을 받고 있다. 오늘 현재까지 상해한상회, 월드옥타 상해지회(2회), 상하이 한무리 물류협회, 상해대한체육회(2회), 한국 재외동포재단 등의 화동 조선족 주말학교 운영비 지원이 있었다. 한국인 개인이나 단체들의 지원에 화동 조선족 주말학교 학생들과 교사들, 학부모들은 대단히 감사하게 생각한다.

그리고 뒤에서 자세히 언급하겠지만 상하이 조선족 어린이 도서관 설립 운영을 위한 기업인들의 특별 지원, 도서 자료의 기증 등도 대단하다.

이로써 알 수 있는바, 주말학교 운영 관련 비용을 모두 학생들의 학비로 지불할 수는 없다. 그러므로 화동 조선족 주말학교의 향후 발전은 자금적인 측면에서 여전히 '학비+후원' 방식에 의존하지 않으면 안 될 것 같다.

9 학생 모집

저희 주말학교는 조선족 주말학교이기 때문에 원칙적으로는 조선족 학생만 모집한다. 조선족 학생만 모집하는 주요한 이유는 우리말을 아는 학부모들의 도움이 있어야 학생들이 학업을 제대로 완수할 수 있기 때문이다. 그러나 현실적으로는 자기 자녀의 학습 진도에 문제가 발생하지 않으리라는 학부모의 판단을 전제로 타민족 학생도 입학이 가능하다. 그리고 재상하이 한국인 자녀도 입학이 가능하다. 소수의 한족 자녀와 한국인 자녀가 저희 주말학교를 다니고 있거나 다닌 적이 있다.

연령상으로는 6살 이상이면 입학이 가능하다. 그러나 극소수의 5살짜리 어린이도 입학하여 공부하고 있다. 5살짜리 어린이를 받을 때는 교사들이 엄격히 체크하여 결정하며, 통상 한두 번 수강케 한 후 담임 교사와 학부모가 협의하여 최종 결정을 한다.

보통 매년 2월말 3월초와 8월말 9월초에 신입생 모집과 재학생 재등록을 하고 당 학기 수업을 시작한다. 하지만 각종 사정에 의한 수시 편입과 수시 전학(화동 조선족 주말 학교 소속 학급 사이에서의 전출·전입)은 언제든지 가능하다.

학생 모집은 주말학교 운영 성공 여부에 관련되는 가장 큰 이슈 중의 하나다. 사실상 모든 학급은 학기 초마다 학급의 존속 가능 여부를 고민하게 된다. 학생과 학부모들의 이러저러한 사정 때문에 학생들의 퇴학, 전학이 발생한다. 학생수가 너무 적을 경우 그 학급을 철폐하지 않을 수 없게 된다. 노력 방향은 여전히 저희 조선족 주말학교에 대한 홍보, 적령기 자녀가 있는 학부모들에 대한 설득, 그리고 화동 지역의 더욱 많은 곳에 주말학교와 학급을 설립하는 것이다.

학생 모집 수단으로는 전단지 배포, 인터넷 광고 게재, 한글 신문 광고 게재, 각종 회의에서의 홍보, 친척이나 지인을 통한 홍보 등이 있다. 그중 가장 효과적인 홍보는 기존 학급 학부모들을 통한 구전 광고라고 생각된다. 예를 들면, 모 학급은 전 학기 말까지 6명이었는데 그 다음 학기에는 9월 개학 초기부터 증가세를 보여 11월 중순에는 19명으로 증가되었다. 거의 전적으로 구전 광고에 의한 것이었다.

그럼에도 조선족 주말학교 학생수가 별로 많지 않은 가장 근본적인 원인은 2가지라 생각된다. 하나는 우리말 학습의 당위성이나 절박성에 대한 인식의 부재이고 다른 하나는 현존하는 조선족 주말학교에 대한 정보의 부재라고 할 수 있다. 전자의 경우 다수의 학부모들이 자녀들을 조선족 주말학교에 보내려는 동기를 갖지 않게 되고, 후자의 경우 자녀들을 조선족 주말학교에 보내려 해도 보낼 데를 몰라 보내지 못한다.

10 한국어

학생을 모집할 때 가장 많이 듣게 되는 질문의 하나가 '가르치는 것이 조선어냐 아니면 한국어냐?'이다. 어떤 학부모들은 만약 '조선어'이면 자기는 자녀를 안 보낸다고 명확히 말하기도 한다. 이는 확실히 답하기 어려운 질문이다. 왜냐하면 '한국어'나 '조선어'는 동일한 언어에 대한 두 가지 표현에 불과하기 때문이다. 한국적 입장에서는 한국어에 조선어가 포함되고, 북한적 입장에서는 조선어에 한국어가 포함된다.

문제는 어느 것이 표준적인가 하는 것이다. 한국에서는 '교양 있는 사람들이 두루 쓰는 현대 서울말'을 표준어라 하고, 북한에서는 '평양의 말을 중심으로 노동계급의 이상 및 생활 감정에 맞도록 어휘·문법·철자법 따위를 규범화한 말'을 문화어라 하면서 표준어로 삼는다.[7] 그런데 중국에는 '중국 조선어'(또는 '연변 조선어'라 불린다)가 있다. 이는 북한의 표준어를 바탕으로 규정된 것이나 중국 상황이 반영되면서 북한에서 쓰지 않는 어휘나 표달방식이 첨가되어 있다. 지난 20여 년간 한국과의 교류가 추진되면서 '중국 조선어'에는 북한에서 안 쓰지만 한국에서 쓰는 어휘와 표달방식이 첨가되기도 했다. 하여 '중국

---

7) 동아 새국어사전. 서울 : 두산동아 사서편집국, 제5판, 2005. p.2759, 879.

조선어', 또는 '연변 조선어'는 점차 북한 문화어도 아니고 한국 표준
어도 아닌 어정쩡한 '연변만의 조선어', 또는 '중국만의 조선어'가 되
어가고 있다. 어쩌면 이는 '중국 조선어'('연변 조선어')가 한국식 표
준어로 전환되는 과도적 단계의 상황일 수도 있지만 이로 인해 생기
는 문제의 후과는 심각하다.

　우선, 연변에서 공부한 조선족 전일제 고등학교 졸업생들은 한국어
수준이 상당히 높으면서도 그들이 사용하는 '조선어'의 억양이나 일
부 표기법 등이 표준 한국어와 불일치하기 때문에 한국어를 기본으로
하는 경쟁에서 불이익을 당한다. 예를 들면 연변에서 조선족 고등학
교를 졸업하고 대학에 입학한 학생일 경우 상하이 명문대 한국어 학
과 졸업생들보다 한국어 수준이 훨씬 더 높지만 연변식 억양이나 표
기법 때문에 제대로 평가받지 못할 수 있다.

　둘째, 흑룡강성과 요녕성 조선족의 다수는 가령 조선족 학교를 다
니어 '연변식 조선어'를 배웠다 하더라도 구어로는 보통 '남한식 한국
어'를 사용하기 때문에 결국 불이익을 가장 많이 당하는 것은 연변
조선족 자녀들이다. 한국인들과의 교류를 통해 구어에서는 한국식을
사용한다 하여도 문어에서의 한국식 사용은 그렇게 쉽지 않다. 그들
이 쓴 글을 읽어 보면 '연변 조선어'라는 것을 쉽게 알 수 있다.

　셋째, 연변(그리고 동북 지역) 및 기타 지역 한국어 사용자와의 교
류에도 불리하다. 현재 중국의 대학교 한국어 학과를 보면 공식적으
로는 '조선어 학과'라 하지만 실제상에서는 '한국어'를 배워 주고 있
듯이, 화동 지역 조선족 가정에서나 주말학교 등 교육기관에서 자녀
들에게 배워주는 것은 모두 '한국어'이다. 때문에 연변에서 출판하는
도서나 신문 등은 이들 지역에서는 환영 받지 못하고 있으며, 오히려
적지 않은 학부모들은 자녀들이 연변 지역 출판물에 접근하는 것을
꺼리면서 저지시킨다. 초보자인 어린이들이 연변식 조선어와 표준 한

국어를 서로 혼동할까봐서 그러는 것이다.

결국 시대착오적인 언어 정책으로 불이익을 가장 많이 당하는 것이 바로 연변 조선족 자녀들이다. 이러한 상황은 연변 조선족 어린이들의 조선어 학습 거부와 한족 학교 입학을 부추기기도 한다. 때문에 중국 조선족 사회의 교육, 출판, 언론 등 부문에서 일하는 기성세대가 자기들의 이익이 아니라 민족의 이익과 차세대의 이익을 위해 조속히 '한국어'와 '조선어'의 유일한 표준어인 표준 한국어를 그들의 사업에서 사용하는 것이 바람직하다.

화동 조선족 주말학교에서는 물론 표준 한국어를 가르친다. 초기에 사용하는 교과서는 연변 교육 출판사에서 출판한 '한국어 1'과 '한국어 2'이다. 그 다음에는 한국에서 출판한 '맞춤 한국어' 교과서를 사용한다. 만약 북한 문화어를 배워준다고 한다면 배우러 오는 학생이 없을 것이다.

한편, '북한 억양', '연변 억양'에 대한 일부 한국인들의 알레르기적인 반응은 합당한 자태가 아님을 지적하고 싶다. 사용 인구가 어느 규모 되는 언어는 이러 저러한 방언이 있기 마련이다. 그런데 한국인들처럼 특정 방언에 대해 민감하게 반응하고 심지어 차별시하는 민족은 있는 것 같지 않다. 중국에는 말이 서로 통하지 않는 '방언'이 많고도 많지만 특정 방언에 대한 한국식 차별시는 별로 보이지 않는다. 중국에서 생활하는 조선족인들은 그 조상들이 중국에 정착하여 150년 정도나 지난 오늘날에도 우리말을 잘한다. 이는 그들의 발음이나 억양이 표준 한국어와 다르더라도 한민족 역사상 충분이 존중되어야 할 기적적인 현상임을 알아야 할 것이다. 인구 유동이 극심한 오늘날 자기 지역 방언이 소실될까봐 특정 방언 보호 운동을 하는 중국인들을 보면 '연변 조선어'도 우리 민족의 언어생활에서 보호되어야 할 하나의 방언이라고 주장하고 싶다.

11 상하이 조선족 어린이 장기자랑

화동 조선족 주말학교의 교과는 우리말이다. 실제 운영에서는 우리말만 가르치는 것이 아니라 민족 문화도 가르친다. 주로는 노래와 춤, 예의범절 등도 가르친다. 어린이들은 이 과정에서 이미 배운 우리말을 활용하기도 한다.

이에 고안된 것이 상하이 전체 조선족 어린이들이 참가할 수 있는 상하이 조선족 어린이 장기자랑 모임이다. 2012년부터 매년 1회씩 열리고 있다. 화동 조선족 주말학교 학생들은 물론, 상하이와 주변 지역에 사는 조선족 어린이들은 필요한 절차를 거쳐 모두 이 행사에 참가할 수 있다.

2012년 제1회 상하이 조선족 어린이 장기자랑 모임은 7월 14일 복단대학 工會禮堂에서 개최되었다. 학생 40여명, 학부모 70여명, 그리고 교육계, 기업계 등 사회 각계 인사 10여명, 도합 130여명이 이 모임에 참가하였다.

2시간여 진행된 장기자랑에서 어린이들은 그 동안 배운 우리말로 여러 가지 프로그램에 출연하여 어른들의 호평을 받았다. 어린이들은 독창·중창·합창 등 다양한 노래 형식, 홀춤(독무, 獨舞)·무리춤(군무, 群舞) 등 다양한 춤, 피아노·바이올린·드럼 세트 등 다양한 악기, 동화극·율동·수화(手話) 등으로 다양한 장기를 한껏 뽐내어 어른들의 감탄을 자아내기도 하면서 많은 박수를 받았다. 그리고 메이룽반 학부모들의 사교춤은 상하이탄에서 활약하는 조선족인들의 멋진 풍채를 보여주기도 하였다.

이어서 제2회 상하이 조선족 어린이 장기자랑 모임은 2013년 7월 7일에, 제3회 상하이 조선족 어린이 장기자랑 모임은 2014년 7월 6

일에 홍커우문화예술관에서 열렸다. 참가자는 매회 200여 명, 학생들과 학부모들 외에 후원회 회원, 자문교수, 그리고 저희 주말학교를 관심하는 각계 인사들이 이 모임에 참가하였다. 이평세 상해한상회 고문, 안태호 상해한상회 회장, 이삼섭 월드옥타 상해지회장, 이동한 한국 민주평통자문회의 상하이 협의회 간사, 이혜순 상해한국학교장 등 한국인들도 초청을 받고 이 장기자랑 모임에 참가하였다.

상하이 조선족 어린이 장기자랑 모임의 참가자는 제2회부터는 상하이 지역에 국한되지 않는다. 상하이와 강소성 소주, 절강성 가흥에 있는 조선족 주말학교 학생, 그리고 상하이, 강소성 소주, 절강성 소흥 등에 있는 보통 학교 학생들도 있었다.

제2~3회 장기자랑은 프로그램 종류나 내용, 연기 등에서 제1회보다 수준이 높아져 수차례 귀빈들과 학부모들의 박수갈채를 받았고 어린이들은 열심히 연출도 하고 재미있게 구경도 하였다. 홍커우문화예술관 극장 무대는 시설이 좋아 참가자들의 호평을 받았다.

이미 상하이 조선족 어린이 장기자랑 모임에 참가한 적이 있는 학부모들은 그 동안 어린이들의 우리말 수준 향상에 만족감을 표하였으며, 처음 참가한 학부모들은 어린이들의 재능과 우리말 수준 향상에 놀라움을 금치 못하였다.

그리고 2015년 5월에는 제4회 상하이 조선족 어린이 장기자랑 모임이 있었다. 예전의 장기자랑 모임이 상하이 조선족 어린이 장기자랑(노래와 춤) 모임이었다면 제4회는 상하이 조선족 어린이 장기자랑(스포츠) 모임이었다. 상해한국학교 운동장에서 성황리에 열린 이 모임에는 290여명이 참가하였는데 노래와 춤을 곁들인 스포츠 활동을 통하여 예전보다 더욱 멋진 모임이었다는 평가를 받았다.

지난 4년 간 4회의 장기자랑 모임을 거치면서 상하이 조선족 어린이 장기자랑 모임은 이제 상하이와 화동 지역 조선족 어린이들의 중요한 행사로 자리매김하게 되었다. 또한 이 활동을 주도하는 화동 조선족 주말학교의 중요한 행사이기도 하다. 저희 주말학교에서는 이 활동을 통해 그 동안 상하이 조선족 사회의 후원과 도움에 사의를 표하고, 어린이들의 멋진 노래와 춤, 시낭송 등을 통해 상하이 조선족 사회에 그동안 우리말 우리문화를 가르친 성과를 보고한다. 또한 수료증 발급 등 행사를 통해 화동 조선족 주말학교를 널리 알리기도 한다.

12 도서관

2013년 11월 3일 오후, '상하이 복단구시연수학원 조선어반 도서실'을 공식 명칭으로 하는 '상하이 조선족 어린이 도서관' 개관식이 우중로 1369호 毆銀中心 716실에서 열렸다. 이 도서실은 이름을 밝히지 말 것을 바라는 한 조선족 기업인의 후원으로 임차료를 지불하고 운영을 시작한 것이다.

상하이 조선족 주말학교, 상하이 조선족 주말학교 학부모회 총연합회, 중국 조선족 과학기술자 협회 (상해)후원회의 관련 인사들 외에도 상해 조선족 기업가 협회, 상해 한국 상회, 한국 민주평통자문회의 상하이 협의회 등 단체의 책임자, 관련 인사들과 상하이 교육계, 기업계의 조선족 인사들이 이날 개관식에 참석하였다. 2012년 8월부터 지속하여 온 도서관 설립 노력이 일단락 지은 셈이다.

2013년 8월부터 2014년 7월까지 도서관은 상하이 조선족 인구가 가장 집중되어 있는 지역에 위치하고 있었다. 우선 우리말을 배우는 조선족 어린이들과 학부모들, 그리고 우리말을 가르치는 교사들을 위한 문화공간으로 이용되었다. 다음으로 토요일에는 화동 조선족 주말학교 진후이2012반, 진후이2013반 교실로 이용되었다. 그리고 세미나실, 회의 장소 등 상하이 조선족 사회에 유익한 다목적 문화회관 기능도 어느 정도 할 수 있었다. 2014년 8월부터는 상하이 조선족 기업인 김승화 회장의 후원으로 숭쟝지역에 옮겨 운영하게 되었고, 2015년 8월부터는 교통이 좀 더 편리한 곳으로 이전하게 되었다.

아직 장서는 별로 많지 않지만 대한출판문화협회, 한국 재외동포재단 등 한국의 관련 기관과 안태호 등 수많은 한국인 및 조선족 인사들의 도서 지원으로 장서가 점차 많아지고 있다. 특히 지난 5월 9일 상해희망도서관에서 1700여권의 도서를 기증하여 장서는 4500여권으로 급증하게 되었다. 그리고 김상호 상해 아혁 가구 사장의 책장 지원도 대단히 고마운 일이었다.

여러 가지 원인으로 도서관 소장 도서의 활용이 아직 미흡하지만 향후 이 도서관이 상하이 조선족 도서관으로 발전하고 나아가서는 상하이 조선족 도서관을 중심으로 상하이 조선족 문화회관을 만들 수 있지 않겠는가는 기대는 여전하다. 현재는 장서를 어떻게 주말학교 운영에 활용하겠는가는 문제를 집중적으로 검토하면서 여러 가지 시도를 하는 중이다.

13 웹사이트

현재 화동 조선족 주말학교 홈페이지로 이용되는 '상하이 조선족 주말학교 홈페이지'(http://www.swmbt.com)가 2013년 5월 5일 정식으로 개설되었다. '상하이 우리말 배움터', '韩语学习坊'이라고도 하는데 저희 주말학교의 소개, 각 학급 활동을 보여주는 사진, 민속놀

이, 전통음식 등 내용이 실려 있다.

아직 내용이 많지 않지만 향후 선진 기술 수단의 이용, 우리말 강의 관련 콘텐츠 개발과 이용을 강화한다면 이 홈페이지가 저희 주말학교 운영에 도움되리라고 생각한다. 특히 저희 주말학교 학생들의 우리말 학습과 학부모들의 참여에 기여하리라고 믿는다. 이를 위해서는 전문 인력의 도움과 관련 시설의 투입이 필요된다고 할 수 있다.

맺음말

중국 조선족의 향후 발전과 운명을 고려해 본다면 가장 중요한 것은 차세대와 차차세대의 민족어 교육이다. 중국 조선족 차세대와 차차세대의 민족어 상실은 중국 조선족의 민족적 손실일 뿐만 아니라 중국의 국가적 손실이기도 하다. 또한 한민족의 민족적 손실과 한국의 국가적 손실로 이어지게 될 것이다.

조선족 산재 지역의 민족어 교육은 국가 발전과 민족 발전의 차원에서 검토되어야 한다. 하지만 우리 민족 구성원의 입장에서 보면 정부가 뭐나 다 해주리라고 기다릴 수는 없다. 현재는 우리 자신의 각성과 노력이 필요되는 시점이다.

이에 관한 추상적인 토론이나 공허한 담론은 아무 의미도 없다. 중요한 것은 실천이고 시급한 것은 행동이다. 하나하나의 주말학교 학급부터 시작하여 차세대의 젊은이들, 차차세대의 어린이들이 우리말을 할 수 있고 우리글을 쓸 수 있도록 도와주어야 한다. 이것이 중국 조선족을 살리는 길이고 중국 조선족이 살아남는 길이다. 화동 지역 조선족 주류사회의 강력한 지지와 재화동 한인 사회의 열정적인 지지를 받고 있는 저희 화동 조선족 주말학교는 비록 아직은 역사가 일천하고 규모가 크지 않고 수준이 높지 못하지만 오늘 현재 상하이와 화동 지역 조선족 사회에서는 가장 중요한 민족어 교육기관임에 틀림없다.

저희 화동 조선족 주말학교는 중국 조선족 산재지역에서는 규모가 가장 큰 조선족 주말학교이고, 세계적으로도 근 2000개의 한글 주말학교 중에서 중등 규모를 자랑할 수 있게 되었지만 상하이에만 1500~2000명에 달하는 적령기 조선족 어린이들이 있음에도 상하이 조선족 주말학교 학생수가 그 15분 1밖에 안 된다 것은 우리가 해야 할 일이 아직 매우 많다는 것을 보여준다.

갈 길은 멀고 할 일은 많다. 하지만 '하면 된다'는 말만 생각하면 아무 것도 염려되지 않는다. 이 글이 화동 조선족 주말학교의 이해에 도움 되기를 기대한다.

(2015-03-05 작성, 2015-03-25 수정, 2015-07-31 재수정)

저자소개

박 창 근(朴昌根)

- 출생지 : 중국 길림성 화룡시
- 직   장 : 복단대학 국제문제연구원 교수
- E-mail : pahgygis@aliyun.com

길림공업대학(현 길림대학) 졸업(1975년); 복단대학 대학원 졸업, 철학 석사(1981년); 독자적인 시스템학 체계 수립(1992년); 복단대학 한국연구센터 발기인(1992년); 한국학 연구(1992년 이후); 복단대학 국제문제연구원 한국연구센터 교수, 2007년 11월 정년퇴임. 동제대학 아태연구센터 겸임교수(2008년 이후), 중국 조선족 과학기술자협회 부이사장(2010년 이후), 화동조선족주말학교 교장(2011년 이후), 기타 여러 학회의 회원 등.

- **연구업적**
  - 독자적 시스템학 체계를 구축하고 다수의 논문과 최초의 시스템학 저서 《系统学基础》(1994년 초판; 2005년 개정판, 복단대학 국제문제 연구총서)를 발표. (한국어로 출판된 박창근『시스템학』(범양사출판부, 1997년) 참조)
  - 한국 산업정책의 역사 · 구조 · 기능 · 경험 · 교훈에 대한 다수의 논문과 체계적인 저서 《韩国产业政策》(1998년)을 발표.
  - 한국의 산업화 과정, 민주화 과정, 그리고 한국인의 전통사회가치관과 산업화 및 민주화와의 관계에 대한 이론적 · 실증적 연구를 통하여 한국 현대화 모델에 관한 다수의 논문(본인의 논문집『세계화와 한국의 대응』(한국 백산자료원, 2003년) 참조)과 체계적인 저서 《解讀漢江奇跡》(중국어 번체자본, 2009년; 중국어 간체자본 2012년)을 발표.
  - 시스템학 이론과 국제관계이론을 이용하여 중국의 개혁개방, 한반도와 신동북아질서에 대한 다각적인 연구를 추진, 다수의 논문을 발표(그중 한국어로 된 논문들은 본인의 논문집『중국의 개혁개방과 신동북아질서』에 수록, 2010년 한국 출판).

- **논문**
  - 130 여편 발표(중국어, 한국어, 영어, 일본어)

- **저서**
  - 系统科学. 공저, 上海 : 上海人民出版社, 1987년 (470쪽)
  - 系统科学论. 西安 : 陝西科技出版社, 1988년 (180쪽)

- 系統·信息·控制. 공저, 上海 : 华东师大出版社, 1990년 (317쪽)
- 系统学基础. 初版, 成都 : 四川教育出版社, 1994년 (673쪽); 修订版, 上海 : 上海辞书出版社, 2005년 (660쪽)
- 시스템학. 서울 : 범양사출판부, 1997년 (296쪽)
- 韩国产业政策. 上海 : 上海人民出版社, 1998년 (600쪽)
- 세계화와 한국의 대응. 서울 : 백산자료원, 2003년 (583쪽)
- 解讀漢江奇跡. 보령 : 도서출판 씨앤씨, 2009년 (중국어 번체자본, 466쪽)
- 중국의 개혁개방과 신동북아질서. 서울 : 인터북스, 2010년 (610쪽)
- 当代韩国经济. 공저, 上海 : 同济大学出版社, 2010년 (370쪽)
- 解读汉江奇迹. 上海 : 同济大学出版社, 2012年 (중국어 간체자본, 447쪽)

• 번역
- 科学技术思想史. [日]山崎俊雄编, 일본어 → 중국어. 上海 : 上海机械学院, 1983년
- 资源物理学. [日]槌田敦著, 일본어 → 중국어. 上海 : 华东化工学院出版社, 1990년
- 韩中关系史(上册).[韩]金翰奎著, 한국어 → 중국어. 서울 : 도서출판아르케, 2005년
- 生命系统. [美]James Grier Miller著, 공역. 영어 → 중국어
- 关于一般系统论([奥]L. v. Bertalanffy著, 自然科学哲学问题丛刊, 1984年 第4 期, 독일어 → 중국어) 등 논문 다수, 중국어로 번역

• 편서
- 대형 문헌자료집(210×284mm, 1144쪽)『끝없는 탐구 빛나는 20년 - 중국 조선족과학기술자협회 20년 발자취 - 』편집 출판. 보령 : 도서출판 씨앤씨, 2009년.

• 사회활동
- 중국 조선족 과학기술자협회의 상하이 지역 책임자로서 2008년부터 상하이 지역 학술교류회를 조직, 이미 8차 조직하였음.
- 중국 동제대학 아태연구센터와 한국 국제뇌교육대학원대학교 아시아평화연구소의 자매 결연과 공동학술교류를 추진, 2008년부터 이미 7차 공동학술교류를 진행했음.
- 2011년 복단구시연수학원 조선어반 설립을 계기로 화동조선족주말학교(현재 20개 학급 운영 중) 의 설립과 운영을 책임지고 추진, 화동지역 조선족 자녀들의 민족어 교육에 종사하고 있음.

한반도 평화와 통일

초판 인쇄   2015년 10월 20일
초판 발행   2015년 10월 30일

지 은 이 | 박창근
펴 낸 이 | 김미화
펴 낸 곳 | 인터북스

주   소 | 경기도 고양시 덕양구 통일로 140 삼송테크노밸리 A동 B224
전   화 | (02)353-9908   편집부 (02)356-9903
팩   스 | (02)6959-8234
홈페이지 | http://hakgobang.co.kr/
전자우편 | interbooks@chol.com
등록번호 | 제311-2008-000040호

ISBN   978-89-94138-43-5

값 : 17,000원

이 도서의 국립중앙도서관 출판시도서목록(CIP)은 서지정보유통지원시스템 홈페이지
(http://seoji.nl.go.kr)와 국가자료공동목록시스템(http://www.nl.go.kr/kolisnet)에서 이
용하실 수 있습니다.(CIP제어번호: CIP2015028483)

■ 파본은 교환해 드립니다.